William George Searle

Anglo-Saxon Bishops, Kings and Nobles

The Succession of the Bishops and the Pedigrees of the Kings and Nobles

William George Searle

Anglo-Saxon Bishops, Kings and Nobles
The Succession of the Bishops and the Pedigrees of the Kings and Nobles

ISBN/EAN: 9783337077846

Printed in Europe, USA, Canada, Australia, Japan

Cover: Foto ©ninafisch / pixelio.de

More available books at **www.hansebooks.com**

ANGLO-SAXON
BISHOPS, KINGS AND NOBLES

THE SUCCESSION OF THE BISHOPS
AND THE PEDIGREES OF THE
KINGS AND NOBLES.

BY

WILLIAM GEORGE SEARLE, M.A.
LATE FELLOW OF QUEENS' COLLEGE, CAMBRIDGE.

CAMBRIDGE
AT THE UNIVERSITY PRESS
1899

Cambridge:
PRINTED BY J. AND C. F. CLAY,
AT THE UNIVERSITY PRESS.

CONTENTS.

	PAGE
Introduction	vii
I. Bishops of Anglo-Saxon sees	1
1. Canterbury	2
Rochester	14
London	24
East Anglia	36
Dunwich	38
Elmham and Thetford	44
the South Saxons	52
Selsey and Chichester	54
West Saxon Dorchester	62
Winchester	64
Sherborne and Salisbury	76
Ramsbury	86
Wells	90
Crediton	96
Cornwall	100
Exeter	104
Hereford	106
Worcester	116
the Mercians	126
Lichfield	128
Leicester	142
Mercian Dorchester and Lincoln	146
Lindsey	152
Mayo of the Saxons	158
Llandaff	160
2. York	162
Ripon	174
Hexham	174
Lindisfarne	180
Chester-le-Street	186
Durham	190
Whithern in Galloway	194
Glasgow	198
Addenda et Corrigenda	201

	PAGE
II. Bishops holding temporary, foreign, or doubtful sees	205
England	206
Scotland	208
France	209
Germany	209
Norway	209
Denmark	210
Sweden	210
III. Bishops of unknown sees	211
IV. Alphabetical list of all the Anglo-Saxon bishops	223
Prætermissa et Pseudonyma	245
V. Anglo-Saxon Genealogies	247
A. The Anglo-Saxon kings and princes	249
The genealogy of Woden	251
The descendants of Woden	254
Kent	257
Sussex	269
Wight	272
Essex	273
East Anglia	281
Mercia	289
The ealdormen of Mercia	300
Bernicia and Northumbria	301
Deira	321
Lindsey	325
Wessex and England	329
The Anglo-Danish kings	353
The house of Godwine	357
The Hwiccian rulers	361
The earls of Northumberland	369
The descendants of Ragnar Lodbrog	377
B. The Anglo-Saxon Nobles	381
Index of names	465

INTRODUCTION.

THE present volume consists of three main divisions:

A. the episcopal successions for each of the Anglo-Saxon sees from the time of Augustine of Canterbury to the Conquest;

B. the genealogies of the sovereigns of the Anglo-Saxon kingdoms, and of some other prominent ruling families;

C. the genealogies, more or less fragmentary, of some noble non-reigning families.

A. The catalogues of the Anglo-Saxon bishops published before 1858 gave merely the names of the occupants of the several sees without any dates; such catalogues are found appended to the Chronicle of Florence of Worcester (FlW) in the Monumenta Historica Britannica (MHB) and in Mr B. Thorpe's edition, and in Mr H. Sweet's Earliest English Texts (Sw). Many MSS are referred to in the notes in the MHB.

In 1858 Mr W. Stubbs published his Registrum Sacrum Anglicanum; this work gives a chronological arrangement, as far as such a plan was capable of being carried out, of the bishops of all the sees in England; a second edition of this book was published in 1897, when its author had become Dr Stubbs bishop of Oxford. Where the chronicles fail, Dr Stubbs has recourse to the episcopal subscriptions, which are appended to charters more or less accurately dated, for the purpose of somewhat fixing the dates of the bishops; he does not, however, generally give references to the charters themselves.

In the present work, the writer has added to the names of the bishops in the succession lists of the different dioceses, as supplied by the old authorities, the dates of their accessions and of their translations or deaths furnished by the chronicles. When the chronicles are silent, he gives, with Dr Stubbs, dates deduced from the land-charters mentioning the bishops, who had to do with

INTRODUCTION.

the land granted, or who (more frequently) were only witnesses to the grants; references, as complete as possible, to these charters have in each case been given, chiefly to Mr Birch's Cartularium Saxonicum (BCS) and to Mr Kemble's Codex Diplomaticus (KCD). Mr Kemble marks doubtful charters with an asterisk (*), and the writer has followed his plan.

It does not often happen that the dates of the accessions of the bishops can be fixed exactly; even when found in the chronicles the dates are often inaccurate and need correction. In most cases all that can be done is to find the date of the latest charter of a bishop and that of the earliest charter of his successor; these furnish limits, often very widely separated, for the death of the one and the accession of the other. In some cases, however, there are no charters witnessed by the succeeding bishop, and hence this bishop has no definite dates assignable to him; this is the case with Æthelweard bishop of London and Wærstan bishop of Sherborne.

The mark × between two dates relating to an event serves to imply that the event may belong to any year between those dates inclusively. The mark (!) is sometimes used for 'sic.'

Since the Anglo-Saxon charters are now for the most part represented only in copies of later times, it is not always certain that the dates found in these copies are correct. But it is hoped that the arrangement here attempted may enable students of Anglo-Saxon history to determine, more definitely than has hitherto been done, the dates of the charters and of the episcopates of the prelates of the Anglo-Saxon and Anglo-Danish periods.

In the first column of any diocesan list will be found the name of each bishop of the see together with references to the chief works for his history, such as the Dictionary of Christian Biography (DCB) down to the year 800, and the Dictionary of National Biography (DNB).

Scribes and editors frequently altered the names of the bishops; thus we find Athulf, which is really Æthelwulf, used for Eadwulf.

Again, the confusion between Æthel- and Wulf-, noticed by Wharton (Anglia Sacra j 53) is a great cause of difficulty, as is also that between Ælf- and Wulf-, Ead- and Eald-.

The three themes Ælf-, Ealh-, and Heah- are much confounded both in ancient documents and in modern lists.

Such varieties of spelling are given in this column.

INTRODUCTION.

In the second column are given the date, as nearly as it can be ascertained, of the bishop's consecration, and the see to which he was primarily consecrated. Here also are mentioned the contemporary bishop or bishops bearing the same name; this identity of name is one source of difficulty in dating the bishops, for, as the charters do not in early years record the sees of the witnessing bishops, it may be somewhat doubtful in any particular case which of the two or three contemporary bishops is the signatary.

The third column gives the date of the bishop's accession to the see in question, if he was translated from another see; if he was consecrated to the see itself, there was no translation, and no date will be found in this column. The various designations given him in different documents are also given here.

The fourth and fifth columns contain references to the earliest and the latest charters in which the bishop's name occurs, and also to any council at which he was present:

In the sixth column is given the date of the bishop's translation or death, with the variations found in the different authorities.

The year of the Conquest A.D. 1066 is not strictly the boundary of the episcopal successions considered in this book, for that year has been overpassed without hesitation, when in any see a bishop of somewhat later time bore an Anglo-Saxon name.

The chief portion of the first part of this volume consists then of the diocesan lists of the sees of the Anglo-Saxon monarchies and of Whithern in Galloway; to these are added the partial successions of the bishops of Cornwall, of Mayo of the Saxons (Ireland), of Llandaff (Wales), of Glasgow (Scotland), of Anglo-Saxon consecration.

These tables are followed by

1. a list of bishops holding temporary, foreign, or doubtful sees, mentioned in A.-S. charters and histories, and

2. a list of bishops, of whom nothing whatever is known beyond the fact that they were signataries to certain charters. It is possible indeed that some of them may belong to the succession of the Anglo-Saxon sees, in cases where the accession of a bishop is known only as occurring within wide limits; thus when the accession of Cynefrith of Rochester is dated 909 × 926, Ælfstan of Rochester 946 × 964, Ælfric II of Elmham 1023 × 1038, Beorhtmær of Lichfield 1020 × 1026, each of these bishops may have had a shortlived predecessor. The succession at Lichfield between A.D. 857 and

INTRODUCTION.

A.D. 916 is uncertain, as the ancient catalogues give no names of bishops of that see in those times.

Many of the charters above referred to are doubted by Kemble, but the rest, perhaps the majority, seem to be considered genuine by him.

A general alphabetical list of all the bishops, known and unknown alike, will enable the student to investigate more closely their signatures to the charters. A few Prætermissa et Pseudonyma come at the end of the list.

The names joined by brackets belong to the same personage.

The dates that are, or seem to be, the true ones are printed in thick type.

The large number of works supplying dates has rendered Addenda et Corrigenda (pp. 201—204) necessary[1].

It was impossible to study the succession of the Anglo-Saxon bishops without making continual and grateful use of the two editions of the Registrum Sacrum Anglicanum, 1858 and 1897. In some cases the writer has simply given the bishop's statements, when the latter has not quoted any authorities for them and no such have been discovered. The spelling of the names given by Dr Stubbs has sometimes been altered, in accordance with the evidence of the charters.

B. The second part of this work consists of the genealogies of the several dynasties of the Anglo-Saxon kingdoms and principalities.

These dynasties are:

the kings of Kent,
the kings and ealdormen of Sussex,
the kings and lords of Wight,
the kings of Essex,
the kings of East Anglia,
the kings and ealdormen of Mercia,
the kings of Bernicia and Northumbria,
the kings and under-kings of Deira,
the princes of Lindsey,
the kings of Wessex and of England,
the Anglo-Danish kings of England,

[1] The Itinerary of William of Worcester (Nasmith) p. 309 mentions the death of Herfast bishop of Thetford as having happened on St Julian's day, 27 Jan., the year not being given.

the house of earl Godwine,
the rulers of the Hwiccas (Worcestershire),
the earls of Northumberland, and
the descendants of Ragnar Lodbrog, a few of whom are found also among the kings of Northumbria.

An attempt has been made to give the most trustworthy dates of the events in the lives of the several kings and of their relatives; these dates are printed in thick type. The less certain dates given by various authorities are in ordinary type.

C. The genealogies of Anglo-Saxon noble families which now follow are mostly very short and fragmentary. That they are not more complete is due to the circumstance that no history of any of these families exists. All that was possible was to put together such information as could be derived from the scattered notices of the members of these families found in the histories and charters, from the wills which contain references to them, and from their signatures appended to the charters. Often the name of a member of a family, his parentage, and the date of his death, are unknown; the expressions 'N.N.' for a person, 'the son (or daughter) of ....', 'd. a. ...' are used, when no information has been found to throw light on these points. The most extensive pedigrees are those of the great nobles Æthelstan the Half-king, Æthelwine Dei amicus, and Beorhtnoth (Brithnoth) the hero of the battle of Maldon, and that of the family of earl Leofric and the lady Godiva.

An index is given of all the personages mentioned in these genealogies of the nobles.

It is possible that the pedigrees are not all absolutely independent, but the documents which furnish them are seldom very communicative, and what seemed to be the truth has alone been set down.

To fill up page 461 a pedigree of Hereward's family has been added, partly on account of the writer's work on Ingulf, and partly on account of the interest aroused by Kingsley's novel Hereward the Wake; the references and the double line after no. 83 will, it is hoped, prevent the supposition that the writer presents this pedigree as deserving the same amount of credibility as the pedigrees preceding it.

The wills referred to above are for the greater part printed together in Thorpe's Diplomatarium (pp. 457—601).

INTRODUCTION.

The names have been given in this book in the forms usual in Ælfric's time, a proceeding which has the approval of Dr Felix Liebermann in his review of the companion volume, the author's Onomasticon Anglo-Saxonicum (Archiv für das Studium der neueren Sprachen und Litteratur, Vol. 102, 8vo. Brunsw. 1899).

The abbreviations are the same as those used in the Onomasticon Anglo-Saxonicum (8vo. Cambridge 1897); some have already been mentioned incidentally; a few more are here added for the convenience of the reader:

ASChr   Anglo-Saxon Chronicle
FlW   Florence of Worcester
SymD   Symeon of Durham
LVD   Liber vitæ of Durham
LVH   Liber vitæ of Hyde Abbey
HSt   Haddan-Stubbs, Councils and documents
[RS]   The Rolls series of English chronicles
NSA   Napier-Stevenson, Anecdota Oxoniensia 1895

'Lappenberg-Thorpe' and 'Lappenberg-Otté' refer equally to Miss Otté's edition of Lappenberg's History, translated [1845] by Mr B. Thorpe, in Bohn-Bell's Antiquarian series.

The following works are frequently quoted:

Potthast (A.) Bibliotheca Historica Medii Ævi. 8vo. Berlin 1896.
Earle (J.) Land charters. 8vo. Oxf. 1888.
Robertson (E. W.) Historical Essays. 8vo. Edinb. 1872.
Theopold (Ludw.) Kritische Untersuchungen über die Quellen der A. S. Geschichte des achten Jahrh. 8vo. Lemgo 1872.

A full bibliography of the period will be found in the author's Onomasticon pp. xxxij—lvij.

That a book containing so extensive a view of the Anglo-Saxon rulers in church and state should be free from mistakes or misprints is improbable; the writer can only appeal to those who may use it to forgive him such errors and to accept this work, the result of much time and labour, as a help to the further investigation and correction of the dates pertaining to the history of England of Anglo-Saxon times. The authorities given are the best that the writer could find; the reader is supposed capable of estimating the real value of the statements of those authorities.

I.

ANGLO-SAXON SEES.

ARCHBISHOPS OF

Name and Authorities	Consecration [and See]	Accession
Augustinus DCB j 225 HSt iij 3–60 Beda-Plummer Index Gervasii Cantuar. Actus pontif. [RS] ij 325 ff. Wharton AS Indices Potthast 1178	at Arles ... ... Beda j 27 16 Nov **597** Thorn (Twysden) 1760	Doruvernensis archiepiscopus primus Beda ij 3 FIW Cat. I Sw. p. 167 l. 2

Laurentius
 	
DCB iij 631
HSt iij 61–70
ASChr F (a. 995)
[RS] ed. Thorpe p. 244 ff.
Potthast 1419
	a. **604** (Indiction vij)
	before 28 Apr. BCS 3
	               KCD 1
	Beda ij 4
		after 26 May ...
		               Beda ij 4
		FIW a. 604
		Thorne a. 605
		
		FIW Cat. II
		Sw. p. 167 l. 2

Mellitus DCB iij 900 HSt iij 71 Potthast 1480	Winter 601 × Summer 604 London	................................a. **619** Beda ii 7 FIW Cat. III Sw. p. 167 l. 2
Justus DCB iij 592 HSt iij 72–81	........................a. **604** Rochester	after 24 Apr **624** Beda ij 8 FIW Cat. IV Sw. p. 167 l. 2
Honorius DCB iij 153 HSt iij 82–93 Potthast 1377	after 10 Nov. a. **627** Beda ij 18	Cantuariorum episcopus Beda iij 25 FIW Cat. V Sw. p. 167 l. 2
Sede Vacante HSt iij 93–98	....	pridie Kal Oct 30 Sept **653**
Deusdedit Frithonas Elmham [RS] 192 DCB j 821 HSt iij 99–108 Potthast 1267	vij Kal Apr 26 M'ch **655** Beda iij 20	archiepiscopus cathedræ Doruvernensis Beda iij 20 FIW Cat. VI Sw. p. 167 l. 2

CANTERBURY.

Early Dates	Late Dates	Death [or Translation]
	BCS 4, 5, 6, 7* (a. 605) KCD 2* 3* 4* 5*	vij Kal Jun 26 May … Beda ij 3 FlW [Tuesd. 26 May] a. 604 HSt Mason
		Thorn Bright a. 605 ASChr (om.)
		Matth Westm. a. 608

BCS 9   HSt iij 61
 KCD —   (a. 604 × 610)
	BCS 13 (a. 618)
	 KCD 6*
	
	 BCS 26 Thorpe p. 6 (a. 671 ?)
	 KCD —
		iv Non Feb 2 Feb …
		                  Beda ij 7
		 ASChr F Beda-Plummer
		                        a. **619**
		 FlW 2 Feb 621

		viij Kal Mai 24 Apr **624** Beda ij 7 ASChr EF
BCS 14 [Beda ij 8] KCD — (after 624)		iv Id Nov 10 Nov … Beda ij 18 ASChr EF a. **627**
BCS 18 19 [Beda ij 17 18] KCD — — (a. 634)		pridie Kal Oct 30 Sept **653** Beda iij 20
		vij Kal Apr 26 M'ch **655**
	BCS 22 (a. 664) KCD 984*	ij Id Jul 14 July **664** Beda iv 1

CANTERBURY.

Name and Authorities	Consecration [and See]	Accession
Wigheard DCB iv 1176	abp elect Beda iij 29 iv 1	FIW Cat. — Sw. —
Sede Vacante IISt iij 108-113		ij Id Jul 14 July **664**
Theodorus DCB iv 926 IISt iij 114-213 Potthast 1595	at Rome vij Kal Apr 26 M'ch **668** He reached England, vj Kal Jun 27 May **669** Beda iv 1 2	FIW Cat. VII Sw. p. 167 l. 3
Sede Vacante IISt iij 214-227		xiij Kal Oct 19 Sept **690**
Beorhtweald DCB j 315 IISt iij 228-310 (Brihtwald) Potthast 1224 (Brithwald)	at Lyons iij Kal Jul 29 June **693** enthroned Sunday 31 Aug 693 elected 1 July 692 Beda v 8	FIW Cat. VIII Sw. p. 167 l. 3
Tatwine DCB iv 804 IISt iij 311-334 Potthast 1590	[iv Id Jun] Sunday '10 June' **731** Beda v 23 ASChr DEF FIW SymD a. 732	FIW Cat. IX Sw. p. 167 l. 3
Nothhelm DCB iv 54 IISt iij 335-339 JMM Index Potthast 1496	..........................a. **735** Contin Bedæ FIW	FIW Cat. X Sw. p. 167 l. 3
Cuthbeorht DCB j 720 729 IISt iij 340-396 JMM Index	..........................a. **736** Hereford	..........................a. **740** Contin Bedæ FIW Cat. XI Sw. p. 167 l. 3 Wharton AS ij 75 a. 742
Breguwine DCB j 334 IISt iij 397-401 Osberni Liber de Vita Breg- wini Wharton AS ij 75 ff. Eadmeri Vita Bregwini Wharton AS ij 184 ff. JMM Index Potthast 1221	St Michael's day 29 Sept 759 ASChr FIW Theopold p. 34 corr. a. **761**	FIW Cat. XII Sw. p. 167 l. 3

4

CANTERBURY.

Early Dates	Late Dates	Death (or Translation)
....	....	at Rome a. c. **665**
		Beda iij 29 iv 1
		FlW HSt iij 110 a. **667**
....	....	........................a. **668**
BCS $\frac{24}{-}$ HSt* iij 116 (a. 668) KCD	BCS $\frac{67}{27}$ (a. 686) KCD	xiij Kal Oct 19 Sept **690**
		abp 21 y. 3 m. 26 d.
BCS $\frac{43}{12}$ (a. 676) KCD		Beda iv 2
		d. æt. 88 Beda v 8
....	....	iij Kal Jul 29 June **693**
BCS $\frac{85}{36}$ (a. 693) KCD	BCS $\frac{116}{56}$ (a. 706) KCD	v (?) Id Jan 9 (?) Jan **731**
		abp 37 y. 6 m. 14 d.
	BCS $\frac{134}{65}$* (a. 716) KCD	Beda v 23
		FlW v Id Jan 9 Jan 731
		ASChr DEF HSt iij 228
	BCS $\frac{141}{72}$* (a. 724) KCD	Id Jan 13 Jan 731
		SymD a. 732
Alive in 731, when Bede closes his history. Beda v 23	BCS $\frac{148}{77}$ (a. 732) KCD	iij Kal Aug 30 July **734**
		FlW SymD
		Contin Bede ASChr a. 734
BCS $\frac{156}{82}$ (a. 736 × 737) KCD	BCS $\frac{159}{85}$ (a. 738) KCD	........................a. **739**
		HSt iij 335 Contin Bedæ
		bp 4 y. SymD a. 739
		ASChr F a. 740
		FlW xvj Kal Nov 17 Oct 741
BCS $\frac{160}{86}$ (a. 740 corr.) KCD	BCS $\frac{327}{193}$* (a. 808 corr. 758) KCD	vij Kal Nov 26 Oct 758
		ASChr FlW HSt iij 340
BCS $\frac{174}{-}$ $\frac{175}{96}$ (a. 747) KCD		Theopold p. 34 corr. a. **760**
		Chron Mailros [Fulman] a. 761
		viij Kal Nov 25 Oct ...
		Wharton AS j 53
BCS $\frac{189}{106}$* (a. 761) KCD	BCS $\frac{194}{114}$ (a. 759 × 763) KCD	ix Kal Sept 24 Aug 762
		ASChr F FlW
BCS $\frac{188}{112}$* (a. 759 × 764) KCD	BCS $\frac{195}{111}$* (a. 764) KCD	Wharton AS ij 76 1 Sept ...
		Theopold p. 34 corr. a. **764**
BCS $\frac{191}{108}$ $\frac{192}{109}$ (a. 762) KCD		SymD HSt iij 397 a. 765
		Wharton AS j 3
		viij Kal Sept 25 Aug ...

CANTERBURY.

Name and Authorities	Consecration [and See]	Accession
Jaenbeorht	Purif B V M 2 Feb ... ASChr ABC FIW	
Eanbriht ASChr B a. 764 Eadbriht ASChr BC 763 790 Lamberht SymD [RS] ij 43 53 Chron Mailros Twysden (Index) DCB iij 336 HSt iij 402-466 Coins [Keary]	HSt iij 402 a. 766 ASChr ABC FIW a. 763 ASChr DEF a. 762 Theopold p. 34 corr. a. **765**	FIW Cat. XIII Sw. p. 167 l. 4
Æthelheard DCB ij 223 HSt iij 467-555 JMA Index Coins [Keary]	xij Kal Aug 21 July **793** FIW Theopold p. 34 electus a. 790 ASChr FIW Theopold p. 34 corr. a. 792	FIW Cat. XIV Sw. p. 167 l. 4
Wulfred DCB iv 1195 HSt iij 556-608 Coins [Keary]	[Sunday 3] Aug **805** HSt iij 559 n. Stubbs Reg. ed. 2 p. 17 electus BCS 321 / KCD — (a. 805)	FIW Cat. XV Sw. p. 167 l. 4
Feologild Swithred MHB p. 616 HSt iij 609 DCB ij 504 HSt iij 609	'Sunday' (!) v Id Jun 9 June **829** ASChr F Wharton AS j 85 corr. a. **832** el. vij Kal Mai 25 Apr 829 ASChr F	FIW Cat. XVI Sw. p. 167 l. 4 (swithredus)
Ceolnoth Ceolred ASChr E a. 852 DCB — HSt iij 610-660 Coins [Keary]	vj Kal Sept 27 Aug **830** Wharton AS j 85 corr. a. **833** el. iij Kal Jul 29 June 830 Wharton AS j 85	FIW Cat. XVII Sw. p. 167 l. 4 (last name)
Æthelred DCB — HSt iij — Coins [Keary]	... × **870** Wiltshire (not Ramsbury) Wiltunscire biscop ASChr [A]F a. 870	....................a. **870** ASChr FIW FIW Cat. XVIII Sw. —
Plegmund Polthast 1530 Coins [Keary]	....................a. **890** ASChr [A]E FIW	FIW Cat. XIX

CANTERBURY.

Early Dates	Late Dates	Death or Translation]
BCS 221 KCD 129* (a. 766?)	Legatine council a. 786 BCS 250 KCD — IISt iij 447 ff.	ij Id Aug 12 Aug 790 FlW Wharton AS j 85 SymD a. 791
BCS 196 KCD 113 (a. 765)	JMA 10	Theopold p. 34 corr. a. **792**
BCS 201 KCD 116 (a. 767)	BCS 257 KCD 157 (a. 789)	iij Id Aug 11 Aug ... Wharton AS j 53
BCS 265 KCD 159* ['spurious'] (a. 793)	Council of Clovesho Oct 803 BCS 312 KCD 1024 IISt iij 545 ff.	iv Id Mai 12 May ... Wharton AS j 53 ASChr FlW a. 803
BCS 269 KCD 164 (a. 794)	BCS 319 KCD 189 Earle BMF (a. 805)	Theopold p. 34 35 IISt iij p. 467 corr. a. **805**
BCS 265 KCD 159* IISt iij 485 (a. 795 corr.)		
BCS 316 KCD 187* (a. 804!)	BCS 400 KCD 227 (831 c. 1 Sept)	ix Kal Apr 24 M'ch ... Wharton AS i 53 ASChr FlW a. 829
BCS 322 KCD 190 (26 Jul [6 Aug] 805)		Theopold p. 35, IISt iii 557 corr. a. **832**
....	....	iij Kal Sept 30 Aug 829 ASChr F a. 829 Wharton AS j 3 Wharton AS j 790 corr. a. **832** Wharton AS j 53 iv Kal Sept [...
BCS 404 KCD 228 (a. ...)	BCS 519 KCD 296 (a. 868 corr.)	ij Non Feb 4 Feb ... Wharton AS j 53
BCS 411 KCD 234 (a. 833 corr.)		ASChr FlW a. 870 bp 41 y. Gervase [RS] ij 349
BCS 529 KCD — (a. c. 871)	BCS 550 KCD 1065 (a. 882)	ij Kal Jul 30 June ... Wharton AS j 53
BCS 536 KCD — (a. 873)		ASChr C FlW a. **889** ASChr ABDEF a. **888**
		2 Aug **914**
BCS 571 KCD 322* (a. 895)	BCS 625 KCD 1094 (a. 909)	Stubbs Reg. p. 12 Depositio at Cant. iv Non Aug 2 Aug ...
	BCS 638 KCD — (a. 914 corr.)	Wharton AS j 53 ASChr [A] a. 923!

CANTERBURY.

Name and Authorities	Consecration [and See]	Accession
Æthelhelm Athelm FlW a. 914	............a. 909 Wells	............a. 914 FlW FlW Cat. xx
Wulfhelm	............a. 914 Wells	............a. 923 ASChr EF a. 925 FlW Cat. xxi
Oda Osberni Liber de vita Odonis Wharton AS ij 78 ff. Potthast 1499	923 × 927 Ramsbury	............a. 942 FlW Cat. xxii
Ælfsige **Ælfsinus** cognomento **Lippe** Osbern Wharton AS ij 85 Mem St Dunst [RS] Index Wharton AS j 101	............a. 951 Winchester	............a. 959 FlW (a. 958) Stubbs Reg. p. 15 ed. 2 p. 28 FlW Cat. — Stubbs Reg. p. 158 ed. 2 p. 220 —
Beorhthelm **Brithelmus** Wharton Wharton AS j ij Indices Mem St Dunst [RS] p. xcv	............a. 956 Wells Beorhthelm bp Winch. 958–963	............a. 959 Dorobernensis eccl. episc. BCS 1045 FlW a. 959 FlW Cat. —
Dunstan Memorials of Saint Dunstan [RS Stubbs] Introd. Potthast 1277	............a. 957 Worcester London a. 959 'Ordinatio B. Dunstani archiepiscopi' xij Kal Nov 21 Oct Memorials p. xcj Wharton AS j 54	............a. 960 FlW Cat. xxiii Mem [Stubbs] p. xcj xcvj Wharton AS j 54
Æthelgar **Lotarius** Wharton AS j 54 Mem St Dunst [RS] Index	............a. 980 Selsey	c. Sept 988 ASChr FlW FlW Cat. xxiv
Sede Vacante	....	Id Feb 13 Feb 990

8

CANTERBURY.

Early Dates	Late Dates	Death [or Translation]
....		vi Id Jan 8 Jan ... Wharton AS j 53
		Stubbs Reg. p. 13 **923**
BCS 637 (a. 923) KCD 1098	BCS 768 770 771 (a. 941) KCD 389 1140 —	ij Id Feb 12 Feb ... Wharton AS j 53
BCS 658 659 (a. 926) KCD — 1099		Stubbs Reg. p. 13 **942**
BCS 769 (a. 941) KCD 390*	BCS 1029 (a. 956 corr.) KCD 472 Mem St Dunst [RS] p. lxxxix n.	iv Non Jun 2 June ... Wharton AS j 54 101
BCS 772 775 (a. 942) KCD — 392	BCS 1032 (a. 958) KCD 1213	FIW a. **958**
	BCS 1046 (17 May 959) KCD 1224 Abingd.	'Odo died probably in 958' Mem St Dunst [RS Stubbs] p. xcv ASChr [A]F a. **961**
	....	....................................**959** FIW Wharton AS j 86

BCS 1045 (a. 959) with
KCD — Beorhthelm bp
        Winch.
		dep. **959**
		        Wells

BCS 1047 (a. 959 corr.) KCD 1221	BCS — — — (a. 987) KCD 657 658 659	Sat. xiv Kal Jun 19 May **988** FIW SymD
BCS 1051 (a. 959) KCD 1225	BCS — (a. 988) KCD 664	
BCS — (a. 988) KCD 663	....	Id Feb 13 Feb **990** Mem St Dunst [RS] p. 383 LVH p. 270 Wharton AS j 790 Stubbs Reg. ed. 2 p. 30 iij Non Dec 3 Dec ... Wharton AS j 54 **989** abp 1 y. 3 m. ASChr C a. 988
BCS — (a. 988)? KCD 665	....	....................................**990**

S.

CANTERBURY.

Name and Authorities	Consecration (and See)	Accession
Sigeric, Siric	..................................a. 985 Ramsbury	..............................a. 990 ASChr CD ASChr EF FlW a. 989 FlW Cat. xxv
Ælfric Potthast 1154	..................................a. 990 Ramsbury	Easterday 21 Apr 995 ASChr F FlW Cat. xxvi electus $\frac{BCS}{KCD} \frac{-}{692}$ (a. 995)
Ælfheah surnamed **Godwine** ASChr A a. 984 **St Alphege** Potthast 1288	..................................a. 984 Winchester Ordinatio S. Elphegi Cantuar. Archiepiscopi xvj Kal Dec 16 Nov	..............................a. 1005 Stubbs Reg. p. 17 Wharton AS j 54 ASChr a. 1006 FlW Cat. xxvii
Sede Vacante	....	19 Apr. 1012
Lyfing 'qui et Æthelstanus' FlW a. 1005 Ælfstan also called Lifing ASChr D a. 1019	..................................a. 999 Wells	..............................a. 1013 ASChr FlW Wharton AS j 106 FlW Cat. xxviii
Æthelnoth 'qui Bonus appellabatur' FlW a. 1020	1d Nov 13 Nov 1020 ASChr D consecration $\frac{BCS}{KCD} \frac{-}{1314}$	FlW Cat. xxix
Eadsige Æti $\frac{BCS}{KCD} \frac{-}{784}$ Potthast 1278	..................................a. 1035 St Martin's Stubbs Reg. ed. 2 p. 35 BCS — — KCD 1323 1325 (a. c. 1036) bp ..... Battely's Somner Part II p. 131 Evidentiæ eccl. Chr. Cant. [Twysden] col. 2223	..............................a. 1038 ASChr EF FlW FlW Cat. xxx

10

CANTERBURY.

Early Dates	Late Dates	Death [or Translation]
BCS — KCD 673* (a. 990)	BCS — KCD 687 (a. 994)	v Kal Nov 28 Oct … Wharton AS j 54 ASChr A Stubbs Reg. p. 17
BCS — KCD 684* (a. 993)		a. **994**
BCS — KCD 686* (a. 994)		ASChr CDEF a. 995 ij Kal Oct 30 Sept … Wharton AS j 790
BCS — — KCD 688 690 (a. 995)	BCS — — KCD 714 1301 (a. 1005)	xvj Kal Dec 16 Nov … Wharton AS j 54 ASChr A Stubbs Reg. p. 17
	BCS — KCD 715* (a. 1006)	a. **1005**
		ASChr CDEF FIW a. 1006 Earle p. 214
		Will $\genfrac{}{}{0pt}{}{\text{BCS —}}{\text{KCD 716}}$ Earle a. c. 1000
BCS — KCD 1303 (a. 1007)	BCS — KCD 1306 (a. 1009)	xiij Kal Mai 19 Apr **1012** ASChr CD FIW
		abp 6 y. 7 m. WMalm [RS] GP c. 20
BCS — — — KCD 719 1307 1308 (a. 1012) without the name of any abp		……………………… a. **1013**
BCS — KCD 1309 (a. 1014)	BCS — — KCD 729 730 (a. 1019)	ij Id Jun 12 Jun … Wharton AS j 54
BCS — KCD 1310 (a. 1015) as episcopus		ASChr CEF FIW a. **1020** ASChr D a. 1019
BCS — KCD 1316 (a. 1020)	BCS — — KCD 735* 1322 (a. 1035)	iv Kal Nov 29 Oct **1038** FIW
BCS — KCD 734 (a. 1022)	BCS — KCD 761* (a. 1038—1039)	ASChr EF Kal Nov 1 Nov [1038
BCS — — KCD 749 752 (a. 1033)		v Kal Nov 28 Oct … Wharton AS j 54
BCS — — KCD 763 1332 (a. 1042)	BCS — — KCD 792 793 (a. 1050)	iv Kal Nov 29 Oct **1050** ASChr C EAF ij 119
	BCS — KCD 796 (a. 1052)	ASChr E a. 1047
	BCS — KCD 800 (a. 1054)	

CANTERBURY.

Name and Authorities	Consecration (and See)	Accession
Siweard ASChr	.... a. 1044 **Upsal**	Chorepiscopus of abp Eadsige Gervase [RS] ij 362 Wharton AS j Index WMalm [RS] GP Index FlW Cat. —
Robert Champart of Jumièges	.... a. 1044 **London**	.... a. 1051 EAF ij 120 ASChr D ASChr CF Midlent 1050 ASChr E a. 1048! FlW Cat. xxxi
Stigand	.... a. 1043 **Elmham** **Winchester** a. 1047	.... a. 1052 He continued to hold the bpric of Winch. EAF ij 547 FlW Cat. xxxii
Lanfranc ASChr A Latin App [RS Thorpe j 386 ff.] Eadmer [RS] Index Potthast 1418	iv Kal Sept 29 Aug 1070 ASChr A FlW [Thorpe] ij 7 [24 June by error]	.... FlW Cat. xxxiii
Anselm Eadmer [RS] Index Potthast 1169	4 Dec. 1093	.... FlW Cat. xxxiv

12

CANTERBURY.

Early Dates	Late Dates	Death [or Translation]
BCS — — — (a. 1045) KCD 776 780 781 archiepiscopus	BCS — — (a. 1046) KCD 783 1335 archiepiscopus	res. Sept 1048
	BCS — (a. ——) episcopus KCD 948 Abingdon	d. x Kal Nov 23 Oct 1048 ASChr C [RS] ij 138
		ASChr E a. 1040
		ASChr F a. 1047
		iij Kal Nov 30 Oct ... Wharton AS j 55
		exp. 14 Sept 1052 FlW
		a. c. 1058 R. de Torigni [RS] iv 34; id. [ed. Delisle] j 48 26 May 1055
BCS — (a. 1053) KCD 799	BCS — (a. 1060) KCD 808	dep. (in Octavis Paschæ) 11 Apr 1070 FlW
BCS — — (a. 1055) KCD 801 1339	BCS — (a. 1061) KCD 811	EAF iv 331 FlW [Thorpe] ij 5 wrongly '[4 Apr],' which is the day on which Easter fell in 1070
	BCS — (a. 1065) KCD 817	d. viij Kal Mart 22 Febr ... Wharton AS j 790 a. ...
		Thursday ix Kal Jun 24 May 1089 ASChr FlW
		v Kal Jun 28 May ... Wharton AS j 55
		Wedn. xj Kal Mai 21 Apr 1109 ASChr FlW

13

BISHOPS OF

Name and Authorities	Consecration (and See)	Accession
Justus DCB iij 592 Ernulfi Collectanea Wharton AS j 329 ff. Beda-Plummer Index	...........................a. 604 Beda ij 3 ASChr AEF FIW a. 604	.... FIW Cat. I Sw. —
Romanus DCB iv 553	...........................a. 624 Beda ij 8	Hrofensis eccl. ep. Beda ij 8 FIW Cat. II Sw. —
Sede Vacante Beda ij 20	....	624 × 625
Paulinus DCB iv 248 Potthast 1514	...........................a. 625 York	after 12 Oct 633 Beda ij 20 FIW Cat. III LVH I Sw. p. 168 l. 10
Ithamar DCB iij 323 '[MARSAN]'! Potthast 1406 Beda-Plummer Index	...........................a. 644 Beda iij 14 20 FIW	antistes ecclesiæ Hrofensis Beda iij 20 FIW Cat. IV LVH II Sw. p. 168 l. 10
Damianus DCB j 785	655 × 664 shortly after a. 655 Beda iij 20 DCB j 785	.... FIW Cat. V LVH — Sw. p. 168 —
Sede Vacante	....	...........................a. c. 664
Putta DCB iv 521	c. a. 666 × 27 May 669 Beda iv 2 (fin.)	.... FLW Cat. VII LVH III Sw. p. 168 l. 10

ROCHESTER.

Early Dates	Late Dates	Death [or Translation]
BCS 3 / KCD 1 (28 Apr 604)	....	Canterbury a. 624
BCS 9 / KCD — Beda ij 4 (a. 604 × 610)		
....	....	.... 624 × 625 Drowned in the 'Italicum mare' Beda ij 20
....	....	.... a. 633
....	....	vj Id Oct 10 Oct 644 Beda iij 14 FIW
He consecr. abp Deusdedit 26 M'ch 655 Beda iij 20	BCS 22 / KCD 984* (a. 664) Medesh.	.... 655 × 664 Beda iij 20
		Ithamar 'died shortly after AD 655' HSt iij 100 n. Wharton AS j 329 n.
....	....	.... a. c. 664 Beda iv 2 (fin.)
....	....	.... c. 666 × 669
BCS 28 / KCD 13* (a. 672)	Council of Hertford Sept 673 BCS 30 / KCD — Beda iv 5 HSt iij 118	res. 676 Hereford 676 Beda iv 12

ROCHESTER.

Name and Authorities	Consecration (and See)	Accession
Cwichelm DCB j 720	..............................a. 676 Beda iv 12	FIW Cat. VII LVII IV Sw. p. 168 l. 10
Gebmund Gefmund Sw. p. 561 DCB ij 616	a. c. 678 Beda iv 12	FIW Cat. VIII LVII v Sw. p. 168 l. 10

Tobias
 DCB iv 1036
	693 × 706
	 after June 693
	                Beda v 8
	 after 696
	                DCB iv 1036
	 FIW a. 693
		Hrofensis eccl. præsul
		                Beda v 23
		 FIW Cat. IX LVII VI
		 Sw. p. 168 l. 10

Ealdwulf
 Stubbs Reg. ed. 2 p. 9
 MSS CCCC 173 183
 	
 Alduulf Beda v 23
 Aldulf DCB j 79 (2)
 Eldulf SymD [RS] ij 28
      DCB ij 69
 	
 Eadwulf! Stubbs Reg. p. 2
   173 ed. 2 p. 235
    DCB ij 9 (1)
 Adulfus DCB ij 28
	..............................a. 727
	 Beda v 23 (init.)
		Hrofensis antistes Beda v 23
		 FIW Cat. X LVII VII
		 Sw. p. 168 l. 10

Dunn DCB j 911	..............................a. 741 ASChr FIW	FIW Cat. XI LVII VIII Sw. p. 168 l. 11
Eardwulf DCB ij 18 JMM Index	..............................a. 747	FIW Cat. XII LVD — Sw. p. 168 l. 11

ROCHESTER.

Early Dates	Late Dates	Death (or Translation)
	....	res. a. c. 678
		d. ... 'post non multum Temporis' Beda iv 12
BCS $\frac{85}{36}$ (a. 693) KCD	BCS $\frac{88}{39}*$ $\frac{90}{41}*$ (a. 696) KCD Council of Berghamstede HSt iij 233 ff. [a. 696	ASChr DEF FlW a. c. 693 HSt iij 241 DCB ij 617 after 696
	BCS $\frac{99}{44}*$ ['spurious' HSt iii KCD 245] (8 Apr 699)	
	'subs. 693, 699' Stubbs Reg. ed. 2 p. 6	
Privilegium Wihtredi 696 × 717 BCS 91 92 KCD — 996* HSt iij 238 ff.	BCS $\frac{135}{66}*$ (a. 716) Croyl. KCD	..................................a. 726 Beda v 23
BCS $\frac{116}{56}$ (a. 706) KCD		
Alive in 731, when Beda closes his history Beda v 23	BCS $\frac{152}{78}$ (a. 734) KCD	....a. 739 SymD FlW a. 741
	BCS $\frac{159}{85}$ (a. 738) KCD	
	Council of Clovesho a. 742 BCS 162 KCD — Earle p. 36 Sw. ch. 17 'signatures fabricated' Stubbs Reg. p. 6 n. DCB iv 1186	
	HSt iij 340 342 n.	
... .	Council of Clovesho Sept 747	after Sept a. 747
	BCS $\frac{174}{—}$ HSt iij 360 KCD	
BCS $\frac{175}{96}$ (a. 747 corr.) KCD	BCS $\frac{196}{113}$ (a. 765) [signed by KCD Badenoth episcopus]	765 × 772
	BCS $\frac{199}{—}$ Sw. ch. 8 (a. 765) KCD	

S.

ROCHESTER.

Name and Authorities	Consecration [and See]	Accession
Deora DCB j 854	765 × 772	FIW Cat. XIII LVD IX Sw. p. 168 l. 11 (diora)
Wærmund I DCB iv 1175	781 × 785	FIW Cat. XIV LVD X Sw. p. 168 l. 11
Beornmod DCB j —; iv 1175 (s.v. Weremund)	Oct 803 × 805 ASChr AB a. 802 Theopold p. 42 corr. **804** Profession to abp Æthelheard 791–805 BCS 315 IISt iij 550 KCD —	FIW Cat. XV LVD XI Sw. p. 168 l. 11 (last name) Ernulfus XV (Wharton AS j 331)
Tatnoth DCB —	..................a. **844** electus BCS 445 446 KCD 256 1047 (a. 844)	FIW Cat. — LVH XII Ernulfus XVI
Beadunoth The same as **Wærmund II** Stubbs Reg. p. 12 A different person Stubbs Reg. p. 173 Stubbs Reg. ed. 2 p. 21 om. p. 255 ins. DCB j 236 'The title [*episcopus* in BCS 196] is probably a clerical error' Stubbs DCB j 236		FIW Cat. — LVII — Ernulfus XVII
Wærmund II DCB —	845 × 862	FIW Cat. — LVII — Ernulfus — Stubbs Reg. p. 12, 173

ROCHESTER.

Early Dates	Late Dates	Death [or Translation]
BCS 208 KCD — IISt iij 402 (a. 772)	BCS 228 KCD 135 (a. 779)	.... 781 × 785
BCS 209 210 KCD — 120 (a. 775)	Council of Brentford a. 781 BCS 241 KCD 143 IISt iij 438	
	BCS 242 KCD 144* (a. 781)	
BCS 247 KCD — (a. 785) Legatine council a. 786 BCS 250 KCD — IISt iij 447 ff. **Uuaremundus**	Council of Clovesho Oct 803 BCS 308 312 IISt iij 541 KCD 183 1024 545	.... Oct. 803 × 805
BCS 318 319 KCD 191 189 (a. 805) Council of Celichyth a. 816 BCS 358 KCD — IISt iij 579	BCS 439 KCD 254 (a. 842)	.... 842 × 844
BCS 445 446 KCD 256 1047 (a. 844)		.... 845 × 862
BCS 538* KCD — (a. 874! corr. 844)		
BCS 448 449 KCD — 259 (Nov 845) .		
BCS 196 KCD 113 (a. 765, in the time of bp Eardwulf)		
BCS 502 KCD 285 (a. 790 corr. c. 861) grant to bp Wærmund of land at Rochester by Æthelbeorht k. of Wessex 860—866		.... 860 × 868

ROCHESTER.

Name and Authorities	Consecration [and See]	Accession
Cuthwulf	862 × 868 Cuthwulf bp Heref. 836 × 866	Hrofensis eccl. episcopus BCS 518 FIW Cat. — LVH — Ernulfus XVIII
Swithwulf	868 × 880 Swithwulf bp Lond. (?) 860 × 898	Hrofensis eccl. præsul FIW a. 897 FIW Cat. — LVH — Ernulfus XIX
Ceolmund	897 × 904	.... FIW Cat. — LVII — Ernulfus XXI (sic)
Cynefrith	909 × 926	.... FIW Cat. — LVII — Ernulfus XXII
Burhric	933 × 934	.... FIW Cat. XVI LVH XIII Ernulfus XX (sic)
Beorhtsige	'946 × 949' '[Rochester]?' Stubbs Reg. p. 15 'See unknown' Stubbs Reg. ed. 2 p. 27 Stubbs Reg. p. 173 om.	FIW Cat. — LVH — Ernulfus —
Daniel [see: Cornwall] Stubbs Reg. ed. 2	'951 × 955' '[*Rochester, or Selsey*]' Stubbs Reg. p. 15	.... FIW Cat. — LVII — Ernulfus —
Ælfstan Æthelstan BCS — KCD 689 690	946 × 964 Ælfstan bp Lond. 961–996 Ælfstan bp Ramsb. 970–981	Hrovensis episcopus BCS 1134 FIW Cat. XVII LVH XIV Ernulfus XXIII

20

ROCHESTER.

Early Dates	Late Dates	Death [or Translation]
BCS 518, KCD 295 (a. 868)	....	.... 868 × 880
BCS 548, KCD 312* (a. 880)	BCS 562, KCD — Earle p. 152 (a. 889)	.... 894 × 897 AsChr ABCD FlW a. 897
BCS 611 1338, KCD 1082 — (a. c. 904)	BCS 620 627 628, KCD 342 1093 1095 (a. 909)	.... 909 × 926
BCS 658 659, KCD — 1099 (a. 926)	BCS 674 677, KCD 1102 353 (a. 931) BCS 695 696, KCD — — (a. 933)	.... 933 × 934
BCS 702, KCD 364 (28 May 934)	BCS 813, KCD 407 (a. 946)	.... 946 × 964
BCS 705, KCD 1110 (16 Dec. 934)		
BCS 571, KCD 322* (a. 895?)		
BCS 880, KCD 425 Earle p. 185 (a. 949) Kent	BCS 892, KCD 430 Earle II p. 373 (a. 951) Berks BCS 909 911, KCD 433 — (a. 955) Hunts Derby	.... 955 × ...
....	....	
BCS 1134, KCD 1251 (a. 964) with the bp Lond.	BCS — —, KCD 632 633 (a. 982), with the bp Lond.	.... a. 995 charters
BCS 1292, KCD 578 (a. 973), BCS —, KCD 621 (a. 979), BCS —, KCD 629* (a. 981), with the bps Lond. Ramsb.	BCS — —, KCD 689 690 (a. 995), with the bp Lond. Æthelstan (both) BCS — —, KCD 691 (a. 995) with the bp Lond.	

ROCHESTER.

Name and Authorities	Consecration [and See]	Accession
Godwine I ASChr CDEF FlW a. 1011 **Godwine** bp. Roch. 1001-1028 Astle, LVII p. 17 n. Godw.-Rich. ij 104	............................a. **995** **Godwine** bp Lichf. c. 1002-1020	biscop on Hrofeceastre BCS — KCD 929 FlW Cat. XVIII LVII xv (last name) Ernulfus XXIV
Godwine II	995 × 1046 1009 × 1012 Stubbs Reg. ed. 2 p. 32	FlW Cat. XIX LVII — Ernulfus XXV
Siweard	............................a. **1058** ASChr FlW	FlW Cat. XX Ernulfus XXVI
Arnost **Hernostus** ASChr A Latin app. (Thorpe j 387)	............................a. **1076** Profession Stubbs Reg. ed. 2 p. 39	FlW Cat. XXI Ernulfus XXVII
Gundulf Vita Gundulfi ep. Roff. Wharton AS ij 273 ff. Potthast 1358 Eadmer [RS] Index	Sunday 19 M'ch **1077** ASChr A (Latin app.) a. 1077 Profession Stubbs Reg. ed. 2 p. 39	FlW Cat. XXII Ernulfus XXVIII (Wharton AS j 333)
Radulphus (Ralph d'Escures) Eadmer [RS] Index	v Id Aug 9 Aug **1108** Wharton AS j 333 n. FlW iij Id Aug 11 Aug SymD [Twysden] col. 231 [RS] ij 240	FlW Cat. XXIII Ernulfus XXIX
Ernulf (Earnwulf) Eadmer [RS] Index	vij Kal Jan 26 Dec **1115** FlW SymD [Twysden] col. 237 [RS] ij 249	FlW Cat. XXIV

ROCHESTER.

Early Dates	Late Dates	Death [or Translation]
BCS — KCD 688 (a. 995)	BCS — — KCD 719 1307 (a. 1012)	vij Id Mart 9 M'ch ... Wharton AS j 332 n.
BCS — KCD 696 (a. 996)	(no signatures between a. 1012 and a. 1019)	.... 995 × 1046 (a. 1046 is the latest date of the two bps Godwine)
BCS — KCD 710 (a. 1004),		
BCS — KCD 714 (a. 1005),		
BCS — KCD 1303 (a. 1007),		
BCS — KCD 1305 (a. 1008), with the bp Lichf.		
BCS — KCD 729 (a. 1019)	BCS — KCD 828 (a. 1042 × 1050)	ij Id Apr 12 Apr ... Wharton AS j 332 n.
BCS — KCD 1316 (a. 1020)	BCS — KCD 773 (a. 1044)	.... 1046 × 1058
BCS — KCD 734 (a. 1022)	BCS — KCD 784 (a. 1046)	
(no signatures between a. 1022 and a. 1044)		
BCS — KCD 810* (a. 1061)	BCS — — KCD 824* 825* (a. 1066 Westm.)	.... a. 1075 Wharton AS j 332, 342 (FIW a. 1067?)
		15 July 1076 Wharton AS j 332 n. Gervase [RS] ij 367
....	....	Non Mart 7 M'ch 1108 FIW
		Canterbury a. 1114 d. 20 Oct 1122
		Id Mart 15 M'ch 1124

BISHOPS OF

Name and Authorities	*Consecration* [*and See*]	*Accession*
Mellitus DCB iij 900 H. Wharton Historia de episcopis et decanis 8° Lond. 1695	Winter **601** × Summer **604** Stubbs DCB iij 900 Beda ij 3 a. 604 ASChr AEF FIW a. 604	Lundoniæ episcopus Beda ij 4, 7 FIW Cat. I LVII I Sw. p. 167 l. 6 Wharton 1
Sede Vacante	....	.... a. **617**
Cedd DCB j 430	a. c. **654** Beda iij 22, 23	'episcopus Orientalium Saxonum' FIW a. 664 FIW Cat. II LVII II Sw. p. 167 l. 6
Wini DCB iv 1190	.... a. **662** Winchester Beda iij 7 Dorchester a. **663**	.... a. **666** Beda iij 7 FIW FIW Cat. III LVII — Sw. p. 167 —
Eorconweald DCB ij 177 BCS 735, 736 KCD 1126*, 1127* (a. c. 940)	a. c. **675** Beda iv 6 FIW	.... FIW Cat. IV LVII III Sw. p. 167 l. 6
Wealdheri DCB iv 1170 HSt iij 274	.... a. **693** Beda iv 11 FIW (a. 675)	antistes Lundoniæ civitatis Beda iv 11 FIW Cat. V LVII IV Sw. p. 167 l. 6

LONDON.

	Early Dates	*Late Dates*	*Death [or Translation]*
BCS 6 / KCD 4*	(a. 605)	BCS 13 / KCD 6* (a. 618)	exp. c. 617 Beda ij 5, 6
BCS 9 / KCD —	Beda ij 4 (a. 604 × 610)		Canterbury a. 619
			a. c. 654
BCS 66 / KCD 25*	(a. 685!)	BCS 127 / KCD 62* (a. 710!)	vij Kal Nov 26 Oct 664 FIW Beda iij 23
BCS 74 / KCD 31*	(a. 688 × 690!)		
BCS 22 / KCD 984*	(a. 664!) Medesh.		res. in …, 3 y. before his death. Rudborne Hist Maj Wint Wharton AS j 192, but see Beda iij 7
			d. 666 × 675
BCS 43 / KCD 12	Earle (a. 676) Frignualdus	BCS 81 / KCD 35 (M'ch a. 692 or 693)	commem. 30 Apr DCB ij 178 a. c. 693
		BCS 87 / KCD 38* (a. 695!)	
		BCS 89 / KCD 40* (a. 696!)	
BCS 48 / KCD 990*	(a. c. 680!)	BCS 111 / KCD 52 Earle (June 704)	c. June 705 × 716
BCS 82 / KCD —	(a. 693) Westm.	BCS 115 / KCD — (Sw. ch. 2 (c. June 705)	

LONDON.

Name and Authorities	Consecration [and See]	Accession
Ingweald	705 × 716	Lundoniæ episcopus
Ingwulf Ingulf		Contin Bedæ n. 745
BCS 135		FIW Cat. VI LVII v
KCD 66* (Croyl.)		Sw. p. 167 l. 6 (incwald)
DCB iij 242		
Ecgwulf	.................................n. 745	
Ecguulf LVII VI		FIW Cat. VII LVII VI
DCB ij 34 63		Sw. p. 167 l. 6
Wigheah	766 × 772	....
Wighehus FIW Cat. MHB		FIW Cat. VIII (wighehus)
MS Cott. Tib. B. v		LVII VII (sigheh)
Sigeheah Sw. LVII MSS		Sw. p. 167 l. 6 (sighaeh)
CCCC 173 183 Stubbs		
Reg. ed. 2 p. 12 221		
Wighedus Wharton p. 20		
Siheh FIW Cat. MHB		
MS Cott. Otho B xj		
DCB iv 1176		
Eadbeorht	772 × 781	
MSS CCCC 173 183		FIW Cat. IX (eadbrihtus)
Aldberht Stubbs Reg. p. 7		LVII VIII
159		Sw. p. 167 l. 7
Stubbs Reg. ed. 2 p. 13 221		
DCB j 88 [Aluberht (1)],	Eadbeorht bp Leic.	
ij 3 [Eadberht (7)],	764–c. 783	
6 [Eadbriht (2), Eadbrith]		
Eadgar	787 × 789	....
DCB ij 7		FIW Cat. X LVII IX
		Sw. p. 167 l. 7
Coenwealh	789 × 793	....
DCB j 591		FIW Cat. XI LVII X
		Sw. p. 167 l. 7

LONDON.

Early Dates	Late Dates	Death [or Translation]
BCS 117, KCD 57* (a. 706) 'spurious' HSt iij 280 **Hinwald** (taken as **Ingweald**)	Alive in 731, when Beda closes his history. Beda v 23	.... 745 Contin Bedae SymD
BCS 124, KCD 60* (a. 709) 'spurious' HSt iij 280	BCS 156, KCD 82 (a. 736 × 737)	
	BCS 171, KCD 95 Earle (a. 743 × 745)	
Council of Clovesho a. 716 confirm. BCS 91, KCD — HSt iij 300		
Council of Clovesho Sept 747 BCS 174, KCD — HSt iij 360 362	BCS 327, KCD 193* (a. 758 corr.)	.... 766 × 772
BCS 177, KCD 98* (a. 748)	BCS 188, KCD 112* (a. 759 × 764)	
	BCS 221, KCD 129* (a. 766)	
BCS 208, KCD — (a. 772) Sussex **Righeah** with his successor?		.... 772 × 781
BCS 208, KCD — (a. 772) (eadbertus) Suss. Synod of Brentford a. 781 BCS 241, KCD 143 HSt iij 438 ff. with the bp Leic.	Legatine council a. 786 BCS 250, KCD — HSt iij 447 ff. **Fadberchus** 'subs. 772–786' Stubbs Reg. ed. 2 p. 13 [775–786 p. 221]	.... 787 × 789
BCS 255 257, KCD 155 157 (a. 789)	....	.... 789 × 793
BCS 267, KCD 162* (a. 793)	....	.... 793 × 796
BCS 274, KCD 167 (a. 793 × 796)		

LONDON.

Name and Authorities	Consecration [and See]	Accession
Eadbeald DCB ij 2	793 × 796	FIW Cat. XII LVH XI Sw. p. 167 l. 7 (In LVH a bp Heahstan succeeds as no. XII)
Heathubeorht Edbert DCB Roger Wend DCB ij 849	796 × 798	FIW Cat. XIII LVII XIII (sic) Sw. p. 167 l. 7
Osmund DCB iv 160	801 × 803	FIW Cat. XIV LVII XIV Sw. p. 167 l. 7

Æthelnoth
 DCB ij 226
	805 × 811
	 Profession to abp Wulfred
	               805-829
	 BCS 333
	 KCD — HSt iij 568
		Lundoniæ civitatis episcopus
		               BCS 358
		 FIW Cat. XV LVII XV
		 Sw. p. 167 l. 7

Ceolbeorht DCB j —	816 × 824 Profession to abp Wulfred 805-832 BCS 376 KCD — HSt iij 592	FIW Cat. XVI LVII XVI Sw. p. 167 l. 8 (last name)
Deorwulf Ceorulfus FIW Cat.	845 × 862 Profession to abp Ceolnoth 833-870 BCS 498 KCD — HSt iij 650	Lundoniensis episcopus Profession FIW Cat. XVII LVII XVII Sw. —

LONDON.

Early Dates	Late Dates	Death [or Translation]
		In the y. that k. Offa died, 796, Æthelred k. of North. was killed, and Ceolwulf bp and Eadbald bp 'of them londe aforon' ASChr A (a. 794). FlW says: 'unde Ceolwlfus Lindisfarnensis episcopus et Ædboldus antistes de regno illo exierunt.' [Bp Ceolwulf was bp of Lindsey not of Lindisfarne (SymD a. 796), and he d. (SymD) in 796.] DCB ij 2 identifies this bp Ædboldus with the bp Lond.
		.... d. 796 × 798
BCS 267 KCD 162* (a. 793) DCB ij 847 (s.v. **Heabert**)	BCS 201 KCD 116 (endorsent a. 799 × 802)	..........................a. 801 SymD
BCS 289 KCD 175 (a. 798)		
BCS 293 KCD 1020 (a. 799)		
BCS 308 KCD 183 (a. 803) Council of Clovesho Oct 803 BCS 312 KCD 1024 HSt iij 545	BCS 321 322 (a. 805) KCD — 190	.... 805 × 811
BCS 338 KCD 197* (a. 811)	BCS 357 (a. 816) KCD 210	.... 816 × 824
BCS 340 (a. 812) KCD —	Council of Calchyth July 816 BCS 358 HSt iij 579 KCD —	
BCS 343 Earle (a. 814) KCD 207		
Council of Clovesho (a. 824 FlW a. 822) BCS 378 Sw. HSt iij — KCD —	BCS 421 423 (a. 839) KCD 240 1054 BCS 448 (Nov. 845) KCD —	.... Nov 845 × 862
BCS 502 (a. 860 × 862) KCD 285	BCS 1210 (a. 867!) KCD 1259* **Dornulphus**	.... 860 × 898

LONDON.

Name and Authorities	Consecration [and See]	Accession
Swithwulf MS CCCC 173	860 × 898 (?) Swithwulf bp Roch. 868 × 897	Londoniensis episcopus Ingulf Searle FIW Cat. xviii LVII xviii WMalm [RS] GP c. 73 Stubbs Reg. p. 12, 160 Wharton xviii

Heahstan
 	
Heahstan ASChr A   a. 898
              Wharton
Ealhstan ASChr BCD
             a. 898
Heahstan Stubbs Reg. p. 12
ed. 2 p. 22
Elfstan (I) Stubbs Reg. p.
160 ed. 2 p. 222
BCS 571   KCD 322*
	860 × 898	....
		
		FIW Cat. xix LVII —
		
		(In LVII a bp Heahstan is
		found after bp Eadbeorht as
		no. xii)
		
		Wharton xix

Wulfsige	.... a. c. 900 Wulfsige I bp Sherb. c. 885 × 901	.... FIW Cat. xx LVII xx (sic) Wharton xx
Æthelweard	c. 909 × 921 Æthelweard bp Sherb. 910 × 918	FIW Cat. xxi LVII xix (sic) WMalm [RS] GP c. 73 Stubbs Reg. (p. 13, 160) — Stubbs Reg. ed. 2 — Wharton xxi

Ealhstan
 	
Healhstanus II Wharton
Leofestan MS CCCC 140
Leofusta LVII xxi
MHB p. 617
MS CCCC 173
Heahstan Stubbs Reg. p. 14
ed. 2 p. 25 222
            FIW a. 900
Elfstan (II) Stubbs Reg. p.
160
	c. 909 × 921	....
		
		FIW Cat. xxii (Ealhstan)
		LVII xxi?
		WMalm [RS] GP c. 73
		                 (elstan)
		Wharton xxii

Theodred	c. 909 × 921	.... FIW Cat. xxiii LVII xxii Wharton xxiii

LONDON.

Early Dates	Late Dates	Death (or Translation)
BCS 461 KCD 265* (a. 851!) Croyl.		............860 × 898 (?)
....	BCS 571 (a. 895?) with other KCD 322* sign. of very mixed dates	ASChr a. 898 FIW a. 900 ed. Thorpe **Heahstanus** MHB **Healhstanus**
BCS 585 596* (a. 901) KCD 329* 332* BCS 600 KCD 335 (a. 903) BCS 602 604 611 613 KCD 336* 337 1082 1085 (a. 903-904)	BCS 620 627 629 (a. c. KCD 342* 1093 1096 909)	.... c. 909 × 921
....	....	c. 909 × 921
		c. 909 × 921
BCS 635 KCD — (a. 921) BCS 658 659 KCD — 1099 (a. 926) BCS 705 KCD 1110 (a. 934)	BCS 892 Earle 11 (a. 951) KCD 430 BCS 910 Earle 11 (a. 955 corr.) KCD 435	.... 955 × ... His will BCS 1008 (a. c. 960) KCD 957 (a. c. 1050?)

LONDON.

Name and Authorities	Consecration (and See)	Accession
Wulfstan I	...×...	Lundoniæ ecclesiæ pontifex
		FIW Cat. xxiv LVII — Stubbs Reg. p. 15, 160
Beorhthelm	...× 950	
		FIW Cat. xxv LVII xxiii
	Beorhthelm bp Selsey c. 954–c. 960 Beorhthelm bp Wells 956–973	
Dunstan	...........................a. 957 Worcester	...........................a. 959 Lundoniensium episc. FIW (a. 959)
		FIW Cat. xxvi LVII —
		bp of both Worc. and London Memorials [RS] 37
Ælfstan	...........................a. 961	biscop on Lundene BCS 1097 KCD 1288
Æthelstan BCS — — KCD 689 690 Æalhstanus III Wharton		FIW Cat. xxvii LVII xxiv (last name)
	Ælfstan bp Roch. (q.v.) c. 950–995 Ælfstan bp Ramsb. 970–981	
Wulfstan II	...........................a. 996 ASChr F Wulfstan I bp Worc. abp Y. 1003–1023	FIW Cat. xxviii

LONDON.

Early Dates	Late Dates	Death (or Translation)
BCS 897 KCD — (a. ...) an undated letter)	....	... × ...
BCS 887 KCD — (a. 950) Glast.	BCS 1051 KCD 1225 (a. 959) with the bp Wells	.... a. 959 charters
BCS 899 900 KCD 1168 1169 (a. 953)		
BCS 902 KCD 1178* (a. 953 × 955) with the bp Selsey		
BCS 903 KCD — (a. 955) Som.		
BCS 972 KCD 1201 (a. 956) Kemble Saxons ij 410		
BCS 927 934 966 974 KCD 452 446 448 1187 (a. 956) with the bp Wells		
BCS 1052 KCD 480 (a. 959)		Canterbury a. 960

BCS 1101 KCD — (a. 963) Stubbs Reg. ed. 2 p. 28	BCS 1301 1303 1309 KCD 584* — 1275* (a. 974). BCS — KCD 621 (a. 979) with the bps Roch. Ramsb.	. 995 × 996
BCS 1134 1142 KCD 1251 1253 (a. 964)		
BCS 1189 KCD 1257 (a. 966) with the bp Roch.	BCS — — KCD 689 690 (a. 995) with the bp Roch. Æthelstan	
BCS 1175 KCD — (a. 966) Stubbs Reg. ed. 2 p. 28	BCS — KCD 691 (a. 995) with the bp Roch. Ælfstan 'subs. 961–995' Stubbs Reg. ed. 2 p. 28	
BCS — KCD 1291 (a. 996)	BCS — — KCD 707 1297 (a. 1002)	.... 1002 × 1004 Stubbs Reg. 1003 × 1004
BCS — KCD 698 (a. 997)	'subs. 997–1003' Stubbs Reg. ed. 2 p. 31	

S.

LONDON.

Name and Authorities	Consecration [and See]	Accession
Ælfhun	1002 × 1004	....
charters Wharton MHB p. 617 n.	ASChr FIW a. 1012, 1013 (ælfun, ælfhun)	FIW Cat. XXIX (ælfhunus) WMalm [RS] GP c. 73
Alhunus MHB **Elfwin** Stubbs Reg. p. 17 160 **Ælfwine** Stubbs Reg. ed. 2 p. 32 **Ælfwin** p. 222		
Ælfwig	St Juliana's day 16 Feb **1014** ASChr D (ælfwig)	.... FIW Cat. XXX (ælfwius) WMalm [RS] GP c. 73 (ælfwinus)
Ælfweard	.... a. **1035** Stubbs Reg. p. 19 160; ed. 2 p. 35 222	....
Ælfwold BCS — — KCD 871 872		FIW Cat. XXXI
Robert Champart, or of Ju miéges	Aug. **1044** EAF ij 71 ASChr FIW —	b. on Lundene ASChr D (a. 1051) Lundoniensis episcopus FIW a. 1050
		FIW Cat. XXXII Wharton XXXII
Spearhafoc abb. Abingdon bp designate	el. Midlent **1051** EAF ij 120 ASChr E a. 1048 ASChr CF a. 1050 ASChr D a. 1051	.... FIW Cat. —
William	.... a. **1051** FIW ASChr E a. 1048 ASChr F a. 1050 ASChr D a. 1052	Lundoniæ præsul FIW Cat. XXXIII Wharton XXXIII
Hugo d'Orivalle EAF iv Index	.... a. **1075**	.... FIW Cat. XXXIV Wharton XXIV

LONDON.

Early Dates	Late Dates	Death [or Translation]
BCS — — (a. 1004) KCD 709* 710	BCS — (a. 1012) KCD 719	................1012 × 1014
BCS — (a. 1004) KCD 1300	BCS — (a. 1015) KCD 1310	
BCS — (a. 1005) KCD 714		
BCS — (a. 1015) KCD 1310 **Ælfhun I** 'subs. 1015–1035' Stubbs Reg. ed. 2 p. 33	BCS — (a. c. 1033) KCD 1319 BCS — (a. 1035) KCD 753*	.........................a. c. 1035
BCS — (a. 1022) KCD 734		
BCS — (a. 1023) KCD 737* **Ælfwinus**		
BCS — (a. 1038 × 1039) KCD 761* BCS — Earle p. 242 (a. 1042) KCD —	BCS — — (a. 1042) KCD 763 764 BCS — — (a. 1042 × 1044) KCD 869 870	Wedn. viij Kal Aug 25 July FlW a. **1044** ASChr D a. 1045 Stubbs Reg. p. 19 27 July ...
BCS — — (a. 1046) KCD 779* 784	BCS — — — (a. 1050) KCD 791* 792 793 BCS — (a. 1054?) KCD 800	Canterbury a. **1051**
	....	dep. c. Oct **1051** before consecration ASChr E (a. 1048 bis) ASChr D (a. 1051) FlW a. 1050 d. ...
BCS — — (a. 1051 × 1065) KCD 851 861 BCS — (a. 1061) KCD 811	BCS — (a. 1065) KCD 817 BCS — — (a. 1066) KCD 824* 825* Westm.	.... a. **1075**
....	....	12 Jan **1085** Wharton Hist ep Lond.

BISHOPS OF

Name and Authorities	Consecration [and See]	Accession
Felix DCB ij 489 Wharton AS j 403 (Bartholomæus de Cotton de episc. Norwicensibus)	.... a. c. **630** Beda ij 15	Orientalium Anglorum episcopus Beda iij 20 East-Anglorum episcopus FIW a. 647 FIW Cat. I Sw. p. 168 l. 27
Thomas DCB iv 1021	647 × 650 Beda iij 20 FIW a. 647	FIW Cat. II Sw. p. 168 l. 27
Beorhtgils cognomine **Bonifatius** Beda iij 20 **Beorhtgisl** MS CCCC 173 DCB j 315	652 × 654 Beda iij 20 (beretgils)	FIW Cat. III Sw. p. 168 l. 27
Bisi DCB i 318	.... a. c **669** Beda iv 5	episcopus Orientalium Anglorum Beda iv 5 FIW Cat. IV Sw. p. 168 l. 27

EAST ANGLIA.

Early Dates	Late Dates	Death [or Translation]
....	....	commem. 8 M'ch FIW a. **647** bp for 17 years (no dates) Beda ij 15, iij 20
....	....	.... 652 × 654 bp 5 y. Beda iij 20
....	....	.... a. c. **669** bp 17 y. Beda iv 5
....	Council of Hertford a. 673 BCS 30 Beda iv 5 KCD — HSt iij 118	res. Beda iv 5 FIW a. **673** d. ...

37

BISHOPS OF

Name and Authorities	Consecration [and See]	Accession
Æcci DCB ij 242 (etti)	.... after **673** Beda iv 5 FIW	episcopus Dommocensis FIW Cat. FIW Cat. 1 (æcce) Sw. p. 168 l. 28
Alric DCB — HSt iij 232 n.	678 × 693 'probably [bishop] of Dunwich' HSt iij 232 n.	.... FIW Cat. — Sw. p. 168 — Stubbs Reg. —
Æscwulf **Astwulf** Stubbs Reg. p. 5 158 WMalm [Savile] p. 237 The same as '**Aldberht** Beda v 23' Stubbs Reg. p. 5, ed. 2 p. 9 A different person (?) Stubbs Reg. p. 168 DCB j 76 DCB —	705 × 747	.... FIW Cat. 11 Sw. p. 168 l. 28 WMalm [RS] GP c. 74 (asculfus)
Eardred '**Eardred** or **Eardulf**' Stubbs Reg. p. 6 Stubbs Reg. p. 168 — Stubbs Reg. ed. 2 — DCB ij 17	693 × 716	.... FIW Cat. III Sw. p. 168 l. 28 (succ. to bp Æscwulf) WMalm [RS] GP c. 74 (edredus)
Ealdbeorht I Beda v 23 **Aldberht** Stubbs Reg. p. 8 168 **Eadbeorht** DCB ij 5 (no. 8) DCB j 76	716 × 731	FIW Cat. — Sw. p. 168 — WMalm —

38

DUNWICH.

Early Dates	Late Dates	Death or Translation
	BCS 113 / KCD — OSF (a. 705)	705 × 747
	BCS 85 / KCD 36 HSt iij 232 (a. 693)	693 × ...
		705 × 747
Council of Clovesho July 716 BCS 91 / KCD — confirm. HSt iij 300 **Heardred**		716 × 731
	Alive in 731, when Beda closes his history Beda v 23	731 × 747

DUNWICH.

Name and Authorities	Consecration [and See]	Accession
Eardwulf Stubbs Reg. p. 6 '**Eardred** or **Eardulf**'; p. 168 **Eadulf** Stubbs Reg. ed. 2 p. 11; p. 230 **Eadulf** DCB ij 18	731 × 747	Orientalium Anglorum episcopus BCS 174 KCD — FIW Cat. — Sw. p. 168 — WMalm —
Cuthwine DCB j 732	747 × 775	FIW Cat. IV Sw. p. 168 l. 29 (succ. to bp Eardred)
Ealdbeorht II DCB j 76 ij 5	747 × 775 **Ealdbeorht** bp Heref. 777-787	.... FIW Cat. V Sw. p. 168 l. 29
Ecglaf DCB ij 34	775 × 781	FIW Cat. VI Sw. p. 168 l. 29
Heardred DCB ij 848	775 × 781	FIW Cat. VII Sw. p. 168 l. 29
Ælfhun MS CCCC 183 **Aelhun** Stubbs Reg. p. 8 168 **Alhun** WMalm [RS] GP c. 74 DCB j 87 (Alhun)	789 × 793 Stubbs Reg. ed. 2 p. 15 (ælfhun) a. **790**	.... FIW Cat. VIII Sw. p. 168 l. 30
Tidfrith **Tilfrith** BCS 338 KCD 197* DCB iv 1026 JMA Index	.....................a. **798** ASChr F Profession to abp Æthelheard 791-805 BCS 286 HSt iij 511 KCD —	Dommucensis episcopus WMalm [RS] GP c. 74 FIW Cat. IX Sw. p. 168 l. 30 (β)

40

DUNWICH.

Early Dates	Late Dates	Death [or Translation]
BCS 162 (a. 742)? KCD — **Redwulf** HSt iij 340 n. Council of Clovesho Sept 747 BCS 174 HSt iij 360 362 KCD — **Herdulfus Heardulfus** WMalm [RS] GP c. 5		747 × 775
		747 × 775
BCS 209 (a. 775 corr.) KCD —		775 × 781
BCS 210 (a. 775) KCD 120		
		775 × 781
Council of Brentford a. 781 BCS 241 HSt iij 438 KCD 143 Legatine Council a. 786 BCS 250 HSt iij 447 ff. KCD — **Harchelus**	BCS 257 (a. 789) KCD 157	789 × 793
BCS 265 HSt iij 485 [A.D. KCD 159* 795] 'spurious' (a. [790] 793 corr.) BCS 274 Sweet BMF KCD 167 (a. 793 × 796) BCS 267 (a. 793) KCD 162*		798 (797) ASChr F a. 798
BCS 289 (a. 798) KCD 175 Council of Clovesho Oct 803 BCS 309 310 312 HSt iij KCD 184 185 1024 541 ff.	BCS 357 358 (a. 816) KCD 210 —	816 × 824

DUNWICH.

Name and Authorities	Consecration [and See]	Accession
Wærmund DCB iv —	816 × 824	FIW Cat. x Sw. p. 168 l. 30 (a)
Wilred	..................................a. 825 electus $\frac{BCS}{KCD} \frac{384}{220}$ (a. 825)	FIW Cat. xi (last name) Sw. p. 168 l. 30 (last name)
Husa	... × 836 bp Dunw. or Elmham; see **Cunda** bp Elmh. or Dunw. HSt iij 615	FIW Cat. — Sw. —
Æthelweald **Æthelwulf** Stubbs Reg. p. 168 ed. 2 p. 230 Seal (Archæol. xx 479) HSt iij 659	845 × 870 Profession to abp Ceolnoth 833–870 $\frac{BCS}{KCD} \frac{528}{—}$ HSt iij 659	Domuciensis episcopus Profession FIW Cat. — Sw. —

42

DUNWICH.

Early Dates	Late Dates	Death [or Translation]
Council of Clovesho Oct 824 [FlW a. 822] BCS 378 379 KCD — 218 HSt iij — (Sw. ch. 37) 592	....	.... 824 × 825
BCS 386 KCD 219 (a. 825)	BCS 448 KCD — (a. 845)	.... 845 × 870
BCS 416 KCD 237 Earle (a. 836)	....	.... 836 × ...
....	....	........................a. ...

BISHOPS OF

Name and Authorities	Consecration [and See]	Accession
Beaduwine	..................................a. 673	....
Bedwin Stubbs Reg. p. 3 168 Wharton AS j 404	Beda iv 5 FIW	FIW Cat. I Sw. p. 168 l. 28
DCB j 236		
Nothbeorht	693 × 706	....
Rothberht FIW Cat. MS Cott. Tib. B v Wharton AS j 404		FIW Cat. II Sw. p. 168 l. 28
DCB iv 54		
Heathulac	716 × 731	
Huetlac BCS 162 HSt iij 340 KCD — note d **Netholacus** WMalm [RS] GP c. 74		FIW Cat. III Sw. p. 168 l. 28
DCB ij 849		
Æthelfrith	..................................a. 736	
DCB ij 223	SymD	FIW Cat. IV Sw. p. 168 l. 29
Eanfrith	736 × 758	
Lanferd WMalm [RS] GP c. 74		FIW Cat. V Sw. p. 168 l. 29 Stubbs Reg. p. 6 168 ed. 2
DCB ij 16		p. II 230

ELMHAM.

Early Dates	Late Dates	Death [or Translation]
	BCS $\frac{85}{36}$ (a. 693 × ...) KCD	.... 693 × 706
BCS $\frac{116}{56}$ (a. 706) KCD	Council of Clovesho a. 716 BCS $\frac{91}{-}$ confirm. HSt iij 300 KCD	.... 716 × 731
	Alive in 731, when Beda closes his history. Beda v 23	.... 731 × 736
Council of Clovesho a. 742 BCS 162 KCD — Earle p. 36 Sw. ch. 17 'signatures fabricated' Stubbs Reg. p. 6 n. DCB iv 1186 HSt iij 340 342 note d	'As no bp Elmh. was present at the council of Clovesho in [Sept] 747' (BCS 174 KCD — HSt iij 360 ff.), 'the see may have been vacant in that year' (Stubbs DCB ij 223)	.... 736 × 758
BCS 327 KCD 193* (a. 758 corr.) HSt iij 396		.... 758 × 781

45

ELMHAM.

Name and Authorities	Consecration [and See]	Accession
Æthelwulf DCB ij 230	758 × 781	.... FIW Cat. VI Sw. p. 168 l. 29 Stubbs Reg. p. 8 168
Ealhheard MS Cott. Tib. B v MS CCCC 183 Alherd WMalm [RS] GP c. 74 Stubbs Reg. p. 8 168 Hunfrith Hunferthus FIW Cat. VII predecessor of bp Sibba ignored by Stubbs Reg. p. 8 168 cd. 2 p. 15 230 Alcarus Godw.-Rich. ij 4 DCB j 87 (Alheard), ij 10 (Ealcheardus, Ealgheard) JMA Index	781 × 785	Elmhamis ecclesiæ episcopus BCS 312 FIW Cat. — Sw. p. 168 l. 30 (succ. to bp Æthelwulf) Stubbs Reg. p. 8 168 (predecessor of bp Sibba)
Sibba MS CCCC 183 Sigga WMalm [RS] GP c. 74 DCB iv —	805 × 814	.... FIW Cat. VIII Sw. p. 168 —
Hunfrith DCB iij 179 [**Hunfrith** deac. dioc. Elmh. BCS 312 KCD 1024 (a. 803)]	816 × 824 Profession to abp Wulfred 805-832 BCS 375 KCD — HSt iij 591	.... FIW Cat. VII IX Sw. p. 168 —
Hunbeorht WMalm [RS] GP c. 74	816 × 824 Hunbeorht bp Lichf. 828-c. 836	.... FIW Cat. x Sw. p. 168 l. 30 (last name succ. to bp Ealhheard)
Cunda	... × 836 bp Elmh. or Dunwich See **Husa** bp Dunw. or Elmh. HSt iij 615	....

ELMHAM.

Early Dates	Late Dates	Death (or Translation)
	Council of Brentford a. 781 BCS 241 KCD 143 HSt iij 438	781 × 785
BCS 247 KCD — (a. 785) Legatine Council a. 786 BCS 250 KCD — HSt iij 447 ff. Alchardus BCS 257 265 KCD 157 159* (a. c. 790)	Council of Clovesho Oct 803 BCS 312 KCD 1024 HSt iij 545 BCS 322 KCD 190 (a. 805) BCS 338 KCD 197* (a. 811) Winchcombe	805 × 814
BCS 343 KCD 207 (a. 814)	BCS 357 KCD 210 (a. 816) Council of Celchyth July 816 BCS 358 KCD — HSt iij 579	816 × 824
		816 × 824
Council of Clovesho Oct 824 BCS 379 KCD 218 HSt iij 592 Council of Kingston BCS 423 KCD 1044 confirm. (a. 839) with the bp Lichf. BCS 416 KCD 237 Earle (a. 836)	Coronation of Eadmund k. of EAnglia 25 Dec 857 Asser [Gale] a. 856	20 Nov 870 SymD [RS] j 55 n. ij 107 836 × ...

47

ELMHAM.

Name and Authorities	Consecration [and See]	Accession
Ælfred	... × 933 bp Elmham or Lindsey (q.v.) Stubbs Reg. p. 15 n. **Ælfred** bp Sherb. 933-943	
Æthelweald	... × 945 bp Elmham? Stubbs Reg. p. 15 n.	FIW Cat. —
Eadwulf Profession: Stubbs Reg. p. 15 169 ed. 2 p. 27 231 **Adulf** BCS 919 1112 **Athulf** FIW Cat.; WMalm [RS] GP c. 74; charters Wharton AS j 405	942 × 956 Profession to abp Odo 942-959 BCS 918 KCD — (eadulfus)	Helmhamnensis episcopus BCS 1134 (1112) FIW Cat. XII (sic) in continuation of the series of the bps of Dunw., there being no bp numbered XI at Elmham **Athulfus** Wharton AS j 405 n° XXVI (sic)
Ælfric I Stubbs Reg. (with no dates) ed. 1 p. 15 169 ed. 2 p. 29 231 '**Wulfric** 963-970' BCS 1121 1269 'perhaps' the KCD 1247 1270 same as the above Stubbs Reg. p. 15 n. **Sigegar** (!) BCS 1264 KCD 555* (a. 969)	964 × 974	FIW Cat. XIII (ælfricus) WMalm [RS] c. 74
Theodred I **Tedredus** Wharton AS j 405	964 × 974	FIW Cat. XIV
Theodred II WMalm [RS] GP c. 74 'duo **Theodredi**' Wharton AS j 405	979 × 982	Orientalium Anglorum episcopus KCD 688 FIW Cat. XV

ELMHAM.

Early Dates	Late Dates	Death (or Translation)
BCS 697 KCD 363 (a. 933) **Elured**	BCS 702 703 705 (a. 934) KCD 364 352* 1110 with the bp Sherb.	.... 934× ...
BCS 808 (a. 945) KCD 404 BCS 812 815 (a. 946) KCD 410 411	BCS 876 883 (a. 949) KCD — 424	.... 949× ...
BCS 919 984 (a. 956) KCD 1208 1204 BCS 1112 (a. 963) (adulf) KCD 500*	BCS 1134 (a. 964) KCD 1251 BCS 1164 (a. 965) (eaðulf) KCD 516*	.... 964×974
....	....	.... 964×974
BCS 1303 (a. 974) KCD — BCS 1314 (a. 975) KCD 589	BCS — (a. 979) KCD 621 'Subs. 975' Stubbs Reg. p. 16 ed. 2 p. 30	.... 979×982
BCS — (a. 982) KCD 633 BCS — (a. 993) KCD 684*	BCS — (a. 994) KCD 687 BCS — (a. 995) KCD 688 'Subs. 982–995' Stubbs Reg. p. 16 ed. 2 p. 30	995×997

S.

ELMHAM.

Name and Authorities	Consecration (and See)	Accession
Æthelstan charters FIW Cat. WMalm GP Lib Elien. Savile (1601) Fasti	995 × 997	Helmamensis episcopus Liber Eliensis ij 65 Orientalium Anglorum episco- pus BCS — KCD 698
Ælfstan Stubbs Reg. p. 17 169 ed. 2 p. 31 231 $\dfrac{BCS}{KCD} \dfrac{—}{699}$ Earle p. 215 (a. 997) Thorpe p. 516 (a. 970, the bp Lond.)	Ælfstan bp Lond. 961–c. 995	FIW Cat. XVI
Ælfgar the Alms-giver Mem St Dunst [RS] Index Lib Elien ij 72	.... a. 1001 charters	Orientalium Anglorum episco- pus BCS — KCD 706 FIW Cat. XVII
Ælfwine monk Ely Lib Elien ij 75 80 86 **Alwinus** FIW a. 1021 Stubbs Reg. ed. 2 p. 33	.... a. 1021 FIW Stubbs Reg. p. 18 169 a. 1016 Ælfwine bp Winch. 1032–1047	FIW Cat. XVIII
Ælfric II WMalm [RS] GP c. 74 'duo Elfrici' Stubbs Reg. p. 19 169 Stubbs Reg. ed. 2 p. 34 35 231	1023 × 1038 1023 × 1030 Stubbs Reg. p. 19	b. on Eastenglum ASChr a. 1038 FIW Cat. XIX
Ælfric III WMalm [RS] GP c. 74 Wharton AS j 406	.... a. 1039	FIW Cat. XX
Stigand bishop elect Wharton AS j 406	.... a. c. 1040	FIW Cat. XXI
Grimcytel Wharton AS j 406	.... a. 1042 Selsey ASChr EF	.... a. 1043 bp Selsey and Elmham FIW Cat. FIW Cat. XXII

ELMHAM.

Early Dates	Late Dates	Death (or Translation)
BCS — KCD 698 (a. 997)	BCS 1059 (a. ...) KCD 955	.... a. 1001 charters
BCS — KCD 703 (a. 999)	BCS — KCD 705 (a. 1001)	
BCS — KCD 706 (a. 1001) BCS — KCD 1307 (a. 1012)	BCS — KCD 727 (a. 1018)	res.(?) 'relicto Helm. episco- patu' before a. 1016 Lib Elien ij 71 Wharton AS j pag. ult. Stubbs Reg. p. 17 ed. 2 p. 31 d. 25 Dec 1021 ASChr D FlW
BCS — KCD 729 (a. 1019) Exeter BCS — KCD 734 (a. 1022) BCS — KCD 740 (a. 1021 × 1023)		.... 1023 × 1038
BCS — KCD 761* (a. 1038 × 1039)		.... a. 1038 ASChr CEF FlW Will of bp .Elfric BCS — (a. ...) Thorpe KCD 759 (a. 1037)
	BCS — KCD 868 (a. 1042)	.... 1042 × 1043 ASChr EF FlW a. 1038
	....	dep. a. 1042 before consecration (?) EAF j 505 See below.
BCS — KCD 1342 (a. 1042-1043)	BCS — KCD 832 (a. 1042-1043)	ej. from Elmham a. 1043 FlW a. 1038 Selsey (only)

ELMHAM.

Name and Authorities	Consecration [and See]	Accession
Stigand (rest.) FIW (a. 1038) See above	.... a. 1043 ASChr C Consecr. 3 Apr 1043 Stubbs Reg. p. 19 (the day of the Coron. of k. Eadw the Conf. [mistake?]) See ASChr ed. Earle (1865) p. 168 169 ASChr EF a. 1042	FIW Cat. XXIII (sic)
Æthelmær	.... a. 1047 FIW (a. 1038)	FIW Cat. XXIV
Herfast EAF Indices	.... a. 1070 FIW FIW (a. 1038)	Helmhamnensis episcopus FIW a. 1038 FIW Cat. XXV
William de Bellofago Wharton AS j 406	25 Dec 1086 ASChr A (Latin appendix) FIW Gervase [RS] ij 367	FIW Cat. XXVI

BISHOP OF THE

Name and Authorities	Consecration [and See]	Accession
Wilfrith DCB iv 1179	.... a. 664 York	.... a. 680 Beda iv 13 15 FIW Cat. I LVII 1 Sw. —

ELMHAM.

Early Dates	Late Dates	Death [or Translation]
BCS — KCD $\frac{-}{773}$ (a. 1044)	BCS — KCD $\frac{-}{784}$ (a. 1046)	Winchester a. 1047
	BCS $\frac{-}{851}\frac{-}{852}$ (a. ...)	
BCS — KCD $\frac{-}{801}$ (a. 1055)	BCS — KCD $\frac{-}{813}$ (a. 1062)	dep. a. 1070 FIW EAF iv Index d. a. ...
	BCS — KCD $\frac{-}{853}$ (a. 1052 × 1066)	
	BCS $\frac{-}{873}\frac{-}{884}$ (a. ...)	
		[Thetford 1075] FIW (a. 1038)
		d. a. c. 1084 DNB xxvj 242
		.... a. 1091

SOUTH SAXONS.

Early Dates	Late Dates	Death [or Translation]
BCS 64 KCD 992* (a. 683)		York a. 686
BCS 79 KCD 1060* (a. ...)		

BISHOPS OF

Name and Authorities	Consecration [and See]	Accession
Eadbeorht DCB ij 5 WMalm [RS] GP c. 96	709 × 716(?) after the death of St Aldhelm Beda v 18 Stubbs Reg. p. 5 a. 709	'primus antistes' Beda v 18 FIW Cat. II LVII II Sw. p. 168 l. 13
Eolla DCB ij 133	716 (725) × 731 Beda v 18	.... FIW Cat. III LVII III Sw. p. 168 l. 13
Sigga **Sigefrith** Contin Bedæ SymD BCS 145 **Sigehelm Sigelm** WMalm [RS] GP c. 96 DCB iv 666	..............................a. 733 SymD Contin Bedæ	FIW Cat. IV LVII IV Sw. p. 168 l. 13
Ealubeorht DCB j 88	747 × 765	FIW Cat. V LVII V Sw. p. 168 l. 13
Osweald, Osa **Bosa** MHB 618 note MS CCCC 173 DCB iv 159	747 × 765	FIW Cat. VI LVII VI (bosa) Sw. p. 168 l. 13 (osa)
Gislhere **Gilshere** MS CCCC 173 DCB ij 673	772 × 780	.... FIW Cat. VII LVII VII Sw. p. 168 l. 13

SELSEY.

Early Dates	Late Dates	Death [or Translation]
Council of Cloveshu a. 716 BCS 91 KCD — confirm. HSt iij 300	BCS 144 Earle (a. 725 corr.) KCD 1000	.... 716 (725) × 731
BCS 132 [Stubbs DCB*] KCD 999 (a. 714) BCS 145 (a. c. 730) 'quest.' KCD 1001	Dead in 731, when Beda closes his history, at which time the See had been vacant for several years. Beda v 23	.... 716 (725) × 731

BCS 145 (a. c. 730) 'quest.'
KCD 1001
Council of Cloveshu a. 742
BCS 162 Earle p. 36 (a. ...)
KCD —
'signatures fabricated'
  Stubbs Reg. p. 6 n.
HSt iij 340 note d
	Council of Cloveshu
	  Sept a. 747
	BCS 174 HSt iij 360
	KCD —
	BCS 211 (a. c. 774!)
	KCD 1010
	Seffridus
	'subs. 737-747'
	  Stubbs Reg. p. 6 ed. 2 p. 10
	  234
		.... 747 × 765
		
		.... 747 × 765

BCS 198 (a. 765 corr.)
KCD 1008
BCS 145 confirm. (a. c. 765)
KCD 1001
BCS 237 1334 (a. 780)
KCD 1012 —
Council of Brentford a. 781
BCS 241 HSt iij 438
KCD 143
	BCS 206 (a. 770)
	KCD 1009
	  Osa archiepiscopus
	BCS 208 (a. 772)
	KCD —
	  Osweald
	BCS 262 (a. ... 'about 791'
	KCD 1016 K.!)
		.... 772 × 780
		
		.... 781 × 787

SELSEY.

Name and Authorities	Consecration (and See)	Accession
Tota	781 × 786	
Totta WMalm [RS] GP c. 96		FIW Cat. VIII
Stubbs Reg. p. 8 172		LVH VIII
Tora BCS 250		Sw. p. 168 l. 13
DCB iv 1037		
Wihthun	787 × 789	
Weohthun MS CCCC 173		FIW Cat. IX
Pehtun WMalm [RS] GP		LVH IX
c. 96		Sw. p. 168 l. 13 (wiohthun)
DCB iv 1177 1192		
Æthelwulf	805 × 811	
DCB ij 230		FIW Cat. X LVH X
		Sw. p. 168 l. 14
Coenred	816 × 824	
ASChr E (a. 852)		FIW Cat. XI
Cynered Sw. MHB p. 619 n.		LVH XI
		Sw. p. 168 l. 14 (cyneredus,
DCB j —		last name)
Guthheard	839 × 845	
MS CCCC 183		FIW Cat. XII
Cuthheard LVH		LVH XII
MS CCCC 173		Sw. —
Wighelm	860 × 901	
	'[Selsey]' Stubbs Reg. p. 13,	
Sigehelm (?) BCS 597	not p. 172	FIW Cat. —
KCD —		LVH —
	'Possibly Selsey' Stubbs Reg.	
	ed. 2 p. 23, not p. 234	
Beornheah	.... a. 909	Sœlesiensis episcopus
Bernechus FIW a. 823	Bp Leofric's Missal (MS Bodl.	FIW a. 923
	579)	
	BCS 614	FIW Cat. —
	KCD —	LVH XIII
	FIW Cat. (Thorpe j 236)	
Wulfhun	929 × 931	
		FIW Cat. — LVH XIV

SELSEY.

Early Dates	Late Dates	Death [or Translation]
Legatine council a. 786 BCS $\frac{250}{-}$ IISt iij 447 ff. KCD **Tora**		.... 786 × 789
BCS $\frac{255}{155}$ (a. 789) KCD Council of Clovesho a. 803 BCS $\frac{312}{1024}$ IISt iij 545 KCD	BCS $\frac{322}{190}$ Earle II (a. 805) KCD BCS $\frac{321}{-}$ Sw. ch. 49 (a. 805) KCD	.... 805 × 811
Council of London a. 811 BCS $\frac{335}{196}$ HSt iij 570 KCD	Council of Celchyth July 816 BCS $\frac{358}{-}$ IISt iij 579 KCD	.... 816 × 824
BCS $\frac{79}{1060}$* confirm. (a, ...) KCD **Renired** Sussex BCS $\frac{378}{-}$ $\frac{379}{218}$ (a. 824) KCD BCS $\frac{387}{1034}$ (a. 825) KCD	BCS $\frac{423}{1044}$ (a. 838) KCD BCS $\frac{421}{240}$ confirm. (a. 839) KCD ASChr E [RS] ij 56 (a. 852!) ⎡BCS $\frac{464}{267}$ (a. 852) **Ceored**⎤ ⎣KCD bp Leic. ⎦	.... 839 × 845
BCS $\frac{448}{-}$ (a. 845) KCD BCS $\frac{502}{285}$ (a. 860 × 861 corr.) KCD		.... 860 × 901
BCS $\frac{596}{332}$* (a. 901 corr.) KCD Hants BCS $\frac{611}{1082}$ (a. 904) KCD	BCS $\frac{623}{1090}$ $\frac{624}{1091}$ (a. 909) KCD Hants	.... a. 909
BCS $\frac{641}{-}$ (a. 925) Berneth KCD BCS $\frac{658}{-}$ $\frac{659}{1099}$ (a. 926) KCD	BCS $\frac{665}{347}$ $\frac{666}{348}$ (a. 929) KCD	.... 929 × 931 FIW a. 923 succ. by Kenredus!
BCS $\frac{675}{1103}$ (a. 931) KCD	BCS $\frac{753}{385}$ $\frac{758}{1131}$ (a. 940) KCD	.... 940 × 944

SELSEY.

Name and Authorities	Consecration [and See]	Accession
Ælfred	940 × 944	
		FIW Cat. XIII LVII xv
	Ælfred bp Sherb. 933–943	
Daniel [see: Cornwall Stubbs Reg. ed. 2 p. 28]	... × 955 '[*Rochester, or Selsey*]' Stubbs Reg. p. 15	FIW Cat. — LVII —
Beorhthelm	953 × 956	bp 'Chichester' BCS (?) 930 Geuuisorum id est Australium Saxonum præsul
	Beorhthelm bp Lond. c. 948–959 Beorhthelm bp Wells 956–973	BCS 997 FIW Cat. — LVII — Stubbs Reg. ed. 2 —
Eadhelm Stubbs Reg. p. 16 172 WMalm [RS] GP c. 96 charters	956 × 963	Scliniensis episcopus (sic) BCS 1134 KCD 1251 FIW (Thorpe) j 142 n. (eadelmus)
Ealdhelm Stubbs Reg. ed. 2 p. 29 234 BCS 1164 KCD 516*		FIW Cat. XIV LVII XVI
Æthelgar	vj Non Mai 2 May 980 ASChr FIW	Australium Saxonum episcopus FIW a. 988
		FIW Cat. XV LVII XVII
Ordbeorht Osbriht BCS — KCD 1305	.............................a. 989	Sælesiensis episcopus FIW a. 1009 FIW Cat. XVI LVII —
Ælfmær	........................a. 1009 FIW	FIW Cat. XVII
	Ælfmær bp Sherb. 1017–1023	

SELSEY.

Early Dates	Late Dates	Death [or Translation]
BCS 780 784 (a. 943) Kent KCD — —	BCS 900 (a. 953) Berks KCD 1169	.... 953 × 956
BCS 791 (a. 944) Kent KCD —		
BCS 807 (a. 945) Sussex KCD 403		
BCS 902 (a. 953 × 955) KCD 1178* with the bp Lond. BCS 930 (a. 956) Sussex KCD 459*	BCS 961 (a. 956) Sussex KCD 445 BCS 997 (a. 957) Sussex KCD 464*	.... 956 × 963
BCS 1101 1125 (a. 963) KCD — 1250 BCS 1198 (a. 967) KCD — BCS 1282 Earle App. (a. 972) KCD 570*	BCS — (a. 979) KCD 621	.... 979 × 980
BCS — (a. 980) KCD 626	BCS — (a. 987) KCD 658	Canterbury c. Sept 988 ASChr FlW
BCS — (a. 990) KCD 672*	BCS — — (a. 1005) KCD 714 1301 BCS — (a. 1008) KCD 1305	.... a. 1009 FlW
BCS — — (a. 1012) KCD 719 1307 BCS — (a. 1022) KCD 734 BCS — — (a. 1023) KCD 737* 739 NSA Index	BCS — (a. 1024) KCD 741 with Beorhtwine bp Sherb. BCS — (a. 1026) KCD 743 BCS — (a. 1031) KCD 744	.... 1031 × 1032 FlW ... × 1019

SELSEY.

Name and Authorities	Consecration (and See)	Accession
Æthelric I	.... a. 1032	b. on Suthsexum ASChr a. 1038
	Æthelric bp Dorch. 1016-1034	FIW Cat. xviii
Grimcytel	.... a. 1039 ASChr EF FIW a. 1038	Australium Saxonum episcopus KCD 784 FIW Cat. xix
Heca	.... a. 1047 ASChr FIW	b. on Suthsexum ASChr D a. 1057 FIW Cat. xx
Æthelric II Wharton AS j 334 ff.	.... a. 1058 ASChr D FIW	Suthsaxonum præsul FIW a. 1058 FIW Cat. —
Stigand	.... a. 1070 FIW	.... FIW Cat. xxi
Godefridus Gervase [RS] ij 367	.... a. 1087 ASChr A (Latin appendix)	Cicestrensis ecclesiæ antistes ASChr A

SELSEY.

Early Dates	Late Dates	Death [or Translation]
BCS —, KCD 746 (a. 1032) with the bp Dorch.	BCS —, KCD 751 752 (a. 1033)	.... a. 1038
BCS —, KCD 1327 (a. c. 1032)		3 Nov Stubbs Reg. ed. 2 p. 34
		'die septimo' (FIW), 'die octavo' (SymD), after the death of abp Æthelnoth [iv Kal Nov 29 Oct (FIW, SymD), Kal Nov 1 Nov (ASChr EF)]
BCS —, KCD 761* (a. 1038–1039)	BCS —, KCD 784 (a. 1046)	.... a. 1047
		ASChr C FIW
		ASChr E a. 1045
BCS —, KCD 763 (a. 1042)		ASChr F a. 1046
		ASChr D a. 1048
		He held Elmham also for a time FIW a. 1038
BCS — —, KCD 792 793 (a. 1050) Hoica	....	.... a. 1057
		ASChr D FIW
BCS —, KCD 956 (a. 1052) Heka		ASChr EF a. 1058
BCS —, KCD 810 (a. 1061)	....	dep. May 1070
		FIW
		EAF iv Index
		d. ...
		'surviving in 1076' Stubbs Reg. ed. 2 p. 37
		[Chichester 1075]
		FIW a. 1070
		d. a. 1087
		FIW
....	....	25 Sept 1088

BISHOPS OF

Name and Authorities	Consecration [and See]	Accession
Birinus DCB j 318 Th. Rudborne Hist Maj Wint Wharton AS j 190 BCS 690 / KCD 1108 (a. c. 932) BCS 1150 / KCD 601 (a. c. 967)	..................a. 634 Beda iij 7 iv 12 ASChr FIW	Occidentalium Saxonum antistes Beda iv 12 FIW Cat. 1 LVII 1 Sw. p. 168 l. 16
Agilbert Ægilberht FIW Cat. MIIB p. 619 n. MS Cott Tib B v Angilbertus WMalm [RS] GP c. 75 DCB j 61	..................a. 650 Beda iij 7 iv 12 (agilberctus)	bishop of the West Saxons ASChr a. 650 FIW Cat. 11 LVII 11 Sw. p. 168 l. 17

Ætla
 DCB j 53
 Sw. 480
 	
 Beda iv 23
 Beda-Plummer Index
 	
 FIW Cat. (Thorpe j 240)
 HSt iij 128
	..................a. c. 660?
	 675 × 685
	 Beda-Plummer ij p. xxv
	
	 FIW Cat. (Thorpe j 240)
	                      a. 679
		'perhaps...successor of Agilberht' Stubbs ed. 2 p. 7
		 perhaps 'Mercian bp Dorch.'
		            Beda-Plummer ij 246

DORCHESTER.

Early Dates	Late Dates	Death (or Translation)
....	....	commem. iij Non Dec 3 Dec LVII p. 17 92 a. c. **650** FIW translation Beda iij 7
....	....	**res.** a. c. **660** **Paris** a. **664** Parisiorum episcopus Beda iij 7 iv 1 d. a. 680 Stubbs ed. 2 p. 4 commem. 11 Oct
....	....	

BISHOPS OF

Name and Authorities	Consecration (and See)	Accession
Wini DCB iv 1190	...................................a. 662 Beda iij 7 iv 12	.... FlW Cat. III LVII III Sw. p. 168 l. 17
Leutherius Hlothere ASChr ABCE (a. 670) DCB iij 708	...................................a. 670 ASChr FlW Beda iij 7 iv 12	Occidentalium Saxonum antistes Beda iv 12 Gewissorum episcopatus Beda iij 7 FLW Cat. IV LVII IV Sw. p. 168 l. 18
Hæddi Beda FlW Stubbs Reg. ed. 2 p. 6 223 **Hædde** MSS CCCC 173 183 LVII **Headda** Stubbs Reg. p. 3 **Eddi** BCS 47 DCB ij 847 873 (hedda)	..............................a. 676 Beda iv 12 FlW **Headda** by Lichf. 691–c. 720	.... FlW Cat. V (headdi) LVII V Sw. p. 168 l. 18
Daniel DCB j 786 JMM Index	...............................a. 705 Beda v 18 FlW	.... FlW Cat. VI LVII VI Sw. p. 168 l. 21
Hunfrith DCB iij 179 JMM Index	...............................a. 744 ASChr FlW	.... FlW Cat. VII LVII VII Sw. p. 168 l. 21

WINCHESTER.

Early Dates	Late Dates	Death [or Translation]
....	....	Dorchester a. 663
		London a. 666
		Beda iij 7
BCS 25 (a. 670)	Council of Hertford a. 673	..................a. 676
KCD 7*	Beda iv 5	FlW
	BCS 30 IISt iij 118	bp 7 y.
	KCD —	
	BCS 37 (a. 675)	
	KCD 11*	
	BCS 43 Earle (6 Nov 676)	
	KCD 12	
BCS 50 (a. 680)	BCS 103 (a. 701)	commem. Non Jul 7 July
KCD 18*	KCD 48	
		a. 705
BCS 47 (a. 680)	BCS 112 113 (a. 705)	Beda v 18 FlW
KCD 19	KCD 49* —	
		ASChr a. 703
BCS 113 114 (a. 705)	BCS 156 (a. 736 × 737)	res. a. 744
KCD — 54*	KCD 82		FlW
Council of Clovesho a. 716	BCS 162 Earle Sw. (a. 742)	d. a. 745
BCS 91 92	KCD —	FlW
KCD — 996* IISt iij 238 300	'sign. fabricated' Stubbs	
	BCS 170 (a. 745)	
Alive in 731, when Beda closes	KCD 94*	
his history. Beda v 23		
Council of Clovesho Sept 747	BCS 179 180 (a. 749)	.... 749 × 754
BCS 174	KCD 1006 1007	
KCD — IISt iij 360 362		

S. 65 9

WINCHESTER.

Name and Authorities	Consecration (and See)	Accession
Cyneheard DCB j 736 JMM Index	..........................a. 754 ASChr FIW	Wentanæ civitatis episcopus JMM FIW Cat. viii LVH viii Sw. p. 168 l. 21
Æthelheard DCB ij 223	759 × 778 766 × 778 Stubbs Reg. p. 8 766 × 778 Stubbs Reg. ed. 2 p. 13	.... FIW Cat. ix LVH ix Sw. p. 168 l. 21
Ecgbeald DCB ij 46	759 × 778	.... FIW Cat. x LVII x Sw. p. 168 l. 21
Dudd DCB j 910	781 × 785	.... FIW Cat. xi LVH xi Sw. p. 168 l. 21
Cynebeorht **Cuniberctus** JMA ep. 130 DCB j 734	781 × 785	.... FIW Cat. xii LVH xii Sw. p. 168 l. 21
Ealhmund DCB j 72 (alchmund)	801 × 803	.... FIW Cat. xiii LVH xiii Sw. p. 168 l. 22
Wigthegn **Wigferth** ASChr DEF a. 833 **Wignoth** BCS 338 KCD 197* HSt iij 569 n. DCB iv 1177 (Stubbs) HSt iij 569-570 n.	805 × 814 Profession to abp Wulfred 805-832 BCS 334 KCD — HSt iij 569	episcopus civitatis Wentanæ BCS 377 ad episcopalem sedem Uuen- tanæ civitatis [electus] Profession FIW Cat. xiv LVII xiv Sw. p. 168 l. 22

WINCHESTER.

Early Dates	Late Dates	Death [or Translation]
BCS 181 KCD 100 (a. 755 × 757)	BCS 200 KCD 115* Stubbs, DCB j 736 'quest.' (a. 766)	.... 759 × 778
BCS 186 KCD 104 B (a. 759)	'subs. 755-759' Stubbs Reg. ed. 2 p. 11	
....	....	.... 759 × 778
BCS 224 225 KCD — 133 (a. 778)	Synod of Brentford a. 781 BCS 241 KCD 143 IISt iij 438	.... 781 × 785
....	....	.... 781 × 785
BCS 247 KCD — (a. 785)	BCS 269 KCD 164 (a. 794)	.... 801 × 803
BCS 248 KCD — (a. 786)	BCS 302 KCD 1023 (a. 801)	
Legatine Council a. 786 BCS 250 KCD — IISt iij 447 ff. Chumbrechus		
BCS 308 KCD 183 (a. 803)	BCS 321 322 KCD — 190 (a. 805)	.... 805 × 814
Council of Clovesho Oct 803 BCS 312 KCD 1024 IISt iij 545		
BCS 338 KCD 197* IISt iij 572 (a. 811) Winchelcomb	BCS 395 (a. 823, corr. for the KCD 223 Indiction to a. 828)	d. a. 833 ASChr ABC
BCS 343 KCD 207 (a. 814)	In the above charters Wigthegn signs alone; see below for his signatures with Herefrith	
BCS 358 KCD — (a. 816)		
BCS 377 378 379 KCD 1031 — 218 (a. 824)		
BCS 384 386 389 KCD 220 219 1033 (a. 825)		

WINCHESTER

Name and Authorities	Consecration [and See]	Accession
Herefrith DCB ij — iv 1177 (s.v. Wigthen) IISt iij 595-596 n.	... × 825 Profession to abp Wulfred 805-832 BCS 388 / KCD — IISt iij 595	ad episcopalem sedem electus Wintanæ civitatis ecclesiæ Profession FIW Cat. xv LVH xv Sw. p. 168 l. 22 (last name)
Eadmund MSS CCCC 173 183 om. FIW Cat. MBH p. 616 Stubbs Reg. p. 11 ('**Edmund** or **Eadhun**'), 161 ('Eadmund') Stubbs Reg. ed. 2 p. 223, not p. 19 DCB —	833 × 838 '833 × 836' Stubbs Reg. p. 11	FIW Cat. xvi LVH — (See: bp Eadhun) WMalm [RS] GP c. 75
Eadhun MSS CCCC 173 183 FIW Cat. MHP p. 619 n. Stubbs Reg. p. 11 (see above), not p. 161 Stubbs Reg. ed. 2 p. 19, not p. 223 Wharton AS j 195	833 × 838 '833 × 836' Stubbs Reg. ed. 2 p. 19 Profession to abp Ceolnoth 833-870 Stubbs Reg. ed. 2 p. 19	FIW Cat. — LVH xvi (See: bp Eadmund) WMalm —
Helmstan	.................a. 838 Profession to abp Ceolnoth 833-870 BCS 424 / KCD — IISt iij 621	FIW Cat. xvii LVII xvii
Swithhun b. vj Non Jul 2 July MHB p. 619 n. 42 IISt iij 633-634 n. Potthast 1588	iv Kal Nov 30 Oct 852 MS. Brit. Mus. Reg. 15 . C . 7 (Stubbs Reg. ed. 2 p. 20) Profession to abp Ceolnoth 833-870 BCS 463 / KCD — IISt iij 633	FIW Cat. xviii LVH xviii
Ealhfrith charters MS CCCC 173 **Alfred** Stubbs Reg. p. 12 161; Profession	862 × 868 Profession to abp Ceolnoth 833-870 BCS 517 / KCD — IISt iij 658	FIW Cat. xix LVII xix

WINCHESTER.

Early Dates	Late Dates	Death [or Translation]
BCS 390 KCD 1035 (a. 825)	BCS 398 KCD 1039 (a. 826)	d. a. 833 ASChr
BCS 391 392 393 KCD 1036 1037 1038 (a. 826)		Rudborne Wharton AS j 195
Herefrith never signs without Wigthegn		
		.... 833 × 838
	'subs. 836-838' Stubbs Reg. p. 11 161 Stubbs Reg. ed. 2 p. 223	
BCS 418 421 423 KCD 239 240 1044 (a. 838)	BCS 423 KCD 1044 (a. 838)	............a. 838 charters
	'subs. 836-838' Stubbs Reg. ed. 2 p. 19	
BCS 421 KCD 240 (a. 839) IISt iij 624	BCS 437 KCD 252 (a. 841)	.... 841 × 852 FIW a. 837!
	BCS 447 KCD 1048 (a. 844) IISt iij 630 'quest.'	
	'subs. 839-844' Stubbs Reg. ed. 2 p. 20; 'subs. 838-841' p. 223	
BCS 423 confirm. (a. 839!) KCD 1044 IISt iij 624 n.	BCS 504 505 KCD 286* — (a. 862)	Thursd. vj Non Jul 2 July FIW a. 862 ASChr F a. 861 SymD a. 863
BCS 468 481 KCD 1054* 273* (a. 854)	BCS 508 KCD 1059 (a. 863) IISt iij 654 'very quest.'	
BCS 495 KCD 1058 (a. 858)		
BCS 518 520 522 KCD 295 1061 298 (a. 868) BCS 525 KCD 300 (a. 869)	BCS 543 KCD 1062 ('A.D. 871 × 877') witnessed by K. Ælfred Apr 871-901	.... 871 × 877

WINCHESTER.

Name and Authorities	Consecration [and See]	Accession
Tunbeorht **Dunberhtus** FIW a. 879	871 × 877	Wintoniæ præsul FIW a. 879 FIW Cat. — LVII xx
Denewulf	..................................a. 879 FIW	Wentanæ civitatis episcopus BCS 565 FIW Cat. xx LVII xxi

Frithustan	..................................a. 909
	bp Leofric's Missal
	    BCS 614
	    KCD —
	FIW Cat. (Thorpe j 236)
	ASChr A FIW a. 910
		....
		FIW Cat. xxi
		LVH xxii

Beornstan	iv Kal Jun 29 May **931** ASChr A	.... FIW Cat. xxii LVII xxiii

Ælfheah I
  Ælfegus cognomento **Calvus**
    FIW
Ælfsige (?) BCS 652 654
           KCD — —
Will 'tempore regis Æthel-
stani' 925–940
 	
Potthast 1288
	..................................a. 934
	ASChr A
	
	Ælfheah bp Wells 923–938
		Wintanceastres biscop
		ASChr A (a. 951)
		FIW Cat. xxiii
		LVH xxiv

Ælfsige I
  Ælfsige cognomento **Lippe**
  Osbern   Wharton AS ij 85
	..................................a. 951
	FIW
		....
		FIW Cat. xxiv
		LVII xxv

Beorhthelm	..................................a. 960 FIW a. 958 **Beorhthelm** bp Wells 956–973 **Beorhthelm** abp Cant. a. 959	Wintoniensis ecclesiæ episcopus BCS 1077 1079 (a. 961) KCD 1231 1234 BCS 1054 1076 (a. 960, 961) KCD 1227 1230 Hants FIW Cat. — LVII — Stubbs Reg. p. 15 161

WINCHESTER.

Early Dates	Late Dates	Death [or Translation]
BCS 544 KCD 1063 (a. 877)		.... 877 × 879
BCS 549* KCD 1064* (a. 880 corr.)	BCS 604 611 613 KCD 337 1082 1085 (a. 904)	................................a. 909 ASChr FIW
BCS 550 KCD 1065 (a. 882)		
BCS 622 623 624 KCD 1088 1090 1091 (a. 909)	BCS 674 KCD 1102 (23 M'ch 931)	res. (23 M'ch × 29 May) 931 charters FIW a. 932
		d. 10 Sept ... Wharton AS j 799 ASChr A a. 932 FIW a. 933 Stubbs Reg. p. 13
BCS 675 KCD 1103 (20 June 931)	BCS 702 KCD 364 (28 May 934)	All Saints 1 Nov ... FIW Stubbs Reg. a. 934 ASChr A a. 933
BCS 689 KCD 1107 (a. 932)		bp 2½y. ASChr A (a. 931)
BCS 699 705 KCD 1109 1110 (a. 934),	BCS 892 KCD 430 (a. 951)	St Greg. 12 M'ch 951 ASChr A FIW
BCS 707 KCD 1111 (a. 935),		
BCS 714 KCD 1115 (a. 937), with the bp Wells		
BCS 730 KCD 1116 (a. 938)		
BCS 887 KCD — (a. 950) Glast.	BCS 1032 1033 1034 KCD 1213 474 1215 (a. 958)	Canterbury a. 959
BCS 895 KCD 451 (a. 952)		
BCS 1045 KCD — (a. 959) with the abp Cant.	BCS 1094 KCD 1239 (a. 962)	...............................a. 963 FIW
BCS 1056 KCD — (a. 960)	BCS 1101 1118 1121 KCD — 1245 1247 (a. 963)	
BCS 1072 1073 KCD 488 486* (a. 961)	All these charters except the first have the signatures of the two bps Winch. and Wells	

71

WINCHESTER.

Name and Authorities	Consecration [and See]	Accession
Æthelweald I Wharton AS j Index (**Ethelwoldus**) Potthast Ælfric, Life of St Æthelweald Lib Elien ij 1 ff.	Sunday 29 Nov **963** ASChr A FIW	FIW Cat. XXV LVII XXVI
Ælfheah II surnamed **Godwine** ASChr a. 984 **Ælfstan** $\frac{BCS\ —}{KCD\ 706}$ (a. 1001) Wharton AS j Index (**Elphegus**) Potthast 1288	xiv Kal Nov 19 Oct **984** ASChr A FIW **Ælfheah** bp Lichf. 973-1004	enthroned 28 Oct **984** ASChr A FIW Cat. XXVI LVH XXVII
Coenwulf Wright BBL j 501	.... a. **1006** FIW ASChr E (a. 963 abbot Kenulf)	FIW Cat. XXVII (Kenulfus) LVH XXVIII
Æthelweald II	.... a. **1006** FIW	FIW Cat. XXVIII LVII XXIX
Ælfsige II ASChr Stubbs Reg. ed. 2 p. 33 223 **Alfsin** Stubbs Reg. p. 18 161 **Ælsius** FIW **Æthelsige** KCD 746 (?)	1012 × 1014 FIW a. 1015	biscop on Winceastre ASChr E a. 1032 FIW Cat. XXIX LVII XXX
Ælfwine	.... a. **1032** ASChr FIW a. 1015 **Ælfwine** bp Elmh. 1021–c. 1035	FIW Cat. XXX LVII XXXI

WINCHESTER.

Early Dates	Late Dates	Death [or Translation]	
BCS 1113 1125 (a. 963) KCD 504 1250	BCS — (a. 984) KCD 641	Kal Aug ASChr C	1 Aug 984
BCS — (a. 985) KCD 647	BCS — — (a. 1005) KCD 714 1301	Canterbury	Nov 1005
BCS — — (a. 1002) with KCD 707 1295 the bp Lichf.			
		.... a. 1006 ASChr F1W	
BCS — (a. 1007) KCD 1303	BCS — — (a. 1012) KCD 719 721	.... 1012 × 1014	
BCS — (a. 1014) KCD 1309	BCS — (a. 1031) KCD 744	.... a. 1032 ASChr E	
BCS — (a. 1020) KCD 1316	BCS — (a. 1032) KCD 746 Æthelsige (?)		
	BCS — (a. 1032 Thorpe) KCD 1327		
	BCS — (a. 1033) Winch. KCD 750 Ælfsinus (?)		
BCS — — (a. 1032) KCD 749 1318	BCS — — (a. 1046) KCD 784 1335	iv Kal Sept ASChr C	29 Aug 1047
BCS — (a. 1035) KCD 753*		ASChr E	29 Aug 1045
BCS — (a. 1042) KCD 763			

S.   73   10

WINCHESTER.

Name and Authorities	Consecration [and See]	Accession
Stigand	.... a. 1043 Elmham	.... a. 1047 EAF ij 95 FIW Cat. XXXI LVII XXXII
Ælfsige III ? LVII p. 96 n. 5	....	FIW Cat. — LVII —
Walkelin Vauquelin Eadmer [RS] Index	30 May 1070 FIW	.... FIW Cat. XXXII LVII XXXIII
William de Giffard Eadmer [RS] Index	11 Aug 1107 FIW	FIW Cat. XXXIII LVD XXXIV

WINCHESTER.

Early Dates	Late Dates	Death [or Translation]
BCS —, — KCD 786* 787 (a. 1049)	BCS — KCD 796 (a. 1052)	**Canterbury** a. 1052
BCS — KCD 792 (a. 1050)	BCS — KCD 798 (a. 1053)	He held Winchester with the abpric EAF ij 347
	BCS — KCD 800 (a. 1054)	dep. a. 1070 d. 22 Feb ...
BCS — KCD 922 Thorpe p. 321 (a. ...)	....	a. ...
....		Sunday iij Non Jan 3 Jan **1098** FlW
		viij Kal Febr 25 Jan **1129** ASChr E FlW

BISHOPS OF

Name and Authorities	Consecration [and See]	Accession
Baldhelm S. Aldelmus DCB j 78 Sherborne Pontifical (Paris) Mem St Dunst [RS] p. cxiij n. WMalm [RS] GP c. 79 JMM Index	............................a. 705 Beda v 18 FlW	FlW Cat. 1 LVH 1 Sw. p. 168 l. 24
Forthhere DCB ij 549 JMM Index	............................a. 709 Beda v 18 ASChr A	FlW Cat. 11 LVH 11 Sw. p. 168 l. 24
Hereweald **Herewardus** BCS 185 KCD 103 DCB ij 911	............................a. 736 SymD (heordwaldus)	............................a. 737 FlW Cat. 111 LVH 111 Sw. p. 168 l. 24
Æthelmod DCB ij 226	766 × 778	FlW Cat. 1v LVH 1v Sw. p. 168 l. 24

SHERBORNE.

Early Dates	Late Dates	Death [or Translation]
BCS 108 109 KCD 50* 51* (a. 704)	BCS 124 KCD 60* (a. 709)	commem. 25 May
BCS 113 KCD — (a. 705)		ASChr A FlW a. 709
BCS 128 KCD 63 (a. 712)	Alive in 731, when Beda closes his history. Beda v 23	res.(?) a. 737 ASChr FlW
Council of Clovesho a. 716 BCS 91 KCD — confirm. HSt iij 300	BCS 156 n. Earle HSt iij 337 KCD 82 (n. 736 × 737)	d. a. ...
	BCS 158 KCD 1002* (a. 737)	
BCS 156 n. Earle KCD 82 (a. 736 × 737) HSt iij 337	BCS 185 327 (a. 758 corr.) KCD 103 193* HSt iij 396 **Herewardus**	.... 766 × 778 Stubbs DCB ij 911 226
BCS 169 KCD 93* (a. 745)	BCS 186 KCD 104B (a. 759)	
Council of Clovesho Sept 747 BCS 174 KCD — HSt iij 360 362	BCS 200 KCD 115* (a. 766) 'quest.'	
BCS 225 KCD 133 (a. 778)	Legatine council a. 786 BCS 250 HSt iij 447 ff. KCD —	.... 789 × 794
Synod of Brentford a. 781 BCS 241 KCD 143 HSt iij 438	**Adalmundus** BCS 256 258 (a. 789) KCD 156 158	

77

SHERBORNE.

Name and Authorities	Consecration [and See]	Accession
Denefrith	..................................a. 793	
Cenefrith FIW Cat. MIIB p. 620 (MS Cott. Tib. B. v) DCB j 813	Profession to abp Æthelheard 793-803 BCS 266 KCD — HSt iij 529 (anonymous)	FIW Cat. v LVH v Sw. p. 168 l. 24
Wigbeorht	793 × 801	West Seaxna biscop ASChr A a. 812
Sigberht FIW Cat. MIIB p. 620 (MS Cott. Tib. B. v) Uibert BCS 302 KCD 1023 DCB iv 1176 ASChr a. 812	Profession to abp Æthelheard 793-803 BCS 266 KCD — HSt iij 529 (see above)	FIW Cat. VI LVH VI Sw. p. 168 l. 24
Ealhstan	..................................a. 824	Scireburnensis episcopus FIW (a. 823 845)
MSS CCCC 173 183 charters Stubbs Reg. p. 165 ed. 2 p. 227 Mem St Dunst [RS] p. cxiij n.	Alfstanus electus BCS 377 KCD 1031 (a. 824)	FIW Cat. VII LVH VII Sw. p. 168 l. 25 (last name)
Heahstan Stubbs Reg. p. 10 ed. 2 p. 19 Ælfstan BCS 377 KCD 1031 WMalm [RS] GP c. 79 Æthelstan charters* DCB j — ASChr a. 823 HSt iij 595 n.		WMalm [RS] GP c. 79
Heahmund	..................................a. 868	
Hadmundus WMalm [RS] GP c. 80 Edmund BCS 886 KCD — (?) Ealhmund Mem St Dunst [RS] p. cxiij n.	Heahmund electus episcopus BCS 519 KCD 296 Earle (a. 868 corr.)	FIW Cat. VIII LVH VIII Sw. —
Æthelheah	..................................a. 871	
		FIW Cat. IX LVII IX

SHERBORNE.

Early Dates	Late Dates	Death [or Translation]
BCS 265 KCD 159* (a. 793 corr.)	BCS 274 KCD 167 Sw. (a. 793 × 796)	.... 796 × 801
BCS 269 KCD 164 (a. 794)	BCS 279 KCD 174* (a. 796)	
BCS 302 282 KCD 1023 180* (a. 801)	BCS 357 KCD 210 (a. 816)	.... 816 × 824
Council of Clovesho Oct 803 BCS 312 KCD 1024 HSt iij 545	Council of Celchyth July 816 BCS 358 KCD — HSt iij 579	
BCS 384 KCD 220 (a. 825)	BCS 502 KCD 285 (a. 860 × 862 corr.)	...........................a. 867 bp 50 y. ASChr ABDEF FIW
BCS 394 KCD 222* Chertsey BCS 409 (a. 827) KCD 233* Croyl. Æthelstan bp Sherb.	BCS 511 KCD 289* (a. 860 × 865)	Ethelwerd Asser ASChr C a. 868
BCS 518 KCD 295 (a. 868 corr.)	BCS 525 KCD 300 (a. 869)	k. at the battle of Merton a. 871 before the death of k. Æthel-
BCS 886 KCD — (a. 869) Edmund		red I 23 Apr 871 ASChr
BCS 531 532 (a. c. 872) KCD 310 Adelheach	BCS 543 KCD 1062 (a. 871 × 877)	.... 881 × 889
	BCS 549 KCD 1064* (a. c. 881 corr.)	

SHERBORNE.

Name and Authorities	Consecration (and See)	Accession
Wulfsige I MSS CCCC 173 183 charters Stubbs Reg. ed. 2 p. 22 'Wulfsy, or Ælfsy' Stubbs Reg. p. 12 'Alfsy, or Wulfsy' Stubbs Reg. p. 165 ed. 2 p. 227 Ælfsige FIW Cat. WMalm [RS] GP c. 80 Alfsy Godw.-Rich. j 331	881 × 889 consecr. a. 883 Stubbs Reg. p. 165 ed. 2 p. 227 Wulfsige bp Lond. 900–c. 918	FIW Cat. x (alfsius) LVH x
Asser	892 × 901	FIW Cat. xi LVH xi
Æthelweard	...........................a. 910 'A.D. 904 × 909' Stubbs Reg. ed. 2 p. 23 Æthelweard bp Lond. 909 × 921	FIW Cat. xii LVH xii
Wærstan Stubbs Reg. p. 13 n. ed. 2 p. 23	910 × 918 bp Leofric's Missal BCS 614 KCD — FIW Cat. (Thorpe j 236) NSA no. vii p. 106 108	FIW Cat. xiii LVH xiii ('Hyde Register p. 20' Stubbs Reg. ed. 2 p. 24)
Æthelbeald	...........................a. 918 FIW (Thorpe j 128 n.)	FIW Cat. xiv LVH xiv WMalm [RS] GP c. 81 succ. of bp Wærstan
Sigehelm Swithhelm (?) FIW (a. 883) WMalm [RS] GP c. 80	918 × 925 918 × 926 Stubbs Reg. ed. 2 p. 25	FIW Cat. xv LVH xv WMalm [RS] GP c. 80 succ. of bp Asser

SHERBORNE.

Early Dates	Late Dates	Death [or Translation]
BCS 561 KCD 316* (a. 889)	BCS 567 KCD 320* (a. 892)	.... 892 × 901
BCS 590 KCD 1076 (a. 901 corr.)	BCS 611 612 613 KCD 1082 1084 1085 (a. 904)	..................a. 910 ASChr FlW a. 883 Asser being dead is succeeded by Swithhelm WMalm [RS] GP c. 80 calls the latter Sighelmus
BCS 627 KCD 1093 (a. c. 910) In many other charters he seems to be styled 'frater regis,' e.g. BCS 620 629 KCD 342* 1095 'subs. 910' Stubbs Reg. p. 13 ed. 2 p. 227	....	.... 910 × 918
		.... 910 × 918
	....	.... 918 × 925
BCS 641 KCD — (a. 925) BCS 658 659 KCD — 1099 (a. 926)	BCS 689 692 KCD 1107 — (a. 932)	..................a. 933 charters

SHERBORNE.

Name and Authorities	Consecration (and See)	Accession
Ælfred	...........................a. 933	Scireburnensis episcopus FIW a. 941
	Ælfred bp .... [Lindsey or Elmham] 933-934 Ælfred bp Selsey c. 942-c. 954	FIW Cat. xvi LVII xvi WMalm [RS] GP c. 81 succ. of bp Æthelbeald
Wulfsige II FIW Cat. MIIB p. 621 n. Mem St Dunst [RS] p. cxiij n. MS CCCC 173 Ælfsige FIW Cat. a. 958 BCS 885	...........................a. 943 Wulfsige bp Cornw. 960 × 990	Dorsetensium episcopus (Ælsius) FIW a. 958 FIW Cat. xvii (alfsius) LVII xvii WMalm [RS] GP c. 81
Ælfweald I	...........................a. 958 Ælfweald bp Cred. 953-972	biscop on Dorsætum ASChr C a. 978 Dorsetensium episcopus FIW a. 978 FIW Cat. xviii LVII xviii WMalm [RS] GP c. 82
Æthelsige I FIW Cat. MIIB p. 621 n. 5	...........................a. 978	Scirburnensis episcopus KCD 665 FIW Cat. — LVII xix WMalm [RS] GP c. 82 —
Wulfsige III Mem St Dunst [RS] p. cxiij n.	...........................a. 992	Scirburnensis ecclesiæ episcopus KCD 688 692 biscop on Dorsæton KCD 704 FIW Cat. — LVII — WMalm [RS] GP c. 82 —
Æthelric	1001 × 1002	FIW Cat. xix LVH xx WMalm [RS] GP c. 82

SHERBORNE.

Early Dates	Late Dates	Death [or Translation]
BCS 697 KCD 363 (Dec 933)	BCS 744 KCD 376 (a. 939)	............................a. 943 charters FIW a. 941
BCS 702 705 KCD 364 1110 (a. 934) with the bp	BCS 789 KCD 1147 (a. 943)	
BCS 783 KCD 396 (a. 943 corr.)	BCS 1032 KCD 1213 (a. 958)	............................a. 958 FIW a. 958 succ. by bp Byrhthelm
BCS 784 788 KCD — 1146 (a. 943)		Stubbs Mem St Dunst [RS] p. xcv
BCS 885 KCD — (a. 949) (ælfsige)		
BCS 894 KCD — (a. 946 × 951)		
BCS 1072 KCD 488 (a. 961)	BCS 1316 KCD 592 (a. 975)	............................a. 978 ASChr A FIW
BCS 1079 KCD 1234 (a. 961)		
BCS 1269 KCD 1270 (a. 970) with the bp Cred.		
BCS — KCD 621 (a. 979)	BCS — — KCD 672* 673* (a. 990)	.....................990 × 992
BCS — KCD 665 (a. 988)		
BCS — KCD 684* (a. 993)	BCS — KCD 703 (a. 999)	..................1001 × 1002
BCS — KCD 687 (a. 994)	BCS — KCD 706 (a. 1001)	
BCS — — KCD 688 692 (a. 995)		
BCS — — KCD 701* 702* (a. 998)		
BCS — KCD 707 (a. 1002)	BCS — KCD 1306 (a. 1009)	..................1009 × 1012
BCS — — KCD 1295 1297 (a. 1002)		

SHERBORNE.

Name and Authorities	Consecration [and See]	Accession
Æthelsige II	1009 × 1012	
		FIW Cat. xx LVII — WMalm [RS] GP c. 82 (ethelsius)
Beorhtwine I	1014 × 1017	
Brihtwy [= Beorhtwig] (I) Stubbs Reg. p. 18 165 Stubbs Reg. ed. 2 p. 32 227	1009 × 1012 Stubbs Reg. ed. 2 p. 32	FIW Cat. xxi (brihtwinus) LVII — WMalm [RS] GP c. 82 (brithwinus)
By Stubbs (ed. 1) marked with a ? p. 18, and entered with no dates p. 165 ed. 2 p. 227	Beorhtwine bp Wells 1013–1027 ?	
Ælfmær	.... a. 1017	
Chronica W Thorn [Twysden] col. 1782		FIW Cat. xxii LVII xxi (last name)
	Ælfmær bp Selsey 1009-c. 1031	
Beorhtwine II	.... a. 1023 ASChr D (June 1023)	Scirburnensis episc. BCD 774
Brihtwy [= Beorhtwig] (II) Stubbs Reg. p. 18 165 ed. 2 p. 34 227		FIW Cat. xxiii (byrhtwinus)
	Beorhtwig bp Wells 1027–1033	
Ælfweald II	.... a. 1045	
WMalm [RS] GP c. 82		FIW. Cat. xxiv (the last of the bps of Sherborne)
Heremann	.... a. 1045 Ramsbury	.... a. 1058 b. on Bearrucscire (.....), and on Wiltunscire (Ramsb.), and on Dorsætan (Sherb.) ASChr D (a. 1078)
		FIW Cat. (Thorpe j 236)
Osmund	.... a. 1078	b. of Searbyrig ASChr E

SHERBORNE.

Early Dates	Late Dates	Death [or Translation]
BCS — KCD 719 (a. 1012)	BCS — KCD 1309 (a. 1014)	.... 1014 × 1017
BCS — KCD 1302 (a. c. 1006 Kemble)	'Subs. 1012–1014' Stubbs Reg. ed. 2 p. 32	
		.... 1014 × 1017
BCS — KCD 1316 (a. 1020) Everh.	....	.... 1023 d. 18 Sept. a. ... Stubbs Reg. ed. 2 p. 33
The time of the bp Selsey overlaps that of the bp Sherb., so that the sign. of the period 1017–1023 must be somewhat doubtful The two bps Ælfmær never sign together		
BCS — — KCD 737* 739 (a. 1023) with Ælfmær bp Selsey BCS — — KCD 744 1318 (a. 1031 1033) are signed by bps Byrhtwine and Byrhtwig	BCS — KCD 774 (a. 1044) BCS — — KCD 780 781 (a. 1045)	.... a. 1045
BCS — KCD 784 (a. 1046)	BCS — — KCD 792 793 (a. 1050)	.... a. 1058
BCS — KCD 787 (a. 1049)	BCS — KCD 801 (a. 1055)	
	BCS — KCD 871 (a. ....) Kemble Saxons ij 67	
BCS — — KCD 810* 811 (a. 1061)	BCS — KCD 817 (a. 1065) BCS — — KCD 840 841 (a. ....)	[Sarum 1075] d. x Kal Mart 20 Feb 1078 ASChr D ASChr E 1077
....	....	ASChr E 3 Dec 1099 FlW

85

BISHOPS OF

Name and Authorities	Consecration [and See]	Accession
Æthelstan DCB —	..................................a. 909 Bp Leofric's missal BCS 614 KCD — FIW Cat. (Thorpe j 236)	Sunnungnensis ecclesiæ præsul FIW Cat. FIW Cat. I LVII I Sw. — WMalm [RS] GP c. 83 I
Oda Osberni Liber de vita Odonis Wharton AS ij 78 ff.	923 × 927 Consecr. by Wulfhelm abp Cant. 923-942 Wharton AS ij 80	bp Sherborne BCS 660 FIW Cat. II LVII II WMalm II
Ælfric I Alfric Stubbs Reg. p. 15 Aelric Stubbs Reg. p. 165 Ælfric Stubbs Reg. ed. 2 p. 42 227 (no dates)	..................................a. 942 Ælfric bp Heref. 940-c. 960	FIW Cat. — LVII III WMalm —
Oswulf	949 × 950	Wiltoniensis præsul FIW a. 970 Sunningensis episc. BCS 1134 KCD 1251 FIW Cat. III LVII IV WMalm III

RAMSBURY.

Early Dates	Late Dates	Death [or Translation]
BCS 627 KCD 1093 (a. 909)	....	.... 909 × 927

BCS 660 KCD 344* 1100 (a. 927)	BCS 770 KCD 1140 (a. 941)	Canterbury a. 942
BCS 665 KCD 347 (a. 929)		
BCS 635 KCD — (a. 931 corr.) NSA p. 74		
BCS 792 (a. 944) KCD 399 Earle ('probably of Ramsbury')	BCS 885 (a. 949) with the bp KCD — Heref.	.... 949 × 950
BCS. 801 (a. 944) KCD 1151 Earle II ('presumably of Rams- bury') Stubbs Reg. p. 15 ed. 2 p. 27	'Subs. 944' Stubbs ed. 2 p. 27	
BCS 887 KCD — (a. 950)	BCS 1125 KCD 1250 (a. 963)	....a. 970 FlW
BCS 891 KCD — (a. 951)	BCS 1268 1269 KCD 1269 1270 (a. 970)	
BCS 895 KCD 431 (a. 952)		
BCS 899 KCD 1168 (a. 953)		

RAMSBURY.

Name and Authorities	Consecration (and See)	Accession
Ælfstan FIW Cat. (om. Wulfgar)	..............................a. 970 Ælfstan bp Roch. c. 950-995 Ælfstan bp Lond. 961-c. 995	Wiltoniensis episcopus FIW a. 981 biscop on Wiltun scire ASChr C a. 981 FIW Cat. iv LVII v WMalm v (sic)
Wulfgar FIW Cat. MHB p. 620 n. (om. Ælfgar) MS CCCC 173 Ælfgar FIW Cat. WMalm [RS] GP c. 83	..............................a. 981 ASChr C	b. on Wiltunscire ASChr C a. 981 FIW Cat. v (Ælfgar) LVII vi WMalm iv (sic)
Sigeric Dei amicus MHB (MS Cott. Tib. B v)	..............................a. 985	Corviniensis ecclesiæ episcopus KCD 665 FIW Cat. vi LVII vii WMalm vi
Ælfric II	..............................a. 990	Wiltuniensium episcopus FIW Wiltunscire bisceop ASChr A Corvinensis parochiæ episcopus KCD 684* FIW Cat. vii LVII —
Beorhtweald	..............................a. 995 FIW ASChr EF a. 1006 Stubbs Reg. ed. 2 p. 32 a. 1005	Corvinensis ecclesiæ episcopus BCS — KCD 1324 bp Sherborne KCD 742 FIW Cat. viii LVII viii (last name)
Heremann WMalm [RS] GP c. 83	..............................a. 1045 ASChr CD FIW	Wiltuniensis episcopus FIW Cat. ix

RAMSBURY.

Early Dates	Late Dates	Death [or Translation]
BCS 1301 1303 1309 (a. 974) KCD 584* — 1275*	BCS — (a. 981) KCD 629*	..................................a. 981 ASChr C FIW (succ. by bp Sigeric)
BCS 1304 (a. 974) Wilton KCD 585*		
BCS — (a. 979) KCD 621	This bp is recognisable only when signing with the other two bishops Ælfstan	
BCS — (a. 982) KCD 633	BCS — (a. 984) KCD 641	..................................a. 985
BCS — — — (a. 983) KCD 636 638 639	BCS — (a. 985) KCD 1283	
BCS — (a. 986) KCD 655*	BCS — (a. 988) KCD 665	Canterbury a. 990
BCS — (a. 987) KCD 657		
BCS — (a. 993) KCD 684*	BCS — — — (a. 995) KCD 689 690 691	Canterbury a. 995
BCS — — (a. 994) KCD 686* 687		
BCS — (a. 1005) KCD 714	BCS — (a. 1044) KCD 772	x Kal Mai 22 Apr 1045 ASChr C FIW EAF ij 80
BCS — (a. 1007) KCD 1303	BCS — — (a. 1045) KCD 778 779*	ASChr D a. 1046
BCS — (a. 1027 × 1032) KCD 1324		
BCS — — — (a. 1045) KCD 776 780 781	....	res. Ramsbury c. 1055 monk at St Bertin FIW a. 1055
		WMalm [RS] GP c. 83 Sherborne a. 1058 EAF ij 415

S.   89   12

BISHOPS

Name and Authorities	Consecration [and See]	Accession
Æthelhelm DCB — Wharton AS j 556	.....................a. 909 Bp Leofric's Missal ECS 614 KCD — NSA no. vij p. 106 (a. c. 985) FIW Cat. (Thorpe j 236)	Wyllensis episcopus FIW Cat. I LVII — Sw. — WMalm [RS] GP c. 90
Wulfhelm I	.....................a. 914 FIW	FIW Cat. II LVII — WMalm
Ælfheah	.....................a. 923 Ælfheah I bp Winch. 934–951	FIW Cat. III LVII — WMalm
Wulfhelm II Ælfsige? FIW a. 958	.....................a. 938 Wulfhelm abp Cant. 923–942 Wulfhelm bp Heref. 938–940	FIW Cat. IV LVII — WMalm

OF WELLS.

Early Dates	Late Dates	Death [or Translation]
....	....	Canterbury a. **914** FlW
....	....	Canterbury a. **923**
BCS 660 KCD 344* (a. 927)	BCS 714 KCD 1115 (a. 937) with the bp Winch.	.... 937 × 938
BCS 663 KCD 1101* (a. 928)		
BCS 665 666 KCD 347 348 (a. 929)		
BCS 699 KCD 1109 (a. 934) with the bp Winch.		
BCS 716 KCD — Thorpe* p. 183 (a. 937) with the bp Heref.	BCS 905 909 KCD 1170 433 (a. 955)	.... 955 × 956
BCS 729 KCD 1117 (a. 938) with the abp Cant.		
BCS 767 KCD 388 (a. 941)		

WELLS.

Name and Authorities	Consecration [and See]	Accession
Beorhthelm	..................................a. 956	Sumertunensis episcopus
		FIW a. 973
Wharton AS j Index	electus $\genfrac{}{}{0pt}{}{BCS\ 986}{KCD\ 449}$ (a. 956)	Sumorsetensium episcopus
		FIW a. 959
	Stubbs Reg. ed. 2 p. 28	
	Mem St Dunst [RS] p. xcv	FIW Cat. v
		LVII 11
		WMalm [RS] GP c. 90
	Beorhthelm bp Lond. c. 950–959	
	Beorhthelm bp Winch. 960–963	
Cyneweard	973 × 974	Sumertunensis episcopus
	FIW a. 973	FIW a. 975
		FIW Cat. vi
		LVII III
Sigegar	..................................a. 975	Willanensis episcopus
Sigarus FIW a. 985	FIW a. 985	KCD 689 690
		FIW Cat. vii
		LVII I (sic)
Ælfwine	..................................a. 997	Fontanæ ecclesiæ episcopus
Elwine WMalm [RS] GP c. 90	Matth Westm	KCD 698
		FIW Cat. viii LVII v
Lyfing	..................................a. 999	....
qui et **Æthelstanus**	FIW a. 1005	
FIW a. 1005		FIW Cat. ix
		LVH —
Ælfstan $\genfrac{}{}{0pt}{}{BCS\ —}{KCD\ 709^*}$		WMalm
qui et **Elstan** WMalm [RS] GP c. 90		
ASChr D a. 1019		
Leofwine $\genfrac{}{}{0pt}{}{BCS\ —}{KCD\ 706}$		
Æthelwine	..................................a. 1013	....
WMalm [RS] GP c. 89 (first mention)		FIW Cat. x
		LVII —
Elwinus WMalm [RS] GP c. 89 (second mention)		
Wharton AS j 558 n.		

WELLS.

Early Dates	Late Dates	Death [or Translation]
BCS 927 974 KCD 452 1187 (a. 956),	BCS 1142 1143 KCD 1253 1252 (a. 964)	Canterbury a. **959** dep. a. **959**
BCS 1027 1030 1032 KCD 1211 479 1212 (a. 958),	BCS 1217 KCD 544 (a. 968)	Wells a. **959**
BCS 1046 1051 KCD 1224 1225 (a. 959), with the bp Lond.	BCS 1292 KCD 578 (a. 973)	d. a. **973** FIW Id Mai 15 May ... WMalm De Antiq Glast [Gale, Script xv] p. 325
BCS 1056 KCD — (a. 960),		
BCS 1121 KCD 1247 (a. 963) with the bp Winch.		
BCS 1303 KCD — (a. 974)	BCS 1314 KCD 589 (a. 975)	28 June **975** (ten days before the death of king Eadgar, 8 July) ASChr ABC
		FIW a. 975
BCS — KCD 621 (a. 979)	BCS — KCD 691 (a. 995)	.... 995 × 997 d. iv Kal Jul 28 June ... WMalm Antiq. Glast. p. 325
BCS — KCD 624 (a. 980)		Wharton AS j 557 n. a. 997
BCS — KCD 698 (a. 997) Winch.	BCS — — KCD 700 701* (a. 998)	.... 998 × 999
BCS — KCD 703 (a. 999) Abingdon	BCS — — KCD 719 1307 (a. 1012)	Canterbury a. **1013**
BCS — KCD 705 (a. 1001)	BCS — KCD 1308* (a. 1013)	
BCS — KCD 706 (a. 1001) Liefwine Fontanæ ecclesiæ episcopus		
BCS — KCD 1004* (a. 1004) Ælfstan Fontanensis ecclesiæ episcopus		
BCS — KCD 729 (a. 1019)	BCS — KCD 736 (a. 1021 × 1023)	According to WMalm [RS] GP c. 90, Æthelwine was ej. in favour of Beorhtwine, then rest., and again ejected. See also Wharton AS j 558
See also charters of bp Beorhtwine		d. ... × 1027 ?

WELLS

Name and Authorities	Consecration [and See]	Accession
Beorhtwine	.... a. **1013** Stubbs Reg. p. 166	FIW Cat. XI LVII —
	Beorhtwine I bp Sherb. c. 1015-1016 **Beorhtwine II** bp Sherb. 1023-1025	
Beorhtwig charters WMalm Antiq. Glaston. ec- clesiæ p. 323 also called **Merehwit** WMalm [RS] GP c. 90 ['Merewit qui et Brihtuui'] BCS — KCD 742 (a. 1026) ASChr EF a. 1033	.... a. **1027**	b. on Sumersæton ASChr a. 1033 FIW Cat. XII (byrhtwius) LVII VI (the last of the bps of Wells there given)
Duduc **Bodeca** FIW Cat. MSS	ij Id Jun 11 June **1033** Hunter Eccl Doc Bpric Somer- set p. 15	.... FIW Cat. XIII
Gisa Wharton AS j 559	Easter day 15 Apr a. **1061** Hunter Bpric Somers. p. 16 ASChr FIW BCS — KCD 835 (appointment)	.... FIW Cat. XIV
John of Tours Wharton AS j 559	July **1088** Hunter Bpric Somers. p. 21 ASChr A (latin app.) a. 1088 Gervase [RS] ij 367	.... FIW Cat. XV
Godefridus Wharton AS j 560	26 Aug **1123** FIW Contin Hunter Bpric Somers. p. 22 Gervase [RS] Index SymD [RS] ij 269 273	.... FIW Cat. XVI

WELLS.

Early Dates	Late Dates	Death (or Translation)
BCS — KCD — Earle p. 421 (a. 1018) Devon,		.... × 1027 ? d. 13 days after Æthelwine Wharton AS j 558
BCS — KCD 728 (a. 1018) Cornw.,		
BCS — KCD 730 (a. 1019) Dorset,		
BCS — KCD 734 (a. 1022) Ely, all with the above bp Æthelwine		
BCS — KCD 741 (a. 1024)	BCS — KCD 1324 (a. 1027 × 1032)	.... a. 1033 ASChr EF
BCS — KCD 743 (a. 1026)	BCS — KCD 752 (a. 1033)	Stubbs Reg. p. 19 ed. 2 — 12 Apr 1033
BCS — KCD 744 (a. 1031)		
BCS — KCD 1319 (a. c. 1033)	BCS — KCD 800 (a. 1051 corr.)	xv Kal Feb 18 Jan 1060 Hunter Epric Somers. p. 16
BCS — KCD 760 (a. 1038)	BCS — KCD 807 (a. 1051 × 1060)	ASChr D FIW a. 1060 ASChr E a. 1061
BCS — — KCD 763 1332 (a. 1042)	BCS — KCD — Earle II p. 300 (a. 1059)	
BCS — KCD 811 (a. 1061)		.... a. 1088
BCS — KCD 813 (a. 1062)		
BCS — — KCD 834 839 (a. —)		
BCS — KCD 825* (a. 1066) Westm.		
		29 Dec 1122 FIW Contin
		16 Aug 1135 FIW Contin

BISHOPS OF

Name and Authorities	Consecration [and See]	Accession
Eadwulf DCB — Journ. R. Instit. Cornwall 1867 (ij 177 A Rev. J. Carne The bishopric of Cornwall)	..............................a. 909 Bp Leofric's Missal (MS Bodl 579) BCS 614 KCD — FIW Cat. (Thorpe j 236)	Cridiatunensis ecclesiæ episcopus FIW Cat. I LVII I Sw. —
Æthelgar Confounded in FIW Cat. with Æthelgar bp Selsey as succ. of St Dunstan at Canterbury in 988	....a. 934 charters	Cridionensis præsul FIW a. 953 FIW Cat. II LVH II
Ælfweald I	........................a. 953 FIW **Ælfweald** bp Sherb. 958-978	Domnaniæ præsul FIW a. 972 FIW Cat. III LVII III
Sideman	...........................a. 973 Stubbs Reg. p. 16	Domnaniæ præsul FIW a. 977 Defnascire bisceop ASChr BC a. 977 FIW Cat. IV LVII IV
Ælfric	........................a. 977 FIW	.... FIW Cat. V LVII V
Ælfweald II Only one bp Ælfweald is here given in Stubbs Reg. p. 17 167 ed. 2 p. 30 229 with WMalm [RS] GP c. 94, but FIW Cat gives two NSA Index	985 × 988	Cridiensis ecclesiæ episcopus KCD 665 FIW Cat. VI LVII VI WMalm [RS] GP c. 94

CREDITON.

Early Dates	Late Dates	Death [or Translation]
BCS 658 659 (a. 926) KCD — 1099	BCS 694 (a. 933) KCD 362	.... a. 934 charters
BCS 635 (a. 931 corr.) NSA KCD — p. 74	BCS 702 (28 May 934) KCD 364	FIW a. 931 d. 9 Nov. ... Kal Leofr Miss.
BCS 705 (a. 934) KCD 1110	BCS 899 (a. 953) KCD 1168	.... a. 953 bp 21 y. FIW Stubbs Reg. ed. 1 — ed. 2 p. 27 30 Apr ...
BCS 900 (a. 953) KCD 1169 BCS 1079 (a. 961) KCD 1234	BCS 1269 (a. 970) with the KCD 1270 bp Sherb.	.... a. 972 bp 19 y. FIW
BCS 1305 (a. 974) KCD 1274	BCS 1316 (a. 975) KCD 592	ij Kal Mai 30 Apr 977 ASChr BC FIW a. 977
BCS — (a. 979) KCD 621	BCS — (a. 985) KCD 1283	.... 985 × 988
BCS — (a. 988) KCD 662	....	.... 988 × 1008
BCS — (a. 988) KCD 665		Will of bp Ælfweald (II or III) BCS — NSA no. x (after KCD — a. 997) p. 125

S.

CREDITON.

Name and Authorities	Consecration [and See]	Accession
Ælfweald III Alwoto KCD 706 (a. 1001)	988 × 1008	Cridiensis ecclesiæ episcopus KCD 706 FIW Cat. VII LVII — WMalm [RS] GP c. 94 —
Eadnoth qui et **Wine** WMalm [RS] GP c. 94 NSA p. 76 ff.	1008 × 1012 **Eadnoth** bp Dorch. 1006–1016	.... FIW Cat. VIII LVII VII (last name)
Leofing, Lyfing	.... a. 1027 FIW a. 1031 [1027]	b. of Defenanscire KCD 758 FIW Cat. IX bp Crediton, Cornw. Worc. ASChr D a. 1047
Leofric	xiij Kal Mai 19 Apr **1046** Kalendar in Leofric's Missal [Warren] ASChr D (a. 1047) E (a. 1044) F (a. 1045) FIW a. 1046	.... FIW Cat. X bp Crediton and Cornw. ASChr D a. 1047 FIW a. 1046

CREDITON.

Early Dates	Late Dates	Death (or Translation)
BCS — KCD 706 (a. 1001) **Alwoto**	BCS — KCD 1305 (a. 1008)	............1008 × 1012 d. Id Feb Feb 13 a. ... WMalm Antiq Glast p. 325 [Alfuoldus ep. Crid.]
BCS — — KCD 719 1307 (a. 1012) 'Subs. 1012-1019' Stubbs Reg. p. 18 167 The sign. between 1006 and 1016 may be doubtful	BCS — KCD 728 (a. 1018) BCS — KCD 729 (a. 1019)	...................1019 × 1027
BCS — KCD 743 (a. 1026) BCS — KCD 744 (a. 1031)	BCS — — KCD 752 1318 (a. 1033)	Worcester a. 1038 ASChr EF FlW d. a. 1046 (see Worc.) 19 M'ch ... Kal Leofr Missal
BCS — KCD 784 (a. 1046)	BCS — KCD 787 (a. 1049)	[Exeter a. 1050] BCS — KCD 940 Earle (a. ...) HSt j 691

BISHOPS OF

Name and Authorities	Consecration [and See]	Accession
Kenstec	833 × 870	bp Dinnurrin, Cornw.
DCB —		FIW Cat. —
HSt j 674		Sw. —
	Profession to abp Ceolnoth 833-870	
	BCS 527 HSt j 674 iij 659 KCD —	
Æthelge[ard]	.... a. c. **950**	....
Earle		In the time of K. Eadred
HSt j 682 679 (xxiv) 683 n.		946-955
[Earle p. 272 (23),	Perhaps identical with Æthelgar	
KCD 981 p. 312,	bp Crediton NSA p. 104	
Thorpe p. 626]	note 6	
Conan	... × 931	....
Cunan BCS 689		Stubbs Reg. p. 14 167
KCD 1107		
Caynan BCS 738		
KCD 1119*		
HSt j 676		
NSA p. 104 ff.		
Carne Bishopric of Cornwall		
p. 183 (see bp Eadwulf		
p. 96)		
Daniel	937 × 955	....
[see Selsey, Roch.]		Stubbs Reg. ed. 2 p. 28 229
NSA p. 81-2, 104-6		
Thorpe p. 623		

CORNWALL.

Early Dates	Late Dates	Death (or Translation)
		a. ..
		a. ...
BCS 674 675 677 (a. 931) KCD 1102 1103 353	BCS 716 718 (a. 937) KCD — 367*	.... 937 × 955
BCS 689 (a. 932) KCD 1107		
BCS 702 703* (a. 934) KCD 364 352		
BCS 738 (a. 934 corr.) KCD 1119* NSA p. 104		
BCS 917 (a. 955) Wilts KCD 436	BCS 1047 (a. 959 corr.) KCD 1221 Abingdon	.... 959 × ... 'Daniel episc.' d. 956 W.Malm Antiq. Glast. eccl. p. 325
BCS 999 (9 May 957) KCD 465 æt Hælig		
BCS 1347 (999 n) NSA no. 5 KCD — (9 May 957)		

101

CORNWALL.

Name and Authorities	Consecration [and See]	Accession
Comoere HSt j 681 682 Thorpe p. 630	959 × 963	Stubbs Reg. p. 15 167 In the time of K. Eadgar 959-975
Wulfsige Æthelstan BCS 1179 KCD 528* Croyl. (a. 966!) HSt j 677 ff. 683 NSA Index	959 × 963 **Wulfsige II** bp Sherb. 943-958	Stubbs Reg. p. 16 167
Ealdred HSt j 683 ff.	980 × 993	Cornubiensis ecclesiæ episcopus KCD 684* Stubbs Reg. p. 17 167
Æthelred HSt j 683	... × 1001	Cornubiensis episcopus KCD 706 Stubbs Reg. — Stubbs Reg. ed. 2 —
Burhweald HSt j 679 683 688	1002 × 1018	Stubbs Reg. p. 18 167 Burwold
Lyfing HSt j 688 Carne p. 194	.... a. 1027 Crediton	a. .... bp Crediton, Cornw. Worc. ASChr D a. 1047
Leofric HSt j 691 Carne p. 197	.... a. 1046 Bp Leofric's Missal fo. 3-5 HSt j 691	.... a. 1046 bp Crediton and Cornw.

CORNWALL.

Early Dates	Late Dates	Death (or Translation)
BCS — KCD 981 pp. 315 316		...×963
BCS 1118 (a. 963) NSA p. KCD 1245 104 n.	BCS — (a. 980) KCD 624	980×993
BCS 1197 (a. 967) KCD 534		
BCS — Earle II p. 295 (a. KCD — 977) Cornw.		
BCS — (a. 993) KCD 684*	BCS — (a. 1002) KCD 1297	1002×1018
BCS — (a. 994) KCD 686* HSt j 683 ff.		
BCS — (a. 1001) KCD 706		1001×...
BCS — (a. 1018) KCD 728	BCS — (a. 1019) KCD 730	1019×... FIW Cat. (Thorpe p. 238)
		Worcester a. 1038
		see Worc. a. 1046
		Exeter a. 1072

BISHOP OF

Name and Authorities	Consecration (and See)	Accession
Leofric Carne p. 208 Earle p. 249 ff.	.... a. **1046** Crediton	.... BCS — KCD 791* (a. 1050) HSt j 695 note b

EXETER.

Early Dates	Late Dates	Death [or Translation]
BCS — / KCD 791 (a. 1050)	BCS — / KCD — Earle II p. 300 (a. 1059)	iv Id Feb 10 Feb. **1072** Kal. in Leofric's Missal [Warren] DNB xxxiij 63
BCS — / KCD 801 (a. 1055)	BCS — / KCD 817 (a. 1065)	His will BCS — / KCD 940 Earle
	BCS — / KCD — Earle II p. 431 (a. 1068)	

S.   105   14

BISHOPS OF

Name and Authorities	Consecration [and See]	Accession
Putta DCB iv 521	............a. **669** Rochester	............a. **676** FIW FIW Cat. I Sw. p. 169 l. 49 WMalm [RS] GP c. 163
Tyrhtel **Tyrhthelm** FIW Cat. MHB p. 621 n. MS CCCC 183 DCB iv 1058 not ment. by Beda	............a. **688** FIW	FIW Cat. II Sw. p. 169 l. 49
Torhthere DCB iv 1037 WMalm [RS] GP c. 163	............a. **710** FIW	FIW Cat. III Sw. p. 169 l. 49
Wealhstod DCB iv 1170 WMalm [RS] GP c. 163	727 × 731	FIW Cat. IV Sw. p. 169 l. 49 (wahlston)
Cuthbeorht DCB j 720 729	............a. **736** SymD	FIW Cat. V Sw. p. 169 l. 49

HEREFORD.

Early Dates	Late Dates	Death [or Translation]
BCS $\frac{48}{990}$* (a. 680) KCD	BCS $\frac{57}{21}$* (a. 681) KCD	.... 676 × 688
		FIW a. 688
BCS $\frac{82}{-}\frac{85}{36}$ (a. 693) KCD	BCS $\frac{113}{-}$ (a. 705) KCD	705 × 710
Council of Clovesho a. 716 BCS $\frac{91}{-}$ confirm. HSt iij 300 KCD	BCS $\frac{146}{75}$ (a. 727 corr.) KCD	.... 727 × 731
Alive in 731, when Beda closes his history Beda v 23	BCS $\frac{155}{81}$* (a. 726 × 737) KCD BCS $\frac{163}{88}$* (a. 727 × 736) KCD	.... 731 × 736
BCS $\frac{156}{82}$ (a. 736 × 737) HSt KCD iij 337	Council of Clovesho a. 742 BCS $\frac{162}{-}$ HSt iij 340 KCD signed by Cuthbeorht as abp and as bp 'Signatures...fabricated' Stubbs Reg. p. 6 n.	Canterbury a. 740 FIW

HEREFORD.

Name and Authorities	Consecration [and See]	Accession
Podda DCB iv 421	...........................a. 741 FIW	FIW Cat. VI Sw. p. 169 l. 49
Ecca Acca MS CCCC 183 Hecca Stubbs Reg. p. 7 171 DCB ij 31 872 (hecca)	747 × 758	FIW Cat. VII Sw. p. 169 l. 50 (acca) WMalm [RS] GP c. 163
Ceadda Headda Sw. MS CCCC 183 Hedde BCS 206 KCD 1009 DCB j 426 ij 875	758 × 770	FIW Cat. VIII Sw. p. 169 l. 50 (headda)
Ealdbeorht DCB j 76 (aldberht)	...........................a. 777 electus BCS 223 (a. 777 corr.) KCD 131 Ealdbeorht II bp Dunw. 747 × 781	FIW Cat. IX Sw. p. 169 l. 50
Esne DCB ij 198	781 × 787	FIW Cat. X Sw. p. 169 l. 50
Ceolmund DCB j 442	787 × 788	FIW Cat. XI Sw. p. 169 l. 50
Utel DCB iv 1072	793 × 798	FIW Cat. XII Sw. p. 169 l. 50

HEREFORD.

Early Dates	Late Dates	Death [or Translation]
	Council of Clovesho a. 747 BCS 174 KCD — HSt iij 360 362	.... 747 × 758
BCS 145 KCD 1001 (a. ...) 'quest.' DCB ij 5 [s.v. Eadbert (7)]	BCS 327 KCD 193* (a. 758 corr.)	.... 758 × 770
....	BCS 206 KCD 1009 (a. 770) Sussex DCB ij 875 Stubbs Reg. p. 7 col. 2 p. 12 BCS 290 KCD 1018* (a. ...)? DCB ij 875 (s.v. Hedde) HSt iij 518 note b	.... 770 × 777
BCS 230 KCD 137 (a. 779)	Synod of Brentford a. 781 BCS 241 KCD 143 HSt iij 438	781 × 787
....	Legatine council a. 786 BCS 250 KCD — HSt iij 447 **Aeine**	.... 787 × 788
BCS 254 KCD 153 (a. 788) BCS 256 KCD 156 (a. 789) BCS 265 KCD 159* (a. 793 corr.)	BCS 174 KCD 167 (a. 793 × 796)	793 × 798
BCS 289 KCD 175 (a. 798) BCS 293 KCD 1020 (a. 799)	BCS 201 endorsement (a. 801 KCD 116 HSt iij 531 n.)	.... a. 801 charters

HEREFORD.

Name and Authorities	Consecration [and See]	Accession
Wulfheard MS CCCC 183 Wulfweard Profession DCB iv 1193	............................a. 801 Profession to abp Æthelheard BCS 298 $\frac{}{}$ HSt iij 528 KCD —	FIW Cat. xiii Sw. p. 169 l. 50 (last name)
Beonna Benna W. Malm. DCB — BCS 512 $\frac{}{}$ HSt iij 655 KCD — (Profession of bp Deorlaf)	.............................a. 824 electus BCS 378 Sweet ch. 57 KCD — (a. 824)	FIW Cat. xiv Sw. —
Eadwulf BCS 512 $\frac{}{}$ HSt iij 655 KCD — (Profession of bp Deorlaf)	825 × 832 before the d. of abp W. Profession to abp Wulfred (d. M'ch 832) BCS 399 $\frac{}{}$ HSt iij 608 KCD — Eadwulf bp Lindsey 796-837	FIW Cat. xv
Cuthwulf BCS 512 $\frac{}{}$ HSt iij 655 KCD — (Profession of bp Deorlaf)	836 × 839 Cuthwulf bp Roch. 862 × 868	FIW Cat. xvi
Mucel The omission of this name in the Profession of bp Deorlaf (BCS 512) 'seems to be reason enough for erasing it from the list of Bishops' of Hereford. HSt iij [1871] 655 note b. Stubbs Reg. p. 12. 171 ed. 2 [1897] p. 21 233	....	FIW Cat. xvii WMalm [RS] GP c. 163 succ. of bp Cuthwulf
Deorlaf	857 × 866 Profession to abp Ceolnoth BCS 512 $\frac{}{}$ HSt iij 655 KCD — (mentioning his predecessors Cuthwulf Eadwulf and Beonna, but not Mucel)	FIW Cat. xviii

HEREFORD.

Early Dates	Late Dates	Death (or Translation)
BCS 302 KCD 1023 (a. 801) 'quest.' HSt iij 530	BCS 370 KCD 216 (a. 822)	822 × 824
Council of Clovesho Oct 803 BCS 312 KCD 1024 HSt iij 545		
Council of Celichyd a. 816 BCS 358 KCD -- HSt iij 579		
BCS 378 379 KCD -- 218 (a. 824)	Council of Clovesho a. 825 BCS 384 KCD 220 HSt iij 596	825 × 832
	BCS 386 KCD 219 (a. 825)	
	BCS 416 KCD 237 (a. 836) with the bp Lindsey	836 × 839
BCS 421 KCD 240 (a. 839)	BCS 487 488 489 KCD 277 -- 278 (a. 855)	857 × 866
BCS 429 KCD -- Earle p. 118 (a. c. 840)	BCS 492 KCD 280* (a. 857)	
BCS 513 KCD 292 (a. 866)	BCS 552 KCD 1066 (a. 884)	884 × 888
BCS 524 KCD 299 (a. 869)		
BCS 535 KCD -- (a. 872)		

111

HEREFORD.

Name and Authorities	Consecration [and See]	Accession
Oynemund	..........................a. 888	
	electus BCS 557 (a. 888) KCD 1068	FIW Cat. XIX
Eadgar	888 × 901	
		FIW Cat. XX
Tidhelm	930 × 931	
		FIW Cat. XXI
Wulfhelm	..................a. 937	
	934 × 939 Stubbs Reg. ed. 2 p. 27	FIW Cat. XXII
	[Wulfhelm bp ...... c. 929-934] Wulfhelm II bp Wells 938-c. 955	
Ælfric	937 × 940 Stubbs Reg. ed. 2 p. 27 a. 941	FIW Cat. XXIII
	Ælfric bp Ramsb. 942-952	
Æthelwulf	951 × 955	
Athulfus W.Malm [RS] GP c. 163		FIW Cat. XXIV
Alwulf? BCS 921 (a. 956) KCD 460°	Athulf-Eadwulf bp Elmh. c. 950-c. 970	
NSA p. 81		

HEREFORD.

Early Dates	Late Dates	Death [or Translation]
BCS 557 KCD 1068 (a. 888)		888 × 901
BCS 596 KCD 332* (a. 901 corr.)	BCS 665 666 KCD 347 348 (a. 929)	930 × 931
BCS 597 KCD — (a. 901)	BCS 669 KCD 350* (5 Apr 930)	
BCS 603 KCD 1081 (a. 903)	BCS 1343 NSA no IV KCD — (29 Apr 930)	
BCS 677 KCD 353 (a. 931)	BCS 716 Thorpe* (Dec 937) KCD — Malmesb., with his successor and the bp Wells (no sees mentioned)	...a. 937 charter
BCS 702 KCD 364 (28 May 934)		
BCS 705 KCD 1110 (16 Dec 934)		
BCS 716 Thorpe* (Dec 937) KCD — with the bp Wells	'Subs. 939–940, also 934?' Stubbs Reg. p. 14 'Subs. 934–940' Stubbs Reg. ed. 2 p. 27 939–940 p. 233 BCS 746 748 753 757 763 KCD — 380* 385 379 1136 (a. 940) These reff. belong to the bp Wells, as Ælfric bp Heref. signs the charters	937 × 940
BCS 746 748 753 KCD — 380* 385 (a. 940)	BCS 892 KCD 430 (a. 951) Berks	951 × 955
BCS 885 KCD — (a. 949) with the bp Ramsb.	'Subs. 941—951' Stubbs Reg. p. 15 ed. 2 p. 27	
BCS 905 KCD 1170 (a. 955)	BCS — KCD 719 (a. 1012)	a. 1012 charters
BCS 999 KCD 465 (a. 957) NSA p. 80	'Subs. 973–1012' Stubbs Reg. ed. 2 p. 28 NSA p. 81	
BCS 1173 KCD 562 (a. 961 × 969)		
BCS 1281 KCD — ASChr E a. 963 (a. 972)		
BCS 1292 KCD 578 (a. 973)		

S.

HEREFORD.

Name and Authorities	Consecration [and See]	Accession
Æthelstan	....:.................... a. 1012	FIW Cat. xxv
Leofgar	March a. 1056 ASChr CD FIW	FIW Cat. xxvi
Ealdred	.... a. 1044 Worcester	.... a. 1056 ASChr CD FIW bp of both sees, Heref. and Worc. FIW (a. 1060) FIW Cat. —
Walter WMalm [RS] GP c. 163	Easter 15 Apr 1061 ASChr DE FIW a. 1060 1061	FIW Cat. xxvii
Robert de Losing	29 Dec 1079 FIW	FIW Cat. xxviii
Gerard Eadmer [RS] Index	8 June 1096	
Sede Vacante		.... a. 1101
Regenhelm Eadmer [RS] Index	11 Aug 1107	

HEREFORD.

Early Dates	Late Dates	Death [or Translation]
BCS — / KCD 1307 (a. 1012)	BCS — — / KCD 780 781 (a. 1045)	iv Id Febr 10 Feb **1056** / ASChr CD FlW
BCS — / KCD 724 (a. 1016)	BCS — / KCD 797 (a. 1052 × 1053)	blind for 13 y. FlW a. 1055
BCS — / KCD 760 (a. 1038)		
		k. xvj Kal Jul 16 June **1056** / ASChr C FlW / bp 11 w. 4 d.
		York a. **1060** / res. Hereford a. 1060 / FlW
BCS — / KCD 809* (a. 1060)	BCS — / KCD 823 (a. 1062 × 1066)	.... a. **1079** / Stubbs Reg. ed. 2 p. 37
BCS — / KCD 813 (a. 1062)	BCS — — / KCD 824* 825* (a. 1066) Westm.	
		vj Kal Jul 26 June **1095** / FlW
		York a. **1101** / d. (see York) a. 1108
		.... a. **1107**
		vj Kal Nov 27 Oct **1115** / FlW

BISHOPS OF

Name and Authorities	Consecration [and See]	Accession
Bosel DCB j 331 Wharton AS j 469 See: **Tatfrith** [bp elect] DCB iv 782 Beda iv 23	............................a. 680 FIW Beda iv 23 (no date) FIW Cat. (Thorpe j 240 ff.)	antistes provinciæ Wicciorum FIW FIW Cat. 1 Sw. p. 169 l. 46
Oftfor DCB iv 71	............................a. 691 FIW Beda iv 23 691 × 693 after the death of abp Theodore (19 Sept 690) and before the arrival of abp Beorhtweald (Aug 693)	Wicciorum episcopus FIW FIW Cat. II Sw. p. 169 l. 46
Ecgwine DCB ij 35 62	............................a. 693 FIW a. 692	tertius Wicciorum episcopus FIW a. 717 FIW Cat. III Sw. p. 169 l. 46 Beda —
Wilfrith I DCB iv 1186	............................a. 718 FIW a. 717 (before the d. of Ecgwine) **Wilfrith II** abp Y. 718-732	FIW Cat. IV Sw. p. 169 l. 46
Mildred DCB iij 915 JMM Index	743 × 745 FIW a. 743	.... FIW Cat. V Sw. p. 169 l. 46

116

WORCESTER.

Early Dates	Late Dates	Death [or Translation]	
BCS 28 KCD 13* (a. 672!)	BCS 57 58 59 KCD 21* 22* 23* (a. 681)	res. Beda iv 23	a. 691 FIW
		d.	a. ...
BCS 75 KCD 32 (a. 691 × 692) BCS 76 KCD 33* (a. 691 × 692) [see DCB iv 71]	BCS 85 KCD 36 (after Aug 693) witnessed by abp Beorhtweald (Aug 693-731)	FIW (a. 692) DCB iv 71	after Aug 693 a. ...
BCS 77 KCD 34* (a. 692)	Council of Clovesho a. 716 BCS 91 KCD — confirm. HSt iij 300 BCS 137 KCD 67 (a. 716 × 717)	iij Kal Jan	30 Dec. 717 FIW
BCS 139 KCD 69 (a. 718) Alive in 731, when Beda closes his history Beda v 23 BCS 156 KCD 82 (a. 736 × 737)	BCS 171 KCD 95 Earle (a. 743 × 745) with his successor	Contin Bedæ SymD iij Kal Mai ASChr DE DCB iv 1185 (s.v. Wilfrid (2) junior [bp Y.])	.... 743 × 745 a. 745 29 Apr 744
BCS 171 KCD 95 Earle (a. 743 × 745) Council of Clovesho a. 747 BCS 174 KCD — HSt iij 360 362 BCS 177 KCD 98* (a. 748)	BCS 217 KCD 124 (a. 774)	...........................a. 775 Stubbs ASChr Theopold p. 36	FIW a. 772 corr. 774

WORCESTER.

Name and Authorities	Consecration [and See]	Accession
Wærmund DCB iv 1175	...............................a. 775 FIW	FIW Cat. VI Sw. p. 169 l. 46
Tilhere DCB iv 1027	...............................a. 777 FIW a. 778	Hwicciorum præsul FIW FIW Cat. VII Sw. p. 169 l. 46
Heathured MS CCCC 183 **Heretrith** Roger Wend. **Æthelred** WMalm [RS] GP c. 136 DCB ij 849	...............................a. 781 FIW	FIW Cat. VIII Sw. p. 169 l. 47
Denebeorht DCB j 813	...............................a. 798 FIW DCB ij 849 a. 800? Profession to abp Æthelheard 793–803 $\dfrac{\text{BCS}}{\text{KCD}}$ 292 IISt iij 525	FIW Cat. IX Sw. p. 169 l. 47

Heahbeorht
FIW   MS CCCC 183
Profession   charters
Eadbeorht Stubbs Reg. p. 10
  170
Godw.-Rich. ij 30
BCS 387   KCD 1024
Herebeorht WMalm [RS]
  GP c. 136
DCB —
	...............................a. 822
	FIW
	
	Profession to abp Wulfred
	$\dfrac{\text{BCS}}{\text{KCD}}$ 369 IISt iij 588
		FIW Cat. X
		Sw. p. 169 l. 47 (last name)

WORCESTER.

Early Dates	Late Dates	Death [or Translation]
BCS 209 210 (a. 775 corr.) KCD — 120	BCS 226 (a. 775 × 778) KCD 134	..............................a. 777 FIW a. 778
BCS 223 (a. 777 corr.) KCD 131	BCS 236 (Sept 780) KCD 140	.... 780 × 781
BCS 847 (234 B) (a. 780) KCD —		
⎡BCS 216 (a. 774) ⎣KCD 123 'episcopus' ? for 'abbas'		
BCS 218 (a. 757 × 775) ⎤ KCD 125 'abbas' ⎦		
BCS 239 240* (a. 781) KCD 141* 142*	BCS 269 (a. 794) KCD 164	..............................a. 798 FIW DCB ij 849 a. 800?
Council of Brentford a. 781 BCS 241 HSt iij 438 KCD 143	BCS 289 (a. 798) KCD 175	
Legatine Council a. 786 BCS 250 HSt iij 447 ff. KCD — Adoredus	BCS 293 (a. 799) KCD 1020	
BCS 302 (a. 801) KCD 1023	BCS 359 360 (a. 817) KCD 211 212	..............................a. 822 FIW
Council of Clovesho Oct 803 BCS 312 HSt iij 545 KCD 1024		
Council of Celichyd July 816 BCS 358 HSt iij 579 KCD —		
BCS 308 endorsem. (a. 822) KCD 183	BCS 433 (a. 841) KCD 249	.... 845 × 848 FIW a. 848
BCS 370 (a. 822) KCD 216 Stubbs Reg. ed. 2 p. 19 (eadbert)	BCS 450 (a. 845) KCD 258	
Council of Clobesham BCS 387 (a. 825) Sussex KCD 1024 (eaðberht)		

WORCESTER.

Name and Authorities	Consecration (and See)	Accession
Ealhhun charters FIW (a. 848 872) **Aelhun** Stubbs Reg. ed. 2 p. 20 232 **Ealhwine** FIW Cat. **Aluuinus** WMalm [RS] GP c. 136 Godw.-Rich. ij 30	845 × 848 FIW a. 848	FIW Cat. xi (alhwinus) Sw. —
Wærfrith	Whit S. vij Id Jun 7 June **873** FIW a. 872	antistes Hwicciorum BCS 540 FIW Cat. xii
Æthelhun	...........................a. **915**	FIW Cat. xiii
Wilfrith II	..............................a. **922** FIW	FIW Cat. xiv
Coenweald **Cenwald** charters **Kinewold Cinewald** Stubbs Reg. p. 14 170 ed. 2 p. 25 232 WMalm [RS] GP c. 136 FIW Cat.	...............................a. **929** FIW	FIW Cat. xv (Kinewoldus)

Dunstan
Memorials St Dunst [RS]
Introd.
	...............................a. **957**
	FIW
		Hwicciorum episcopus
		                     FIW (a. 959)
		bishop of both Worc. and London
		                     FIW a. 957 959
		Memorials [RS] 37
		
		FIW Cat. xvi

120

WORCESTER.

Early Dates	Late Dates	Death [or Translation]
BCS 448 / KCD — (a. 845) **Alchhun**	BCS 524 / KCD 299 (a. 869)	a. 872 FIW
BCS 452 / KCD 243 (a. 848 × ...)	BCS 535 / KCD — (a. 872)	
BCS 454 / KCD 261 (a. 848 corr.)		
BCS 455 / KCD 262 (a. 849)		
BCS 533 / KCD — (a. 872)	BCS 603 / KCD 1081 (a. 903)	a. 915 FIW
BCS 540 / KCD 306 (a. 875)	BCS 609 / KCD — (a. 904)	
BCS 632 / KCD 343* (a. 916)		a. 922 FIW
BCS 636 / KCD 1097 (a. 922)	BCS 663 / KCD 1101* (a. 928)	a. 929 FIW
BCS 642 / KCD — (a. 925)		
BCS 665 / KCD 347 (a. 929)	BCS 993 / KCD 466 (a. 957)	a. 957 FIW
BCS 667 / KCD 346* (a. 930)	BCS 1001 / KCD 463 (a. 957)	
BCS 674 / KCD 1102 (a. 931)	BCS 1042 / KCD 1219 (a. 958) with his successor	
BCS 770 / KCD 1140 (a. 941) **Cynewald**		
BCS 1036 1043 1044 / KCD 1218 471 — (a. 958)		London a. 959 Canterbury a. 960

WORCESTER.

Name and Authorities	Consecration [and See]	Accession
Osweald (St) Eadmer, Vita S. Oswaldi Wharton AS ij 191 ff.	............................a. 961 FIW a. 960	FIW Cat. XVII
Ealdwulf	........................a. 992 ASChr FIW	FIW Cat. XVIII
Wulfstan I	....a. 1003 FIW	FIW Cat. XIX
	Wulfstan II bp Lond. 996-c. 1004	
Leofsige	........................a. 1016 FIW	FIW Cat. XX
Beorhtheah Wharton AS j 473 n. Lib Elien ij 87	........................a. 1033 ASChr D FIW	b. on Wihracestre scire ASChr C a. 1038 FIW Cat. XXI
Lyfing	.... a. 1027 Crediton	.... a. 1038 FIW bp of Crediton, Cornw., Worc. FIW (a. 1046) FIW Cat. XXII
Ælfric Puttoc	.... a. 1023 York ASChr	.... a. 1040 FIW bp of both sees, Worc. and Y. FIW (a. 1040) FIW Cat. —

WORCESTER.

Early Dates	Late Dates	Death [or Translation]
BCS 1066 / KCD 487 (a. 961)	BCS 1269 / KCD 1270 (a. 970)	**York** a. **972** bishop of both secs, Worc. and Y.
	BCS — — / KCD 677 678 (a. 991)	Wharton AS j 472 n.
		d. (see York) **992**
BCS — / KCD 684* (a. 993)	BCS — / KCD 695 (a. 996) Worc.	**York** a. **995** bishop of both secs, Worc. and Y.
BCS — / KCD 687 (a. 994)		Wharton AS j 473 n.
		d. (see York) **1002**
	BCS — / KCD 1313 (a. 1017) Worc. as abp Y.	**York** a. **1003** bishop of both secs, Worc. and Y. Wharton AS j 473 n.
		res. **Worc.** a. 1016 Le Neve (Hardy) iij 48 **York** only
		d. (see York) **1023**
BCS — / KCD 724 (a. 1016) Worc.	BCS — — / KCD 734 1317 (a. 1022)	xiv Kal Sept 19 Aug **1033** ASChr FlW
BCS — / KCD 751 (a. 1033)	....	xiij Kal Jan 20 Dec **1038** ASChr CD FlW
BCS — / KCD 760 (a. 1038)	....	dep. from the bpric of Worc. **1040** FlW see below
....	....	depr. of the bpric of Worc. **1041** FlW **York** only
		d. (see York) a. **1051**

WORCESTER.

Name and Authorities	Consecration [and See]	Accession
Lyfing see above	....	rest. a. **1041** Hwicciorum, Domnaniæ, et Cornubiæ præsul FlW a. 1046 ASChr D a. 1047 FlW a. 1040
Ealdred	.... a. **1046** FlW ASChr D a. 1047 **Hereford** a. **1056**	bp Worc. ASChr D a. 1047 bp of both sees, Worc. and Heref. FlW (a. 1060) FlW Cat. XXIII

Wulfstan II (St)
 Will. Malm. Vita S. Wulstani
 Wharton AS ij 241 ff.
 	
           FlW   a. 1062
 Potthast
	Nat. B.V.M. 8 Sept **1062**
	                 FlW
	 Profession
	 Stubbs Reg. ed. 2 p. 37
		FlW Cat. XXIV

Samson Eadmer [RS] Index	8 June **1096**	.... FlW Cat. XXV

WORCESTER.

Early Dates	Late Dates	Death [or Translation]
BCS — KCD 762* (a. 1042)	BCS — — — KCD 777 778 781 (a. 1045)	x Kal Apr 23 M'ch **1046** FIW
		ASChr E a. 1044
BCS — KCD 771* (a. 1044) 'an impossible charter' EAF ij 570		ASChr F a. 1045
		ASChr D a. 1047
BCS — — KCD 770 772 (a. 1044) with his predecessor	BCS — — KCD 804 923 (a. ... × 1061) Worc. bishop	**York** a. **1061** bishop of both sees, Y. and Worc. Wharton AS j 474 n.
BCS — KCD 784 (a. 1046)	BCS — — KCD 806 807 (a. ... × 1061)	res. **Worc.** a. **1062** **York** only
BCS — KCD 791* (a. 1050) HSt j 695 n.		d. (see York) **1069**
BCS — KCD 800 (a. 1054)		
BCS — KCD 823 (a. 1062 × 1066)	BCS — — KCD 824* 825* (a. 1066)	Sat 18 Jan **1095** FIW
....	....	iij Non Mai 5 May **1112** FIW

BISHOPS OF

Name and Authorities	Consecration [and See]	Accession
Diuma DCB j 864 Wharton AS j 424 (duima) Th. Chesterfield de episc. Lichf. MS Cott . Cleop D . ix	.... a. c. **656** Beda iij 21 24	bp of the Mercians, the Lindis- fari (men of Lindsey), and the Middle Angles FIW FIW Cat. I Sw. p. 168 l. 33
Ceollach DCB j 434 442	...........................a. **658** Beda iij 21 24	FIW Cat. II Sw. p. 168 l. 33 (cellah)
Trumhere DCB iv 1055	.... a. c. **659** Beda iij 21 24	FIW Cat. III Sw. p. 168 l. 33
Jaruman Gearomon FIW Sw. DCB iij 341	...........................a. **662** Beda iij 24 30 iv 3	FIW Cat. IV Sw. p. 168 l. 34

THE MERCIANS.

Early Dates	Late Dates	Death [or Translation]
....	....	.... a. c. 658 'pauco sub tempore' after his consecr. Beda iij 21
....	....	res. a. 659 Beda iij 24 d. a. ...
....	....	.... a. c. 662
BCS 22 KCD 984* (a. 664)	....	........................a. 667 Wharton AS j 425 Before 669 DCB ij 341

BISHOPS OF

Name and Authorities	Consecration [and See]	Accession
Ceadda DCB j 426 Wharton AS j 425	.....................a. 664 York	.....................a. 669 Bp of the Mercians and the Lindisfari (men of Lindsey) Beda iv 3 FIW Cat. v Sw. p. 168 l. 34
Wynfrith DCB iv 1190	.....................a. 672 Beda iij 24 iv 3 (uynfridus)	Merciorum episcopus FIW a. 675 FIW Cat. vi Sw. p. 168 l. 34
Seaxwulf DCB iv 590	.....................a. 675 Beda iv 6	 FIW Cat. vii Sw. p. 168 l. 34
Headda DCB ij 847 874	.....................a. 691 Hæddi bp Winch. 676-c. 704	bp of both sees, Lichf. and Leic. FIW Cat. (Thorpe j 242) FIW Cat. viii Sw. p. 168 l. 36 37 Beda —

LICHFIELD.

Early Dates	Late Dates	Death [or Translation]
BCS 66 KCD 25* (a. 685!)		vj Non Mart 2 M'ch 672 Beda iv 3 (fin.)
	Council of Hertford a. 673 BCS 30 Beda iv 5 KCD — HSt iij 118	dep. a. 675 Beda iv 6 FIW d. a. ...
	BCS 74 KCD 31* (a. 688 × 690)	
BCS 43 KCD 12 Earle (a. 676) BCS 58 59 KCD 22* 23* (a. 681)	BCS 66 KCD 25* (a. 685)	DCB iv 591 a. c. 691 ASChr ABC FIW a. 705 [cf. BCS 111 KCD 52 (a. 704) DCB ij 874-5] Eddius Vita Wilfridi (c. 44) d. before 692
BCS 43 KCD 12 (a. 676 (sic) Stubbs DCB ij 875) BCS 76 KCD 33* (a. c. 692) BCS 82 85 KCD — 36 (a. 693) BCS 111 KCD 52 (a. 704) Earle Stubbs DCB ij 874 BCS 113 KCD — (a. 705)	BCS 116 KCD 56 (a. 706) Council of Clovesho a. 716 BCS 91 KCD — confirm. HSt iij 300 n. with Wor his successor	.... 716 × 727

LICHFIELD.

Name and Authorities	Consecration [and See]	Accession
Ealdwine qui et **Wor** FIW Cat. SymD Sw. **Wor** charters DCB j 79	716 × 727 Beda v 23	Bp of both sees, Lichf. and Leic. FIW Cat. (Thorpe j 242) FIW Cat. IX Sw. p. 168 l. 38
Hwita DCB iij 182 **Hwicca** SymD [RS] ij 32	............a. 737 SymD	FIW Cat. I (sic) Sw. p. 168 l. 39
Hemele DCB ij 892	............a. 752 Wharton AS j 428 FIW (Thorpe j 56 n.) a. 755	FIW Cat. II Sw. p. 168 l. 39
Cuthfrith DCB j 731	............a. 765 SymD	FIW Cat. III Sw. p. 168 l. 39
Beorhthun DCB j 315 Wharton AS j 429	768 × 769	Dorcestrensis episcopus FIW a. 785 (by mistake) FIW Cat. IV Sw. p. 168 l. 40
Hygebeorht DCB iij 51	............a. 779 electus BCS 230 KCD 137 (a. 779)	FIW Cat. V Sw. p. 168 l. 40

130

LICHFIELD.

Early Dates	Late Dates	Death [or Translation]
Council of Clovesho a. 716 BCS 91 KCD — HSt iij 300 n. with Headda his predecessor BCS 146 KCD 75 Earle (a. 727 corr.)	Alive in 731, when Beda closes his history Beda v 23 BCS 154 KCD 80 (a. 736) BCS 156 KCD 82 (a. 736 × 737)	..............................a. 737 SymD
BCS 165 KCD 90 (a. 737 × 740) HSt iij 339 Council of Clovesho a. 747 BCS 174 KCD — HSt iij 360 362	BCS 178 KCD 99 (a. 749)	.... 749 × 752
BCS 183 KCD 102* (a. 757)		...........................a. 765 SymD
	BCS 201 KCD 116 (a. 767)	.... a. c. 769 Bp for 3 or 4 y. Wharton AS j 438
BCS 213 214 KCD 121 122 (a. 774) BCS 209 210 KCD — 120 (a. 775 KCD ij p. xj)	BCS 223 KCD 131 (a. 777 corr.) BCS 226 KCD 134 (a. 775 × 778)	.... 777 × 779
BCS 230 KCD 137 (a. 779) BCS 239 241 KCD 141* 143 (a. 781)	Legatine council a. 786 BCS 250 KCD — HSt iij 447 ff. Hugibrechtus	archbishop a. c. 787

131

LICHFIELD.

ARCHBISHOP

Name and Authorities	Consecration [and See]	Accession
Hygebeorht	see above	.... a. c. **787**
JMA 85 ('pater pius')		'probably'
		Stubbs DCB iij 51

BISHOPS OF

Name and Authorities	Consecration [and See]	Accession
Ealdwulf	799 × 803	....
DCB ij 9 (eadulf!)		FIW Cat. vi
		Sw. p. 168 l. 40
Herewine	814 × 816	
DCB —		FIW Cat. vii
	Profession to abp Wulfred	Sw. p. 168 l. 41
	805–832	
	BCS 354 HSt iij 577	
	KCD —	

OF LICHFIELD.

Early Dates	Late Dates	Death [or Translation]
BCS 253 KCD 152 (a. 788)	BCS 302 KCD 1023 (a. 801) 'quest' HSt iij 530 with his successor	dep. 799 × 803 Council of Clovesho Oct 803 BCS 312 KCD 1024 HSt iij 545 ff. signed by 'Hygberht abbas' 'probably the late occupant of the Archiepiscopal throne' HSt iij 547 n.
BCS 289 KCD 175 (a. 798)		
BCS 293 KCD 1020 (a. 799)	The archbishopric abolished 12 Oct 803 BCS 310 KCD 185 HSt iij 542	d. 803 × ...

LICHFIELD.

Early Dates	Late Dates	Death [or Translation]
Council of Clovesho Oct 803 BCS 312 KCD 1024 HSt iij 545 ff.	BCS 343 348 350 KCD 207 201 203 (a. 814)	.... 814 × 816
BCS 302 KCD 1023 (a. 801) 'quest' HSt iij 530		
BCS 356 357 KCD 209 210 (a. 816)	BCS 359 360 KCD 211 212 (a. 817)	.... 817 × 818
Council of Celichyd July 816 BCS 358 KCD — HSt iij 579		

133

LICHFIELD.

Name and Authorities	Consecration [and See]	Accession
Æthelweald Oeðelwald Sw. FIW Cat. BCS 379 386 MS Cott. Tib. B. v Herkenwald WMalm [RS] GP c. 172 Æthelbeald ASChr DEF a. 828	....a. 818 Wharton AS j 431	FIW Cat. VIII (oithelwaldus) Sw. p. 168 l. 41 (oeðelwald)
Hunbeorht	.... a. 828 (830 corr.) ASChr Profession to abp Wulfred 805-832 BCS 397 KCD — HSt iij 607 Hunbeorht bp Elmh. c. 820-870	FIW Cat. IX Sw. p. 168 l. 41 (last name)
Cynefrith Cinebert WMalm [RS] GP c. 172	828 (830) × 836 Profession to abp Ceolnoth 833-870 BCS 415 KCD — HSt iij 613 614 n. (anonymous?)	FIW Cat. X
Tunbeorht Tunfrith WMalm [RS] GP c. 172	841 × 845 FIW a. 871! Profession to abp Ceolnoth BCS 441 KCD — HSt iij 627	Licetfeldensis episc. FIW a. 928 FIW Cat. XI Sw. —
Eadbeorht	.... × 869 '[*Lichfield*]' Stubbs Reg. p. 12, not p. 164 '(Mercian see)' Stubbs Reg. ed. 2 p. 21	FIW Cat. — WMalm —

LICHFIELD.

Early Dates	Late Dates	Death [or Translation]
BCS 370, KCD 216 (a. 822)	Council of Clovesho a. 825 BCS 384 386 KCD 220 219	..........................a. 828 ASChr HSt iij 608 a. 830 corr.
BCS 373, KCD 217 (a. 823)	BCS 387 (a. 825) HSt iij KCD 1034 606 n.	
BCS 423, KCD 1044 confirm. (a. 839) 'quest' Wessex with the bp Elmh. HSt iij 624 n. (for 'Kynferth [Cynefrith]')	BCS 428 ('before 840' K.) KCD 242 Worc.	......828 (830 corr.) × 836
BCS 416, KCD 237 (a. 836)	BCS 436, KCD 251 (a. 841)	841 × 845
BCS 443, KCD 257 (a. 843 or 844)? Hunbriht! KCD ij 24 BCS 448, KCD — (a. 845) BCS 454, KCD 261 (a. 848 corr.) BCS 464, KCD 267 ASChr E (a. 852)	BCS 488 489 (a. 855) KCD — 278 BCS 492 (a. 857) KCD 280* 'subs. 844–857' Stubbs Reg. ed. 2 p. 20 226	..........857 × 925 FIW a. 928! 'd. 854' (sic) Stubbs Reg. ed. 2 p. 20, not p. 226
BCS 524, KCD 299 (a. 869) HSt iij 659	BCS 540 541 (a. 875) KCD 306 408	875 × ...

135

LICHFIELD.

Name and Authorities	Consecration [and See]	Accession
Wulfred	... × 880 '[*Lichfield*]' Stubbs Reg. p. 12, not p. 164 '(Mercia)' Stubbs Reg. ed. 2 p. 22	FIW Cat. — WMalm —
Wigmund	... × 901 '[*Lichfield*]' Stubbs Reg. p. 13, not p. 164 '(Mercia)' Stubbs Reg. ed. 2 p. 23	FIW Cat. — WMalm —
Ælfwine 'Ælle qui et **Ælfwinus**' FIW Cat.	... × 925	succ. to Tunbeorht (ælle) FIW a. 928 FIW Cat. XII (sic)
Ælfgar '**Wulgar**' Stubbs Reg. p. 14 ed. 2 p. 27 ['Lichfield (?)'] '**Algar**, or **Wulgar**' subscribing 941-948 Stubbs Reg. p. 164 '**Alfgar**, or **Wulgar**' Stubbs Reg. ed. 2 p. 226	935 × 941	FIW Cat. XIII (ælfgarus) WMalm [RS] GP c. 172 (elgar)

LICHFIELD.

Early Dates	Late Dates	Death (or Translation)
BCS 547 KCD 311 (a. 880)	BCS 557 KCD 1068 (a. 888)	.... 889 × ...
BCS 551 KCD 313 (a. 883)	BCS 561 KCD 316* (a. 889)	
BCS 596 KCD 332* (a. 901 corr.)	BCS 607 KCD 340 (a. 904 corr.)	.... 909 × ...
BCS 597 KCD — (a. 901)	BCS 605 1338 (605 B) KCD 1087 — (a. c. 901 × 904, '901–909' K.)	
BCS 603 KCD 1081 (a. 903)	'subs. 901–909' Stubbs Reg. ed. 2 p. 23	
BCS 632 KCD 343* Thorpe p. 174 (a. 916 corr.)	BCS 635 KCD — (a. 921 corr. NSA p. 74 to a. 931)	.... 935 × 941
BCS 642 KCD — (a. 925)	BCS 702 KCD 364 (a. 934)	
BCS 658 659 KCD — 1099 (a. 926) (œlla)	BCS 707 KCD 1111 (a. 935) (ella)	
BCS 665 KCD 347 (a. 929)	BCS 716 718 KCD — 367* (a. 937)	
BCS 769 KCD 390* (a. 941)	BCS 868 KCD 418 (a. 948)	.... 948 × 949

LICHFIELD.

Name and Authorities	Consecration [and See]	Accession
Wulfgar se gildena FIW Cat. MHB p. 623 n.	'935 × 941' Stubbs Reg. p. 14 ed. 2 p. 27	'Lichfield (?)' Stubbs Reg. ed. 2 p. 27
'Wulfgar' 'subs. 941-948' Stubbs Reg. p. 14 ed. 2 p. 27		FIW Cat. —
Cynesige	... × 931 **Berkshire**	............a. 949
Kinsy Stubbs Reg. p. 14	episcopus de Berruescire BCS 687 688	'[*Lichfield* 949]' Stubbs Reg. p. 14
Mem. of St Dunstan [RS Stubbs] p. lxxxviij n. 32	BCS 674 675 677 687 688 KCD 1102 1103 353 1129 (a. 931)	'Berkshire (?)' Stubbs Reg. ed. 2 p. 16
	BCS 702 705 (a. 934) KCD 364 1110	FIW Cat. xiv (cynsius) bp Lichfield Stubbs Reg. p. 164
	BCS 716 (a. 937) KCD —	Stubbs Reg. ed. 2 p. 36 — p. 226 ('subs. 949-963')
	BCS 771 (a. 942) KCD —	'possibly enough there were two persons of the name' Mem. of St Dunst [RS] p. lxxxviij
	BCS 812 (a. 944 × 976) KCD 410	
Wynsige	963 × 964	
Winsy Stubbs Reg. p. 16		FIW Cat. xv (wynsius)
Ælfheah	973 × 975	....
		FIW Cat. xvi
	Ælfheah II bp Winch. 984-1005	
Godwine	1002 × 1004	
		FIW Cat. xvii
	Godwine I II bp Roch. 995-c. 1050	

LICHFIELD.

Early Dates	Late Dates	Death [or Translation]
$\frac{BCS\ 765}{KCD\ 1139}$ (a. 941 corr.)	$\frac{BCS\ 815}{KCD\ 411}$ (a. 946)	see above
$\frac{BCS\ 771}{KCD\ -}$ (a. 942)		
$\frac{BCS\ 872}{KCD\ 420}$* (a. 948) Croyl. Lichfeldensis episcopus	$\frac{BCS\ 1121}{KCD\ 1247}$ (a. 963)	.... 963 × 964
$\frac{BCS\ 876\ 880}{KCD\ -\ 425}$ (a. 949)		
$\frac{BCS\ 890}{KCD\ -}$ (a. 951)		
$\frac{BCS\ 1134}{KCD\ 1251}$ (a. 964)	$\frac{BCS\ 1292}{KCD\ 578}$ (a. 973)	.... 973 × 975
$\frac{BCS\ 1189}{KCD\ 1257}$ (a. 966)		
$\frac{BCS\ 1314}{KCD\ 589}$ (a. 975)	$\frac{BCS\ -}{KCD\ 1295}$ (a. 1002) with the bp Winch.	.... 1002 × 1004
$\frac{BCS\ -\ -}{KCD\ 654\ 1289}$ (a. 986, 995) with the bp Winch.		
$\frac{BCS\ -}{KCD\ 709^*\ 710}$ (a. 1004)	$\frac{BCS\ -}{KCD\ 1313}$ (a. 1017) Warw.	.... a. 1020 Wharton AS j 432
$\frac{BCS\ -\ -}{KCD\ 714\ 1303}$ (a. 1005, 1007).	$\frac{BCS\ -}{KCD\ 1316}$ (a. 1020) Evesh.	
$\frac{BCS\ -}{KCD\ 1305}$ (a. 1008) with the bp Roch.		
'subs. 1004–1008' Stubbs Reg. ed. 2 p. 32 226		

LICHFIELD.

Name and Authorities	Consecration [and See]	Accession
Leofgar	.... a. 1020 Wharton AS j 432	.... FlW Cat. XVIII
Beorhtmær	1020 × 1026	.... FlW Cat. XIX
Wulfsige	.... a. 1039 ASChr C FlW	.... FlW Cat. XX
Leofwine Wharton AS j 433	.... a. 1053 ASChr CD	.... FlW Cat. XXI
Peter Wharton AS j Index	.... a. 1072 Stubbs Reg. p. 22 Wharton AS j 433 a. 1067 ASChr A (latin app.) a. 1072 Gervase [RS] ij 366	.... FlW Cat. XXXI (sic)

140

LICHFIELD.

Early Dates	Late Dates	Death [or Translation]
BCS — KCD 803 Earle (a. c. 1024)	....	.....................1020 × 1026 .... a. 1027 Wharton AS j 432
BCS — KCD 743 (a. 1026)	BCS — KCD 751 (a. 1033)	.... a. 1039 ASChr C FlW Wharton AS j 432 a. 1038
BCS — KCD 761* (a. 1038 × 1039) BCS — — KCD 762 763* (a. 1042)	BCS — KCD 797 (a. 1052 × 1053)	Oct 1053 FlW before All Saints' day 1 Nov a. 1053 ASChr D
BCS — KCD 956 (a. 1052 K, 1053 Thorpe)	BCS — KCD 813 (a. 1062)	.... a. 1067 His succ. was consecr. a. 1067 Ann. Burton [Fulman]
....	....	.... a. 1085

BISHOPS OF

Name and Authorities	Consecration [and See]	Accession
Cuthwine DCB j 732 HSt iij 127 ff. FIW (Thorpe j 240)	..................................a. 679 Stubbs DCB j 732 Beda —	.... FIW Cat. I Beda — Sw. p. 168 —
Wilfrith DCB iv 1179 Eddius (see York)	..................................a. 664 York	..................................a. 692 FIW Cat. II Sw. p. 168 l. 36
Headda DCB ij 847 874	..................................a. 691 Lichfield	..................................a. 709 bp of both sees, Lichf. and Leic. FIW Cat. (Thorpe j 242) FIW Cat. — Sw. p. 168 l. 36 37
Ealdwine qui et **Wor** DCB j 79	716 × 727 Lichfield	bp of both sees, Lichf. and Leic. FIW Cat. (Thorpe j 242) FIW Cat. III Sw. p. 168 l. 38
Torhthelm charters BCS 165 178 327 KCD 90 99 193 **Totta** Sw. SymD WMalm BCS 188 DCB iv 1037 JMM Index	..................................a. 737 SymD	.... FIW Cat. I (sic) Sw. p. 168 l. 39 (totta) WMalm [RS] GP c. 176

LEICESTER.

Early Dates	Late Dates	Death [or Translation]
...	...	...a. c. **691**?
$\text{BCS }\frac{81}{35}$ KCD (a. 692 × 693)	$\text{BCS }\frac{110}{-}$ KCD (a. 704)	**Hexham** a. **705**
$\text{BCS }\frac{82}{-}$ KCD (a. 693) Westm.		d. (see Hexham) a. 709
see Lichfield		......716 × 727
see Lichfield		......a. **737** SymD
$\text{BCS }\frac{165}{90}$ KCD HSt iij 339 (a. 737 × 740)	$\text{BCS }\frac{183}{102^*}$ KCD (a. 757)	......a. **764** SymD Chron Mailros [Fulman]
Council of Clovesho a. 742	$\text{BCS }\frac{327}{193^*}$ KCD (a. 758 corr.)	
$\text{BCS }\frac{162}{-}$ KCD HSt iij 340 'signatures fabricated'	$\text{BCS }\frac{188}{112^*}$ KCD (a. 759 × 764)	
Council of Clovesho a. 747		
$\text{BCS }\frac{174}{-}$ KCD HSt iij 360 362		

LEICESTER.

Name and Authorities	Consecration [and See]	Accession
Eadbeorht DCB ij 5 (9)	..............................a. **764** SymD **Eadbeorht** bp Lond. c. 776–788	FlW Cat. ii Sw. p. 168 l. 39
Unwona DCB iv 1060	781 × 785	FlW Cat. iii Sw. p. 168 l. 39
Wernbeorht DCB iv 1175	801 × 803	FlW Cat. iv Sw. p. 168 l. 40
Rethhun DCB iv 544 FlW [Thorpe] j 72 n. 79 n. (mistakes)	814 × 816 Profession to abp Wulfred 805–832 BCS 355 KCD — HSt iij 578	FlW Cat. v Sw. p. 168 l. 40
Ealdred DCB —	'839 × 840' Stubbs Reg. p. 11	FlW Cat. vi Sw. p. 168 l. 40 WMalm [RS] GP c. 176

Ceolred
 Cenred ASChr E a. 852
     by mistake
 Cyred BCS 524
     KCD 299
	839 × 840
	 Profession to abp Ceolnoth
	 833—870
	 BCS 440
	 KCD — HSt iij 626
		FlW Cat. vii
		 Sw. p. 168 l. 40 (last name)

LEICESTER.

Early Dates	Late Dates	Death [or Translation]
BCS 205 KCD 128* (a. 764 × 775)	Synod of Brentford a. 781 BCS 241 HSt iij 438 KCD 143 with the bp Lond.	.... 781 × 785
BCS 201 KCD 116 (a. 767)		
BCS 216 KCD 123 (a. 774)		
BCS 209 210 KCD — 120 (a. 775)		
BCS 1334 (237 n) confirm. KCD — after a. 780	BCS 293 KCD 1020 (a. 799)	.... 801 × 803
BCS 247 KCD — (a. 785)	BCS 201 KCD 116 endorsement (a. 801 × 802)	
Legatine council a. 786 BCS 250 HSt iij 447 ff. KCD —		
BCS 308 309 KCD 183 184 (a. 803)	BCS 343 351 KCD 207 206 (a. 814)	.... 814 × 816
Council of Clovesho Oct 803 BCS 312 HSt iij 545 KCD 1024		
BCS 356 KCD 209 (a. 816)	BCS 421 KCD 240 (a. 839)	839 × 840
Council of Celichyd July 816 BCS 358 HSt iij 579 KCD —	BCS 423 KCD 1044 (a. 839) . HSt iij 624 n.	
BCS 370 KCD 216 (a. 822)	BCS 432 (note) KCD 247 (om.) (a. 841)	
BCS 434 435 KCD 248* — (a. 841)		839 × 840
BCS 428 KCD 242 ('before 840' K.)	BCS 513 KCD 292 (a. 866)	.... 869 × 888
BCS 443 KCD 257 (a. 843 × 844)	BCS 524 KCD 299 (a. 869)	
BCS 464 KCD 267 (a. 852)		

S.　　　　　　　　　　145　　　　　　　　　　19

BISHOPS OF

Name and Authorities	Consecration [and See]	Accession
Ealhheard	869 × 888	biscop æt. Dorceceastre ASChr (a. 897)
		FIW Cat. — (no bps before Leofwine) Sw. —
Sede Vacante		.... a. c. **896**

Coenwulf
FIW (Thorpe) p. 236
Leofric's Missal
  Ceolwulf Ingulf (a. 948)
  Stubbs Reg. p. 13 162
  Stubbs Reg. ed. 2 p. 24 224
	........................a. 909
	Bp Leofric's Missal
	BCS 614
	KCD — (a. 905)
	FIW Cat. (Thorpe j 236)
		FIW Cat. —

Wynsige	909 × 925	Legecestrensis episcopus BCS 719 WMalm
		FIW Cat. —

		BCS 719
		KCD 1112* = WMalm [RS]
		       GP c. 250 GR
		       c. 137

Oscytel	934 × 951 ASChr BC a. 971 a. c. 949	'leod bisceop' of 'Dorkeceastre' FIW Cat. —

146

DORCHESTER.

Early Dates	Late Dates	Death [or Translation]
	BCS 557 KCD 1068 (a. 888)	.... 895 × 897 ASChr FlW Stubbs Reg. p. 12
		..................a. 909
	BCS 872 KCD 420* (a. 948!) Croyl.	.... 909 × 925
BCS 642 KCD — (a. 925)	BCS 705 KCD 1110 (16 Dec 934)	.... 934 × 951
BCS 658 659 KCD — 1099 (a. 926)	BCS 716 KCD — Thorpe* p. 183 (a. 937) corr. by the Indiction to 935)	
BCS 890 891 KCD — — (a. 951)	BCS 1042 1043 1044 KCD 1219 471 — (a. 958)	FlW York a. 958
BCS 895 KCD 431 (a. 952)		d. (see York) a. 971

147

DORCHESTER.

Name and Authorities	Consecration [and See]	Accession
Leofwine	... × 953 **Lindsey**	..................a. 958 bp of both sees, Lindsey and Dorch. FIW Cat. (Thorpe j 242) FIW Cat. VIII (sic)
Ælfnoth charters **Eadnoth** Stubbs Reg. p. 16 162 ed. 2 p. 30 224	965 × 975	.... FIW Cat. IX (ælnothus) WMalm [RS] GP c. 177 (elfnod)
Æscwig	975 × 979	FIW Cat. X
Ælfhelm	.... a. 1002	FIW Cat. XI
Eadnoth I Lib Elien ij 71	.... a. 1006 Hist Rames [Gale] c. 69 **Eadnoth** bp Cred. c. 1010–c. 1023	Lindicolinensis episcopus FIW a. 1016 FIW Cat. XII
Æthelric Hist. Rames [RS] Index	.... a. 1016 **Æthelric** bp Selsey 1032–1038	Lindicolinensis episcopus FIW a. 1034 (eathericus) FIW Cat. XIII (æthericus)
Eadnoth II	.... a. 1034 FIW	Dorcestrensis episcopus FIW a. 1049 (Dorcensis episcopus KCD 763) b. on Oxnafordscire ASChr C a. 1049 ASChr D a. 1050 FIW Cat. XIV

DORCHESTER.

Early Dates	Late Dates	Death [or Translation]
BCS 1073 KCD 486* (a. 961)	BCS 1164 KCD 516* (a. 965)	.... 965 × 975
BCS 1310 1311 KCD 581* — (a. 974)	BCS — KCD 1276* (a. c. 977)	.... 975 × 979
BCS 1314 KCD 589 (a. 975)		
BCS — KCD 621 (a. 979)	BCS — KCD 1295 (a. 1002)	.... a. 1002 charters
BCS — KCD 1279 (a. 983)		
BCS — — KCD 1295 1296 (a. 1002)	BCS — — KCD 714 1301 (a. 1005)	.... 1005 × 1006
BCS — KCD 710 (a. 1004)		
BCS — KCD 1307 (a. 1012) Oxf. 'subs. 1012' Stubbs Reg. p. 18	....	Battle of Assandun a. 1016 ASChr CDE FlW St Luke's day [18 Oct] Matth Paris Chron Maj [Luard RS] j 497 'The mention of the day on which the battle was fought is due to the compiler' (Luard) Stubbs Reg. ed. 2 p. 32 Oct 19
BCS — KCD 1316 (a. 1020)	BCS — KCD 746 (a. 1032) Oxf. with the bp Selsey	.... a. 1034 ASChr CDE FlW Stubbs Reg. ed. 2 p. 33 Dec 8
BCS — KCD 739 (a. 1023)		
BCS — — KCD 763 1330 (a. 1042)	BCS — KCD 784 (a. 1046)	.... a. 1049 FlW ASChr E a. 1046 ASChr C a. 1049 ASChr D a. 1050

DORCHESTER.

Name and Authorities	Consecration [and See]	Accession
Ulf	.... a. **1050** AChr D FlW a. 1049	FlW Cat. xv
Wulfwig **Wisius** SymD [RS] ij 185 BCS — — KCD 862 864	.... a. **1053** ASChr C Profession Stubbs Reg. ed. 2 p. 36	FlW Cat. xvi (wulfwius)
Remigius	.... a. **1067** Profession Stubbs Reg. ed. 2 p. 37	FlW Cat. xvii
Robert Bloett Eadmer [RS] Index	[12 Feb] **1094**	FlW Cat. xviii

DORCHESTER.

Early Dates	Late Dates	Death [or Translation]
BCS — — (a. 1050) KCD 792 793	BCS — (a. 1052) KCD 796	exp. Monday 14 Sept **1052** FIW
BCS — (a. c. 1051) KCD 950		suspended at the Council of Vercelli Sept 1050 Jaffé-Wattenb. Regesta j 538
		d. a. ...
BCS — Thorpe (a. 1053) KCD 956	BCS — (a. 1066) KCD 825*	.... a. **1067** ASChr D FIW
BCS — (a. 1055) KCD 801		
BCS — (a. 1062) KCD 813 (wlfwinus)		
		[Lincoln a. 1092]
		d. 7 May **1092** FIW
....	....	iv Id Jan 10 Jan **1123** ASChr E FIW

BISHOPS OF

Name and Authorities	Consecration [and See]	Accession
Eadhæth DCB ij 8	..........................a. 678 Beda iij 28 iv 12 FIW a. 677	Northumbrian bp Lindsey Beda iv 12 (I) FIW Cat. I Sw. p. 169 l. 43 WMalm [RS] GP c. 177 (hedhedus)
Æthelwine DCB ij 229	..........................a. 680	Mercian bp Lindsey Beda iv 12 (II) FIW Cat. II Sw. p. 169 l. 43
Eadgar DCB ij 7	..........................a. 693? electus BCS 82 KCD — (a. 693) (Westm.	Beda iv 12 (III) FIW Cat. III Sw. p. 169 l. 43
Cynebeorht Stubbs Reg. ed. 2 p. 9 225 **Kinbert** Stubbs Reg. p. 5 163 DCB j 734 738	716 × 731	episcopus Lindisfarorum Beda iv 12 (IV) FIW Cat. IV Sw. p. 169 l. 43
Alwig **Alowioh** MS CCCC 183 DCB j 88	..........................a. 733 Contin Bedæ SymD	FIW Cat. v (alowiochus) Sw. p. 169 l. 43 (alounioh) WMalm [RS] GP c. 177 (alwih)

LINDSEY.

Early Dates	Late Dates	Death (or Translation)
		exp. (?) by Æthelred k. of Mercia Beda iv 12
		Ripon a. c. 680
		a. 692?
BCS 82 / KCD — (a. 693) Westm. BCS 116 / KCD 56 (a. 706)	Council of Clovesho a. 716 BCS 91 / KCD — confirm. HSt iij 300	716 × 731
	Alive in 731, when Beda closes his history Beda v 23	a. 732 Contin Bedæ (no date) SymD
BCS 165 / KCD 90 (a. 737 × 740) HSt iij 339 BCS 162 / KCD — (a. 742) HSt iij 340*	Council of Clovesho a. 747 BCS 174 / KCD — HSt iij 360 362	a. 750 SymD

S.   153   20

LINDSEY.

Name and Authorities	Consecration [and See]	Accession
Ealdwulf charter SymD MS CCCC 183 **Eadulf** Stubbs Reg. p. 7 163 ed. 2 p. 11 225 Godw.-Rich. j 280 DCB ij 9 (eadulf!, but 'The proper form of his name is unquestionably Ealduulf')	..............................a. **750** SymD	antistes in Lindissi SymD a. 765 FIW Cat. VI (ealdwlfus) Sw. p. 169 l. 43 (alduulf)
Ceolwulf **Cheulf** BCS 222 KCD 130* (a. 777) DCB j 442 444	viij Kal Mai 24 Apr **767** SymD a. 765 767	FIW Cat. VII Sw. p. 169 l. 43
Eadwulf DCB ij 9	..............................a. **796** electus BCS 277 278 279 KCD 170 171 174* (a. 796) Profession to abp Æthelheard BCS 276 HSt iij 506 KCD — **Eadwulf** bp Heref. c. 829–c. 838	Lindisfarorum episcopus BCS 358 Syddensis civitatis episcopus BCS 312 Eboracensis episcopus (?) Profession FIW Cat. VIII Sw. p. 169 l. 44 (last name)
Beorhtred DCB —	836 × 838 Profession to abp Ceolnoth 833–870 BCS 425 HSt iij 622 KCD —	Lindisfarorum antistes Profession FIW Cat. IX (last name) Sw. —
Burgheard Stubbs Reg. —	... × 869 '(Lindsey?)' HSt iij 659	.... FIW —

LINDSEY.

Early Dates	Late Dates	Death [or Translation]
BCS 327 KCD 193* (a. 758 corr.)		a. 765 SymD
BCS 213 216 KCD 121 123 (a. 774) BCS 209 210 KCD — 120 (a. 775 corr.) BCS 230 KCD 137 (a. 779)	Legatine Council a. 786 BCS 250 HSt iij 447 ff. KCD — **Edeulfus** BCS 269 KCD 164 (a. 794) 'subs. 767-794' Stubbs Reg. ed. 2 p. 13	a. 796 SymD
Council of Clovesho Oct 803 BCS 312 KCD 1024 HSt iij 545 ff. Council of Celichyth July 816 BCS 358 HSt iij 579 KCD —	BCS 386 KCD 219 (a. 825) BCS 416 KCD 237 (a. 836) with the bp Heref.	836 × 838
BCS 421 KCD 240 (a. 839) BCS 487 KCD 277 (a. 855)	BCS 535 KCD — (a. 872)	872 × ...
BCS 524 KCD 299 (a. 869) Mercia		869 × ...

LINDSEY.

Name and Authorities	Consecration (and See)	Accession
....	....	....
Ælfred Stubbs Reg. ed. 2 —	... × 933 bp Lindsey or Elmham (q.v.) Stubbs Reg. p. 15 n. **Ælfred** bp Sherb. 933-943	....
Leofwine	... × 953	bp of the two sees, Lindsey and Dorchester FIW Cat. (Thorpe j 242) Leicester VIII
Sigefrith	958 × 997 WMalm. Antiq. Glast. [Gale] p. 325 'Sigefridus Norwegensis episcopus' Stubbs Reg. p. 142 ed. 2 p. 194 'perhaps the same who is called Bishop of Lindsey'	Lindissi ecclesiæ episcopus BCS — KCD 698 FIW Cat. —

LINDSEY.

Early Dates	Late Dates	Death (or Translation)
BCS $^{697}_{363}$ (a. 933) (elured) KCD	BCS $^{702}_{364}$ $^{705}_{1110}$ (a. 934) KCD with the bp Sherb.	.... 934 × ...
BCS $^{899}_{1168}$ $^{900}_{1167}$ (a. 953) KCD BCS $^{908}_{1172}$ (a. 955) KCD	BCS $^{1040}_{—}$ $^{1042}_{1219}$ (a. 958) KCD	**Dorchester** a. 958
BCS $^{—}_{698}$ (a. 997) KCD	BCS $^{—}_{710}$ (a. 1004) KCD	.... 1004 × ... **d.** Non Apr 5 Apr ... Stubbs Reg. ed. 2 p. 31 (see p. 156)

BISHOPS OF MAYO

Name and Authorities	Consecration [and See]	Accession
Gerald DCB ij 651 Beda iv 4	..................a. 664	FIW Cat. — Sw. —
Heathuwine Hadwine SymD Aedan [Eadwine?] Beda Plummer ij 210 DCB ij 843	..................a. 768 SymD	episcopus ad Machui (Machni Twysden Stubbs Reg. p. 7) SymD [RS] ij 44 Migensis ecclesiæ antistes SymD a. 773
Hlothfrith Leuthfriht SymD [RS] ij 45 DCB iij 708	..................a. 773 SymD	
Ealdwulf DCB j 79	..................a. 786 SymD	Myiensis ecclesiæ episcopus BCS 250 KCD —

OF THE SAXONS.

Early Dates	Late Dates	Death [or Translation]
....	....	..........................a. 697
....	....	....
....	....	..........................a. 773 SymD Chron Mailros [Fulm.]
....	....	.... 773 × 786
....	Legatine Council a. 786 BCS 250 HSt iij 447 ff. KCD — **Aldulphus**	.... 787 × ...

BISHOPS OF

Name and Authorities	Consecration [and See]	Accession
Gucan HSt j 287 Godw.-Rich. ij 179	963 × 972 a. 982 possibly for 972 HSt j 287	FIW Cat. — Sw. —
Bledri HSt j 287 288 Liber Landav. pp. 241 518	995 × 1005 a. 983 possibly for 993 HSt j 287 R. de Diceto [RS] j 158 a. 994 Consecr by abp Ælfric 995—1005	
Joseph HSt j 287 292 Liber Landav. pp. 241 518	Kal Oct 1 Oct **1022** Stubbs Reg. p. 19 ed. 2 p. 34 a. 1027 ('Liber Landav.') R. de Diceto [RS] j 171 a. 1020 × 1038	
Sede Vacante	....	
Hereweald HSt j 292 ff. EAF ij 692	26 May **1056** R. de Diceto [RS] j 203	

LLANDAFF.

Early Dates	Late Dates	Death (or Translation)
.. ..		| .... a. ...
		.... a. 1022 llSt j 287
		| .... a. 1043 | llSt j 292
.... | | .... |	....	Prid Non Mart 6 M'ch 1104 llSt j 293

BISHOPS AND (from A.D. 735)

Name and Authorities	*Consecration* [and *See*]	*Accession*

Paulinus
DCB iv 248
WMalm [RS] GP c. 100
SymD Ep. de archiep. Ebor.
[RS] j 222 (Twysden col. 77 ff.)
[T. Stubbs] Actus pontif. Ebor. [Twysden] col. 1685 ff.
Raine Hist. church Y. [RS] ij 312 ff.
 	
Alcuin, De pontif. eccl. Ebor. (Gale [Scr. xv 1691] 701 ff.)
	xij Kal Aug 21 July **625**
	Beda ij 9
		Eboraci antistes
		  Beda v 24
		Eburnex episcopus
		  Beda j 29 (St Gregory)
		
		FIW Cat. I
		Sw. p. 169 l. 52

Sede Vacante for 30 years	...............................a. **633**	
Ceadda DCB j 426	...............................a. **664** Beda iij 28	FIW Cat. II Sw. p. 169 l. 54

Wilfrith I
                 b. a. 634
DCB iv 1179
Vitæ: Raine Hist j 1 ff.
Eddius, Vita S. Wilfr.
            [Gale] p. 38-90
FIW (Thorpe) j 244
	...............................a. **664**
	(at Compiègne)
	Beda iij 28
		...............................a. **669**
		FIW Cat. —

Bosa DCB j 331	...............................a. **678** Beda iv 12 23 ASChr E	FIW Cat. III Sw. p. 169 l. 56 58

ARCHBISHOPS OF YORK.

Early Dates	Late Dates	Death (or Translation)	
BCS 18 KCD — Beda ij 17 (a. 634) HSt iij 83	....	res. Rochester Beda ij 20	a. 633 a. 633
....	....	..............................a. 664	
		res. Lichfield Beda iv 3	a. 669 a. 669
		dep. SymD [RS] j 223 Selsey see below	a. 678 a. 680
BCS 66 KCD 25ᵃ (a. 685) 'a clear forgery' HSt iij 166 n.		exp. Eddius c. 43 see below	a. 686

163

YORK.

Name and Authorities	Consecration [and See]	Accession
Wilfrith I see above	see above	rest. HSt iij 169	a. 686

Bosa see above	see above	rest. HSt iij 220 n.	a. 691

John of Beverley DCB iij 377 (no. 201) Vitæ: Raine Hist. j 239 ff. Stubbs Reg. ed. 2 p. 7	..................................a. 687 Hexham	....a. 705 FIW Cat. IV Sw. p. 169 l. 56 58

Wilfrith II DCB iv 1185 Stubbs [Twysden] col. 1694	...................................a. 718 Beda v 6 Wilfrith bp Worc. 718-c. 744	.... FIW Cat. v Sw. p. 169 l. 60

Ecgbeorht DCB ij 34 50 JMM Index	...................................a. 732 Contin Bede ....a. 734 ASChr DEF SymD a. 735	Eboraci antistes SymD FIW Cat. vi Sw. p. 169 l. 60

Æthelbeorht ASChr **Coena** DCB j 590 FIW MS CCCC 183 JMM HSt iij 435 436 **Alberht** SymD [RS] ij 47 DCB ij 217 JMM Index (s.v. Koaena) Alcuin I. 1396 ff.	viij Kal Mai 24 Apr **767** SymD (alberht) ASChr DEF (a. 766) FIW	Eboracæ ecclesiæ antistes SymD FIW Cat. vii (coena) Sw. p. 169 l. 60

YORK.

Late Dates	Death [or Translation]
....	depr. a. 691 SymD [RS] j 223
	Leicester a. 692
....	.... a. c. 705 DCB j 331
	res. a. 718 Beda v 6 (no date)
	d. Non Mai 7 May 721 Beda v 6 FlW DCB iij 378
Alive in 731, when Beda closes his history Beda v 23	res. a. 732 DCB iv 1185 bp 15 y. SymD [RS] j 224
	d. iij Kal Mai 29 Apr 745 Contin Bedæ SymD [RS] ij 39
	ASChr DE 29 Apr a. 744
BCS 184 (a. 757 × 758) KCD — HSt iij 394	xiij Kal Dec 19 Nov 766 Contin Bedæ ASChr DE FlW· SymD
	bp 34 y. SymD [RS] ij 43 bp 32 y. SymD [RS] j 224 bp 37 y. ASChr D
	8 Nov a. 780 ASChr SymD Stubbs Reg. p. 7
	FlW a. 781 De pontif. eccl. Ebor. [Gale] l. 1584-85 vita Alcuini Mabillon SSOB sæc. iv vol. i p. 152 8 Nov a. 14" DCB ij 218 8 Nov 781 or 782
	Stubbs Reg. ed. 2 p. 12 10 Nov 780

YORK.

Name and Authorities	Consecration [and See]	Accession
Eanbeald I	..................................a. **780**	archiep. Eboracensis ecclesiæ
DCB ij 11	SymD [RS] j 224	BCS 250
JMA Index	consecrated in the lifetime of	FIW Cat. VIII
Alcuin I. 1515 ff.	his predecessor	Sw. p. 169 l. 60
	SymD [RS] ij 47 ASChr D	
	a. **779**	
	ASChr EF a. **779**	
Eanbeald II	xix Kal Sept 14 Aug **796**	
	ASChr DE [Sunday]	
DCB ij 11	SymD xviij Kal Sept 15 Aug	FIW Cat. IX
SymD [RS] j 224	[Monday 'die Dominica']	Sw. p. 169 l. 60
Coins [Keary]		
Stubbs [Twysden] col. 1697		
JMA Index		
Raine Hist. church York		
['Stubbs'] ij 336		
Wulfsige	808 × ...	
DCB —		FIW Cat. X
Wulsius SymD [RS] j 224		Sw. p. 169 l. 60 (wulfwig, last name)
Wulfwig Sw.		
Wigmund	..................................a. **837**	
SymD [Twysden] col. 78	SymD [RS] j 224	FIW Cat. XI
Coins [Keary]		Sw. —
Wulfhere	..................................a. **854**	
Raine Hist. ['Stubbs'] ij 338	SymD [RS] ij 71	FIW Cat. XII
SymD [Twysden] col. 79		
(Raine ij 254)		
Coins [Keary]		
Æthelbeald	..................................a. **900**	
Raine Hist. ['Stubbs'] ij 339	SymD [RS] j 225 ij 92	FIW Cat. XIII
Raine ij 255		

YORK.

Early Dates	Late Dates	Death [or Translation]
....	Legatine Council of a. 786 BCS 250 HSt iij 447 ff. KCD —	iv Id Aug 10 Aug **796** ASChr DE SymD
Synod of Finchale a. 798 SymD [RS] ij 60 61	Ep. of pope Leo III a. 808 HSt iij 562 565 BCS 409 KCD 233ᵇ (a. 833!) Croyl.	.... **808 × . . .**
	BCS — HSt iij 615 KCD — (a. 830 × 837)	.... **830 × 837** 11 y. Raine Hist. ch. York ['Stubbs'] ij 338 Matth Paris [RS] j a. 831
		...........................a. **854** bp 16 y. SymD [RS] j 224 12 y. Raine ij 338
....	....	...........................a. **900** bp 47 y. SymD [RS] j 225 ASChr E a. 893! Chron Mailros [Fulman] a. 892
BCS 571 KCD 322ᵃ (a. 895) sign. of mixed dates	He rec. the pallium in 904 SymD [RS] j 225	.... **904 × 928**

YORK.

Name and Authorities	Consecration [and See]	Accession
Hrothweard charters	904 × 928	
Rodewardus F1W Cat.	SymD [RS] j 225	F1W Cat. XIV (rodewardus)
Redewardus F1W Cat. MHB p. 625		
Rodewald Stubbs Reg.		
Lothewardus SymD [RS] j 225		
Wulfstan I	..............a. 931	
Raine Hist. ['Stubbs'] ij 339 340	SymD [RS] j 225	F1W Cat. XV
Oscytel	..............a. 950 Dorchester	Eboracensis basilicæ primas BCS 1047 ....a. 956 ASChr BC (a. 971) F1W
		F1W Cat. XVI Stubbs Reg. p. 15 a. 958
Edwaldus	..............a. 971	
SymD [RS] j 226	SymD [RS] j 226	F1W Cat. — Stubbs Reg. —
Adelwoldus Stubbs[Twysden] col. 1699		
Raine Hist. [RS] ij 340		
Stubbs [Twysden] col. 1699 (Raine Hist. ij 340)		
Osweald (St)	..............a. 961 Worcester	..............a. 972 F1W a. 972
Eadmer, Vita S. Oswaldi Wharton AS ij 191 ff.		bp of both sees, Y. and Worc. Wharton AS j 472 n. ij 204
Vitæ: Raine Hist. j 399 ff. ij 1 ff.		F1W Cat. XVII
Chron. Rames [RS] Index		
Ealdwulf	..............a. 992 Worcester	..............a. 995 bp of both sees, Y. and Worc. Wharton AS j 473 n.
Adulfus Stubbs [Twysden] col. 1699		
Raine Hist. [RS] ij 341		Eboracensis ecclesiæ episcopus electus $\frac{BCS\ \text{—}}{KCD\ 688\ 692}$ (a. 995)
		F1W Cat. XVIII

YORK.

Early Dates	Late Dates	Death (or Translation)
BCS 663 664 (a. 928) KCD 1101* —	BCS 667 669 (a. 930) KCD 346* 350*	.................................a. 931 charters
BCS 665 (a. 929) KCD 347	BCS 687 (a. c. 931) KCD 1129	
BCS 674 675 677 (a. 931) KCD 1102 1103 353	BCS 905 (a. 955) KCD 1170	vij Kal Jan 26 Dec 956 FIW SymD ASChr D xvij Kal Jan
	BCS 931 (a. 956) KCD 1174	16 Dec a. 957 (956) SymD [RS] j 225 a. 955
BCS 937 (a. 956) KCD 451	BCS 1260 (a. 970) KCD 1268	All Saints 1 Nov 971 FIW
BCS 1047 (a. 959 corr.) KCD 1221		bp 22 y. ASChr BC bp 16 y. SymD [RS] j 226 a. 970
BCS 1051 (a. 959) KCD 1225		
....		res. a. 971 SymD [RS] j 226
		d. a. ...
BCS 1270 (a. 971) KCD 568*	BCS — (a. 991) KCD 678	Monday ij Kal Mart 29 Feb 992 FIW SymD
		ASChr (a. 992)
BCS — (a. 996) KCD 696	BCS — (a. 1002) KCD 707	ij Non Mai 6 May 1002 ASChr CDE FIW Dixon-Raine Fasti Ebor j 130 5 June 1002
BCS — (a. 997) KCD 698		

YORK.

Name and Authorities	Consecration [and See]	Accession
Wulfstan II	.... a. 1003 Worcester (Wulfstan I)	.... a. 1003 bp of both sees, Y. and Worc. Wharton AS j 473 n. FIW Cat. XIX
Ælfric Puttoc	.... a. 1023 AChr EF FIW	bp of both sees, Y. and Worc. 1040–1041 FIW FIW Cat. XX
Æthelric Wharton AS j 702 'he wæs to bpe gehadod to Eoforwic' AChr D a. 1073 E a. 1072	iij Id Jan 11 Jan 1041 AChr D a. 1041	'Her man hadode Ægelric b. to Eoferwic' a. 1041 AChr D
Ælfric Puttoc see above	....	rest. (?) a. 1041
Cynesige AChr C a. 1053 Kynsige AChr C FIW	.... a. 1051 FIW	AChr C a. 1051 FIW Cat. XXI (kinsius)
Ealdred Wharton AS j 474 n. Stubbs [Twysden] col. 1700 (Raine Hist. ij 344)	.... a. 1044 Worcester Hereford 1056–1060 (res.)	.... a. 1061 bp of both sees, Y. and Worc. Wharton AS j 474 n. cl. 25 Dec 1060 FIW FIW Cat. XXII

YORK.

Early Dates	Late Dates	Death (or Translation)
BCS — / KCD 1296 (a. 1002)	BCS — / KCD 734 (a. 1022)	v Kal Jun 28 May **1023** ASChr FlW
BCS — / KCD 1299 (a. 1003)	BCS — / KCD 738 (a. 1023)	
	BCS — / KCD 742 (a. 1026!)	
BCS — / KCD 746 (a. 1032)	....	Worc. a. **1040** depr. of the bpric of Worc. a. 1041 **York** only dep. (?) Wharton AS j 702
BCS — — — / KCD 749 750 751 (a. 1033)		
....	....	depr. a. **1042** ASChr D a. 1073 E a. 1072 'hit [the abpric] wæs mid un- rihte him ofgenumen, and man geaf him thæt b.rice on Dun- holme' Wharton AS j 702 **Durham**
	BCS — / KCD 787 (a. 1049)	**York** only d. xj Kal Feb 22 Jan **1051** Stubbs Reg. ed. 2 p. 34
	BCS — / KCD 791* (a. 1050) HSt j 695 n.	ASChr C 22 Jan 1050 ASChr D a. 1052

BCS — — / KCD 806 807 (a. 1051 × 1060)
 He rec. the pallium in 1055
 ASChr D a. 1055
	BCS — / KCD — Earle II p. 300
	                      (a. 1059)
		xj Kal Jan 22 Dec **1060**
		                     FlW

BCS — / KCD 801 (a. 1055) Glouc.		res. Worc. a. **1062** **York** only

BCS — / KCD 808 (a. 1060)		d. Friday iij Id Sept
		                 11 Sept **1069**
		                     FlW
		 abp 10 y. all but 15 w.
		                     ASChr D

BCS — / KCD 810 (a. 1061)		
BCS — / KCD 813 (a. 1062)		

YORK.

Name and Authorities	Consecration [and See]	Accession
Thomas I Eadmer [RS] Index Stubbs [Twysden] col. 1705 (Raine Hist. ij 355)	.... a. **1070** ASChr FlW Appointed by the king Whits. 23 May 1070 EAF iv 339	FlW Cat. XXIII
Gerard Eadmer [RS] Index	.... a. **1096** Hereford	.... a. **1101** FlW (a. 1100) FlW Cat. XXIV

172

YORK.

Early Dates	Late Dates	Death [or Translation]
....	....	xiv Kal Dec 18 Nov **1100** ASChr FlW
	....	xij Kal Jun 21 May **1108** ASChr FlW Raine Hist. ij 111 Dixon-Raine Fasti j 162

BISHOP OF

Name and Authorities	*Consecration (and See)*	*Accession*
Eadhæth DCB ij 8	............a. **678** **Lindsey**	.... after **678** Beda iij 28 iv 12 FIW Cat. I

BISHOPS OF

Name and Authorities	*Consecration (and See)*	*Accession*
Eata DCB ij 21 Wharton AS j 694	............a. **678** Beda iij 26 iv 12	.... FIW Cat. II Sw. p. 169 l. 55
Tunbeorht Beda (tunberctus) Stubbs Reg. ed. 2 p. 6 244 **Trumbert** DCB iv 1055 Stubbs Reg. p. 4 181 Wharton AS j 694 ASChr EF a. 681 685 DCB iv 1055 1056 Wharton AS j 694	............a. **681** Beda iv 12 FIW	FIW Cat. III Sw. p. 169 —
Eata see above	see above	rest. a. **685** Beda iv 28 FIW Cat. IV (sic) Sw. p. 169 l. 55 (eota)

RIPON.

Early Dates	Late Dates	Death [or Translation]
BCS 66 KCD 25* (a. 685) 'a clear forgery' HSt iij 166	....	.... a. ...

HEXHAM.

Early Dates	Late Dates	Death [or Translation]
....	....	**Lindisf.** a. 681 Beda iv 12
		dep. a. 684 Beda iv 28 ASChr EF a. 685
		d. a. ...
....	BCS 66 KCD 25* (a. 685) 'a clear forgery' HSt iij 166	commem. 16 Oct a. 686 Beda v 2

HEXHAM.

Name and Authorities	Consecration [and See]	Accession
John of Beverley DCB iij 377 Beda iv 23 v 2-6 Raine Hist. j 239 ff.	Bright ed. 3 p. 398 25 Aug **687** Stubbs Reg. p. 4 Stubbs Reg. ed. 2 p. 7 12 Sept ... ASChr E. a. 685 FIW a. 686	FIW Cat. V Sw. p. 169 l. 56
Wilfrith (St) DCB iv 1179 Beda v 19	.........a. **664** York (q.v.) Leicester a. **692**	.........a. **705** Beda v 3 FIW Cat. VI Sw. p. 169 l. 54 57
Acca DCB j 16	.........a. **709** Beda v 20 ASChr DEF a. **710**	FIW Cat. VII Sw. p. 169 l. 62
Frithubeorht DCB ij 566 FIW a. 739	vj Id Sept 8 Sept **734** SymD Contin Bedæ a. **735**	Hagustaldensis episcopus FIW (a. 766) FIW Cat. VIII Sw. p. 169 l. 62
Ealhmund (St) DCB j 72 (alchmund)	vilj Kal Mai 24 Apr **767** SymD ASChr DE (a. 766)	FIW Cat. IX Sw. p. 169 l. 62
Tilbeorht DCB iv 1027	vj Non Oct 2 Oct **781** SymD	FIW Cat. X Sw. p. 169 l. 62
Æthelbeorht DCB ij 218 JMA Index (ep. 88)	.........a. **777** Whithern	.........a. **789** FIW Cat. XI Sw. p. 169 l. 62

HEXHAM.

Early Dates	Late Dates	Death (or Translation)
....	BCS 110 KCD -- (a. 704)	**York** a. 705
		commem. 12 Oct a. **709** bp 45 y. SymD [RS] j 223 Bright ed. 3 p. 479 n.
		Stubbs Reg. ed. 2 24 Apr
BCS 124 (a. 709) 'spurious' KCD 60* HSt iij 280	Alive in 731, when Beda closes his history Beda v 23	dep. or exp. a. **732** SymD Contin Bedæ a. 731 ASChr DEF FIW a. 733
BCS 127 (a. 710) 'spurious' KCD 62* HSt iij 281		d. xiij Kal Nov 20 Oct **740** SymD
Council of Clovesho a. 716 BCS 91 confirm. HSt iij 300 KCD --		
....	....	x Kal Jan 23 Dec **766** SymD Contin Bedæ
....	....	vij Id Sept 7 Sept **781** SymD
....	Legatine Council a. 786 BCS 250 HSt iij 447 ff. KCD -- **Dilberchus**	..................................a. **789** SymD a. 790
		xvij Kal Nov 16 Oct **797** ASChr DE

HEXHAM.

Name and Authorities	Consecration [and See]	Accession
Heardred DCB ij 8 (eadred!)	iij Kal Nov 30 Oct **797** ASChr D SymD Stubbs Reg. ed. 2 p. 16 29 Oct **797**	FIW Cat. xii Sw. p. 169 l. 63
Eanbeorht Eanbertus vel Osbertus Ric Hagust j 19 [Twysden 300] Eadbertus vel Osbertus Ric Hagust j 18 DCB ij 5 (eadbert) 15	................................a. **800** SymD	FIW Cat. xiii Sw. p. 169 l. 63
Tidfrith DCB iv 1027 Ric Hagust j 19 ij 1 (Twysden 299 300)	................................a. **813** Stubbs Reg. ed. 2 p. 17 a. 806	FIW Cat. xiv Sw. p. 169 l. 63 (last name)

HEXHAM.

Early Dates	Late Dates	Death (or Translation)
....	....	...............................a. 800
		bp 3 y. SymD
Consecrator of Ecgbeorht bp Lindisf. June 802 SymD [RS] j 52		...............................a. 813 bp 14 y. Ric Hagust ASChr DEF a. 806
BCS 338 KCD 197* (a. 811) Tilferthus bp Hexham; Tidfrith bp Dunwich is probably the bp meant		...............................a. 821 Wharton AS j 699

BISHOPS OF

Name and Authorities	Consecration [and See]	Accession
Aidan DCB j 65 SymD Hist. Dunelm. ecclesiæ [RS] j 4 17 ff. LVD Stev. p. 7 col. 2 Wharton AS j 691	.....................................a. **635** Beda iij 3 FIW	FIW Cat. I Sw. p. 169 l. 52 65 (aeðan)
Finan Fines Sw. MS CCCC 183 DCB ij 516 ASChr — SymD [RS] j 23	.....................................a. **651** Beda iij 25	FIW Cat. II Sw. p. 169 l. 53 65 (fines)
Colman DCB j 599 (no. 23) SymD [RS] j 24	.....................................a. **661** Beda iij 25 26	FIW Cat. III Sw. p. 169 l. 53 65
Tuda DCB iv 1056 Wharton AS j 693 SymD [RS] j 25	.....................................a. **664** Beda iij 26 'permodico tempore ecclesiam regens'	FIW Cat. IV Sw. p. 169 l. 53
Sede Vacante SymD [RS] j 30		.....................................a. **664**

LINDISFARNE.

Early Dates	Late Dates	Death (or Translation)
....	....	prid Kal Sept 31 Aug **651** Beda iij 14 17 FIW ASChr ABCF
		ASChr E a. 650
		...........................a. **661** Beda iij 26 commem. Aberdeen Brev. 1510 xiij Kal Mart 17 Febr DCB ij 516 31 Aug 661 bp 10 y. Beda iij 26
		res. a. **664** Beda iv 1 bp 3 y. Beda iij 26
		d. 8 Aug **676** DCB j 599
BCS 22 KCD 984* (a. 664) ASChr E (a. 686)		...........................a. **664** Beda iij 27. He died of a pestilence, the 'yellow plague' ASChr E FIW
		...........................a. **678**

LINDISFARNE.

Name and Authorities	Consecration [and See]	Accession
Eata DCB ij 21 Wharton [RS] j 694 SymD [RS] j 30	...........................a. 678 **Hexham**	...........................a. 681 Beda iij 26 FIW Cat. v Sw. p. 169 l. 65
Cuthbeorht (St) DCB j 720 724 SymD [RS] j 31-37 Vitæ, see Potthast	Easter day 26 M'ch 685 **Hexham** Beda iv 28 ASChr E FIW	...........................a. 685 FIW Cat. vi Sw. p. 169 l. 65
Eadbeorht **Ecgbeorht** Godw.-Rich. ij 302 DCB ij 2 (no. 5) Wharton AS j 695 SymD [RS] j 37	...........................a. 688 Beda iv 29 iij 25 (init.) FIW SymD [RS] j 36 Stubbs Reg. ed. 2 p. 7 a. 687	 FIW Cat. vii Sw. p. 169 l. 65
Eadfrith DCB ij 7 SymD [RS] j 37	...........................a. 698 FIW	Beda vita Cuthb. (dedic.) [Stevenson] FIW Cat. viii Sw. p. 169 l. 65
Æthelweald **Oithilwald** MS CCCC 183 DCB ij 229 SymD [RS] j 39 68 Wharton AS j 696	...........................a. 721 FIW SymD Stubbs Reg. p. 5 ed. 2 p. 9 Wharton AS j 696 a. 724	 FIW Cat. ix Sw. p. 169 l. 65
Cynewulf **Conuulfus** Contin Bedæ a. 740 DCB j 736 737 (bis) SymD [RS] j 47	...........................a. 740 Contin Bedæ SymD	 FIW Cat. x Sw. p. 169 l. 66

LINDISFARNE.

Early Dates	Late Dates	Death (or Translation)
		Hexham a. **685**
		Beda iv 28
		xiij Kal Apr 20 M'ch **687**
		Beda iv 29
		FIW
		Prid Non Mai 6 May **698**
		Beda iv 30 FIW
		Beda vita Cuthb. c. 43
BCS 631 KCD — (Lindisf. Gospels)		...........a. **721**
		FIW
BCS 631 KCD — (Lindisf. Gospels)	Alive in 731, when Beda closes his history Beda v 23	...........a. **740**
		Contin Bedæ
		SymD
		bp 16 y. SymD [RS] j 39
		(18 y. j 39 n.)
		FIW a. 739
		res. a. **780**
		d. a. **783**
		SymD [RS] j 50
		SymD [RS] ij 50

183

LINDISFARNE.

Name and Authorities	Consecration [and See]		Accession	
Hygebeald	..................................a. **781**		Lindisfarnæ episcopus	FIW
DCB iij 51	SymD		FIW Cat. xi	
JMA Index	FIW	a. 779	Sw. p. 169 l. 66	
SymD [RS] j 50-52	ASChr DEF	a. 780	SymD [RS] j 50	

Ecgbeorht	iij Id Jun	11 June **802**		
		FIW		
DCB ij 34 52			FIW Cat. xii	
	ASChr DE	11 June 803	Sw. p. 169 l. 66	
SymD [RS] j 52	SymD [RS] j 52	11 June	SymD [RS] j 50	
	7 Heardwulf R.			

Heathured	..................................a. **821**		....	
		corr.	successor of Ecgbeorht bp Lindisf.	
DCB ij 849			FIW a. 819 SymD [RS] j 52	
	FIW	a. 819		
SymD [RS] j 52			FIW Cat. — (Whithern vii)	
	SymD [RS] ij 92	a. 891 !	Sw. p. 169 — (Whithern)	

Ecgred	..................................a. **830**			
	SymD [RS] j 52			
Ecgfrith	22 Eanred R.		FIW Cat. —	
Godw.-Rich. ij 303	FIW	a. 828	Sw. p. 169 —	
			SymD [RS] j 52	
DCB —				
SymD [RS] j 52				

Eanbeorht	..................................a. **845**		Lindisfarnensis episcopus	
	FIW			FIW
SymD [RS] j 53	SymD	a. 846	FIW Cat. —	
			SymD [RS] j 53	

Eardwulf	..................................a. **854**		Lindisfarnensis præsul	
	FIW			
SymD [RS] j 53-72	5 Osbeorht R.		FIW Cat. xiii	
	SymD [RS] j 53			

LINDISFARNE.

Early Dates	Late Dates	Death [or Translation]
Legatine Council a. 786		viij Kal Jun 25 May 802
BCS 250 / KCD — HSt iij 447 ff.		SymD [RS] j 52
Hyguualdus		bp 22 y.
		ASChr DE viij Kal Jul 24 June 803

..............................a. 821

FIW   a. 819

In Sw. p. 169 l. 66 Ecgbeorht is succ. by 'Eadmund' (retouched), not otherwise known. 'Eadmund' is the last name given by Sw. (see a. 1020)

bp 18 y.   SymD [RS] j 52

..............................a. 830
corr.

FIW   a. 828

bp 9 y.   SymD [RS] j 52

BCS — HSt iij 615
KCD   (a. 830 × 837)

..............................a. 845
5 .Ethelred R.

bp 16 y.   SymD [RS] j 53

..............................a. 854
FIW

[Chester-le-Street] a. 883

d.   a. 899
      SymD
SymD [RS] j 71
FIW   a. 900

BISHOPS OF

Name and Authorities	Consecration [and See]	Accession
Cuth heard SymD [RS] j 72	.................................a. 900 FIW SymD	FIW Cat. xiv SymD [RS] j 72
Tilred Milred WMalm [RS] GP c. 130 SymD [RS] j 74	.................................a. 915 FIW	FIW Cat. xv SymD [RS] j 74
Wigred Wihtred WMalm [RS] GP c. 130 SymD [RS] j 75	.................................a. 928 FIW SymD a. 925	episcopus Lindisfarnensis FIW a. 944 FIW Cat. xvi SymD [RS] j 75
Uhtred SymD [RS] j 76	.................................a. 944 FIW	FIW Cat. xvii SymD [RS] j 76
Seaxhelm SymD [RS] j 77	.................................a. 944 FIW Stubbs Reg. p. 15 ed. 2 p. 27 ....a. 947 episcopus Sancti Cuthberti BCS 719 KCD 1112* (a. 935) episcopus... BCS 702 716 KCD 364 — (a. c. 935)	FIW Cat. xviii SymD [RS] j 77

186

CHESTER-LE-STREET.

Early Dates	Late Dates	Death [or Translation]
		..............................a. 915 FIW bp 15 y. SymD [RS] j 74
		..............................a. 928 FIW bp 13 y. 4 m. SymD [RS] j 75
BCS 665 (a. 929) KCD 347	BCS 674 675 677 (a. 931) KCD 1102 1103 353 BCS 702 703* (a. c. 934) KCD 364 352	..............................a. 944 bp 17 y. SymD [RS] j 76
		..............................a. ... SymD [RS] j 77
		..............................a. ... FIW a. 944 'paucis mensibus evolutis defungitur' SymD [RS] j 77 'aliquot mensibus'

CHESTER-LE-STREET.

Name and Authorities	Consecration (and See)	Accession
Ealdred	..................................a. ...	
SymD [RS] j 77 Wharton AS j 700	FIW a. 944	FIW Cat. XIX SymD [RS] j 77
	Wharton AS j 700 a. 957 Stubbs Reg. ed. 2 p. 28	
Ælfsige	...................a. 968 FIW	
Allsi SymD [RS] ij 126		FIW Cat. XX SymD [RS] j 78
SymD [RS] j 78		
Ealdhun	....................a. 990 FIW	
Ealdwine Godw.-Rich. ij 305		FIW Cat. XXI SymD [RS] j 78
SymD [RS] j 78-84		

CHESTER-LE-STREET.

Early Dates	Late Dates	Death [or Translation]
BCS 911 KCD — (a. 955)	....	..............................a. 968 SymD FIW
BCS 1042 1044 KCD 1219 — (a. 958)		bp 12 y. Godw.-Rich. ij 304
		..............................a. 990 FIW
		bp 22 y. SymD [RS] j 78

[Durham 995]

BISHOPS OF

Name and Authorities	Consecration [and See]	Accession
Ealdhun Wharton AS j 701	see above	..........................a. 995. FIW FIW Cat. xxi SymD [RS] j 78
Sede Vacante		.... a. 1018
Eadmund SymD [RS] j 85 ff. Wharton AS j 701	.... a. 1020 FIW SymD	FIW Cat. xxii Sw. p. 169 l. 66 (!) SymD [RS] j 85 ff.
Eadred SymD [RS] j 91 Wharton AS j 701	.... a. 1042 SymD Stubbs Reg. a. 1041 FIW a. 1048	FIW Cat. xxiii SymD [RS] j 91
Æthelric Ægelricus FIW Cat. SymD [RS] j 91 Wharton AS j 702	consecrated to York a. ... iij Id Jan 11 Jan **1042** ASChr D 11 Jan 1041 ASChr D a. 1073 E a. 1072	FIW Cat. xxiv

190

DURHAM.

Early Dates	Late Dates	Death [or Translation]
		.... a. **1018**
		bp 29 y. SymD [RS] j 84
		.... a. **1020**
		SymD [RS] j 85 'tribus pæne annis'
BCS — KCD 761* (a. 1038-1039)		.... a. **1042**
		SymD
		Stubbs Reg. ed. 2 p. 33
		a. 1040
		bp 23 y. SymD [RS] j 91
		FIW a. 1048
		.... a. **1042**
		SymD
		SymD [RS] j 91 'decimo mense moritur'
		res. a. **1056**
		bp 15 y. SymD [RS] j 92
		d. Monday Id Oct
		15 Oct **1072**
		ASChr E FIW
		ASChr D a. 1073

DURHAM.

Name and Authorities	Consecration [and See]	Accession
Æthelwine	.... a. **1056**	
Ægelwinus FIW Cat.	ASChr D FIW	FIW Cat. xxv
SymD [RS] j 92		
Wharton AS j 702		
Walcher	March **1071**	Lindisfarnensis episcopus
		Twysden col. 1744 l. 50
Wharton AS j 703	FIW a. 1072	FIW Cat. xxvi

DURHAM.

Late Dates	Death [or Translation]
....	**dep.** a. 1071
	FIW SymD
	SymD [RS] j 105
	d. Nov ? 1071
	ASChr E FIW
	ASChr D a. 1072
|	
;	
	ij Id Mai 14 May 1080
	ASChr FIW

BISHOPS OF WHITHERN

Name and Authorities	Consecration [and See]	Accession
Trumwini [Really a missionary bp among the Picts, at Abercorn on the Frith of Forth] Tuma Anon. vita Cuthb. DCB iv 1055 WMalm [RS] GP c. 116	..........................a. 681 Beda iv 12 26 28	FIW Cat. I Sw. p. 169 —
Peohthelm DCB iv 280 HSt ij 7 iij 310 JMM Index	.... a. c. 730	'primus antistes' Beda v 23 Candidæ casæ præsul FIW a. 735 FIW Cat. II Sw. p. 169 l. 68 (I)
Frithuweald DCB ij 566 575	xviij Kal Sept 15 Aug ....a. 735 Contin Bedæ FIW 6 Ceolwulf R. ASChr DE (a. 762)	Hwiternensis ecclesiæ antistes FIW a. 763 episcopus Candidæ Casæ SymD [RS] ij 42 FIW Cat. III Sw. p. 169 l. 68 (II)
Peohtwine DCB iv 280	xvj Kal Aug 17 July 763 FIW ASChr DE 17 July 762 SymD a. 764	FIW Cat. IV Sw. p. 169 l. 68 (III)

IN GALLOWAY.

Early Dates	Late Dates	Death [or Translation]	
....	BCS 66 KCD 25* (a. 685) 'a clear forgery' HSt iij 166	res. Beda iv 26	a. **686**
		d. 'plurimo annorum tempore' after his resign. in 686	a. ...
....	Alive in 731, when Beda closes his history Beda v 23	....a. **735** FlW	
		Non Mai ASChr DE SymD	7 May **763** FlW a. 762 a. 764
....	....	xiij Kal Oct ASChr DE FlW SymD	19 Sept **776** a. 777

195

WHITHERN IN GALLOWAY.

Name and Authorities	Consecration (and See)		Accession
Æthelbeorht DCB ij 218 JMA Index	xvij Kal Jul ASChr DEF FIW SymD	15 June **777** 15 June 778 a. 777	Candensis casæ episcopus BCS 250 FIW Cat. v Sw. p. 169 l. 68 (iv)
Beaduwulf ASChr DE a. 795 SymD **Baldwulf** ASChr DEF (a. 791) Stubbs Reg. ed. 2 p. 15 247 'He is the last bp Whithern of the AS succession, whose name is preserved' WMalm [RS] GP c. 118 DCB j 236	xvj Kal Aug ASChr DEF SymD	17 July **791** FIW a. 790	Candidæ casæ præsul FIW a. 791 FIW Cat. vi Sw. p. 169 l. 68 (v)
Heathured	..........................a. **821** FIW (a. 819) really bp Lindisf.		FIW Cat. vii (by mistake) Sw. p. 169 l. 69 (—) name retouched

WHITHERN IN GALLOWAY.

Early Dates	Late Dates	Death [or Translation]
....	Legatine Council a. 786	**Hexham** a. **789**
	BCS 250 KCD — HSt iij 447 ff.	SymD (a. 790)
	Ædilberchus	Ric Hagust j 18 (Twysden col. 299)
Coron. of Eardwulf K. of North. 25 May 795 ASChr DE	Consecr. of Ecgbeorht bp Lindisf. a. 802 SymD [RS] j 52	.... 802 × . . .
Consecr. of Eanbeald II abp Y. ASChr DE 14 Aug. a. 796		

197

BISHOPS OF

Name and Authorities	Consecration [and See]	Accession
Magswem HSt ij 11 Raine Hist. Ch. Y. [Stubbs] ij 343	.... a. **1053**	....
Johannes HSt ij 11	1053 × 1060	....

GLASGOW.

Early Dates	Late Dates	Death (or Translation)

ADDENDA ET CORRIGENDA.

CANTERBURY.

p. 2. **Augustinus**
col. 6. Matth. Westm. read Matth. Paris [RS]

p. 4. **Cuthbeorht**
col. 1. Ecgbeorht II Hunt a. 741

p. 6. **Æthelheard**
col. 1. bp Winch.! WMalm [RS] GP c. 8

— — **Ceolnoth**
col. 1. Eylnothetus Wharton AS j 83
col. 2. [vj Kal Sept] 24 Aug! Stubbs Reg. p. 11 ed. 2 p. 19
27 Aug IISt iij 610

p. 8. **Æthelhelm**
col. 1. Adlem $\frac{BCS\ 641}{KCD\ —}$ (a. 925!)

— — **Wulfhelm**
col. 2. Wulfhelm bp .... a. c. 933
Wulfhelm bp Heref. 937—940
Wulfhelm bp Wells 938—c. 956

col. 4. $\frac{BCS\ 635}{KCD\ —}$ (a. 921! corr. a. 931)
NSA p. 74

— — **Beorhthelm**
app. by k. Eadwig, dep. by k. Eadgar

— — **Æthelgar**
col. 6. d. a. 989 FlW

p. 10. **Ælfric**
col. 1. not Ælfric abb. Eynsh. the Grammarian, E. Dietrich in Niedner Zeitschr. für d. hist. Theol. 8" Gotha 1855 1856 Wharton AS j 125 ff.

— — **Ælfheah**
col. 1. Osbern Life of St Elphege Wharton AS ij 122 ff.
col. 2. (consecration) Wharton AS j 54

— — **Æthelnoth**
col. 5. $\frac{BCS\ —}{KCD\ 974}$ (a. 1020-1038)

p. 12. **Siweard**
col. 1. EAF ij 69

— — **Stigand**
col. 1. EAF Indices Wharton AS j 107
col. 6. d. a. 1072 at Winchester Ann de Wigorn (Ann Monast [RS Luard] iv) 372

ROCHESTER.

p. 14. **Romanus**
col. 6. drowned a. 627 Stubbs Reg. ed. 2 p. 3

p. 16. **Gebmund**
col. 1. Gelmund $\frac{BCS\ 85}{KCD\ 36}$ (note) HSt iij 232

p. 18. **Beornmod**
col. 5. $\frac{BCS\ 538}{KCD\ —}$ (a. 874 corr. 844?)

— — **Tatnoth**
col. 4. dele: $\frac{BCS\ 538}{KCD\ —}$ (as above)

p. 20. **Burhric**
col. 4. $\frac{BCS\ 670}{KCD\ 354*}$ (a. 931 corr. 941 NSA p. 88 note 2)

p. 22. **Godwine II**
col. 4. l. there are no signatures between a. 1023 and a. 1044

LONDON.

p. 24. **Mellitus**
l. et decanis Lond.

— — **Eorconweald**
col. 4. Ergnualdus BCS 43 Earle

ADDENDA ET CORRIGENDA.

p. 28. **Heathubeorht**
col. 5. l. endorsement

— — **Æthelnoth**
col. 5. l. Celchyth

p. 32. **Wulfstan II**
col. 5. There is no charter signed a. 1003 by bp **Wulfstan**; KCD 1299 a. 1003 is signed by **Wulfstan** abp Y.

p. 34. **Ælfwig** 1014—c. 1035
col. 3. **Ælfun** biscop on Lundene BCS — KCD 972 a. 1020 × 1023

— — **Ælfweard**
col. 1. Chron Rames [RS] Index
col. 5. BCS — KCD 788 (a. 1049 corr. a. 1043 EAF ij 66 n.)

DUNWICH.

p. 38. **Æcci**
col. 1. **Ecca** DCB ij 32 242
Etti Stubbs Reg. p. 3 168

p. 42. **Wærmund**
col. 4. l. (Sw. ch. 57)

ELMHAM.

p. 44. **Nothbeorht**
col. 1. **Northbeorht** FIW

p. 52. **Æthelmær**
col. 4. BCS — KCD 853 dated (Chron Rames [RS] p. 162) 14 Apr. 1053

SELSEY.

p. 56. **Wihthun**
col. 1. **Weðun** BCS 237 261 KCD 1012 1015

p. 58. **Ælfmær**
col. 6. see Ælfmær bp Sherb. p. 203

p. 60. **Æthelric I**
col. 2. FIW a. 1019

p. 60. **Æthelric II**
col. 1. **Elricus** Ann de Waverl. (Ann Monast [RS Luard] ij) 187
Aluricus Ann de Wintonia (Ann Monast ij) 31
col. 2. eligitur a. 1057, ordinatur a. 1058 ASChr FIW
col. 6. surviving in 1076. Matth Parker Antiq Britan eccl. [fo Lond. 1572] p. 98 [Drake] p. 173 'ex libro constitutionum eccl. Wigorn. p. 101' d. a. 1075
Ann de Wintonia (as before)

DORCHESTER—WESSEX.

p. 62. **Birinus**
col. 1. Wharton AS j 193 l. 3

— — **Agilbert**
col. 6. d. a. 680 (Stubbs, Gams); see DCB j 62

— — **Ætla**
col. 3. see p. 206

WINCHESTER.

p. 64. **Daniel**
col. 3. **Uentanus** antistes, episc. Uentæ ciuitatis Beda v 23

p. 66. **Ealhmund**
col. 1. **Halmund** BCS 322 (note)

— — **Wigthegn**
HSt iij 570 note a

p. 68. **Swithhun**
col. 2. HSt iij 634 note a

p. 70. **Beornstan**
col. 6. d. 4 Nov. 934 Stubbs Reg. ed. 2 p. 26

— — **Beorhthelm**
col. 1. NSA p. 88 BCS — KCD 714

p. 72. **Æthelweald I**
col. 6. WMalm Antiq Glast [Gale] p. 325

SHERBORNE.

p. 78. **Wigbeorht** c. 797—c. 820
col. 1. **Wilbertus** Matth Paris [RS] a. 784!

ADDENDA ET CORRIGENDA.

p. 82. **Æthelric**
  col. 1. **Æthelbrit** $\frac{BCS\ -}{KCD\ 709}$* (a. 1004)

p. 84 **Ælfmær**
  col. 6. MS Cott. Titus D 27 records on 18 Sept the death of **Ælfmar** monk Winch. bp .... ('? Sherborne A.D. 1022' LVH p. 272), while WMalm Antiq Glast [Gale] p. 325 has 'Tertio Nonas Aprilis [Apr 3] obiit Ælmer Episcopus, Monachus Glastoniæ.' The two contemp. bps Ælfmær of Sherb. and of Selsey are the only bps of that name.

RAMSBURY.

p. 86. **Ælfric I**
  col. 1. l. p. 27 (a. 942) 227 (no dates)

p. 88. **Beorhtweald**
  col. 1. WMalm [RS] GR c. 221
  col. 3. Wiltoniensis episcopus FIW
  a. 1045

WELLS.

p. 92. **Beorhthelm**
  col. 2. BCS 986 KCD 449 (a. 956) in Mem. St Dunst. p. xcv is called [KCD] 'no. 349' (a. 930), and p. xcvj 'no. 469' (a. 958)
  col. 6. Stubbs Reg. ed. 2. p. 28 (Id Mai) 17 May (!)

— — **Ælfwine**
  col. 6. d. iv Kal Sept 29 Aug ...
  Kal. Leofr. Missal [Warren] Index

p. 94. **Duduc**
  col. 2. EAF Index

— — **Gisa**
  col. 5. $\frac{BCS\ -}{KCD\ 976}$ (Harold II a. 1066)

CREDITON.

p. 96. **Æthelgar**
  col. 1. **Egger** $\frac{BCS\ 732}{KCD\ -}$ Earle II. p. 416 420

HEREFORD.

p. 108. **Esne, Ceolmund**
  col. 6. col. 2. l. 786 × 788

p. 114. **Æthelstan**
  col. 1. EAF ij 678
  col. 5. $\frac{BCS\ -}{KCD\ 898}$ (a. ...) EAF ij 678

WORCESTER.

p. 116. **Wilfrith I**
  col. 1. Dr W. Thomas, Survey of Worc. Cath. and acc. of the bps 4° Lond. 1736
  col. 3. provinciæ Hwicciorum ep.
  Beda v 23

p. 118. **Denebeorht**
  col. 1. **Debertus** Matth Paris [RS] j 324

p. 120. **Ealhhun**
  col. 1. **Ealhwine** $\frac{BCS\ 490}{KCD\ 279}$ (a. 855)

— — **Wærfrith**
  col. 4. l. $\frac{BCS\ 533\ 534}{KCD\ -\ 303}$ (a. 872)

— — **Coenweald**
  col. 6. d. 28 June ... WMalm Antiq Glast [Gale] p. 325
  Kenewaldus

p. 122. **Osweald (St)**
  col. 3. Hwicciorum archiep. $\frac{BCS\ -}{KCD\ 649}$ (a. 985)
  col. 6. bp of both sees $\frac{BCS\ -}{KCD\ 637\ 644}$

p. 124. **Ealdred**
  col. 5. Grant of Worc. bpric to the abp Y. Dugd. Mon. vj pt 3 p. 1177 no. vii

— — **Wulfstan II**
  col. 1. Hickes Thes. j Gramm. Anglo-Sax p. 175
  col. 2. el. 29 Aug 1061 Wright BBL. j 525

LICHFIELD.

p. 128. **Wynfrith**
  col. 3. episcopus provinciæ Merciorum
  Beda iv 5

203

ADDENDA ET CORRIGENDA.

p. 128. **Seaxwulf**
col. 2. bp the Mercians, Middle Angles and Lindisfari

p. 132. **Hygebeorht**
col. 1. **Hymbert** abp $\genfrac{}{}{0pt}{}{\text{BCS } 222}{\text{KCD } 130^*}$
(a. 777!)

p. 134. **Hunbeorht**
col. 6. l. 833 × 836

— — **Cynefrith**
col. 2. l. 833 × 836

p. 136. **Ælfgar—Wulfgar**
col. 5. l. $\genfrac{}{}{0pt}{}{\text{BCS } 868 \text{ (Alfgar)}}{\text{KCD } 418 \text{ (Wulfgar)}}$
(a. 948)

DORCHESTER.

p. 150. **Remigius**
col. 6. Lincoln. episc. Ellis B [a. 1087]

LINDSEY.

p. 152. **Alwig**
col. 1. **Ealdwig Aldwig** SymD [RS] Index p. 404

p. 156. **Sigefrith**
col. 2. Wharton AS j pag. ult.

MAYO.

p. 158. **Hlothfrith Leuthfriht** (sic)
col. 1. JMA ep. 7

LLANDAFF.

p. 160. **Joseph**
col. 1. Wharton AS ij 669

YORK.

p. 164. **Æthelbeorht**
col. 1. **Elcbertus** JMA Index

p. 166. **Æthelbeald**
col. 2. consecrated at London Ethelwerd Chron. a. 901

p. 168. **Wulfstan I**
col. 6. deprived a. 952 restored a. 954
ASChr D FIW

— — **Osweald (St)**
col. 3. bp of both sees, Y. and Worc.
BCS — KCD 637 644

p. 170. **Ælfric Puttoc**
col. 1. not Ælfric the Grammarian, abb. Eynsh.; see Ælfric abp Cant.

— — **Ealdred**
col. 1. **Ealdsith** abp $\genfrac{}{}{0pt}{}{\text{BCS } —}{\text{KCD } 817}$
(a. 1065)

HEXHAM.

p. 176. **Acca**
col. 1. **Hacca** $\genfrac{}{}{0pt}{}{\text{BCS } 118}{\text{KCD } 58^*}$ (a. 706)
DCB ij 834

LINDISFARNE.

p. 184. **Hygebeald**
col. 1. **Cynebeald** HHunt

— — **Heathured**
col. 1. **Eadred** SymD [RS] ij 381 note 6

CHESTER-LE-STREET.

p. 186. **Cuthheard**
col. 1. **Cuthbeorht** SymD [RS] ij 92

p. 188. **Ælfsige**
col. 2. 'qui apud Sanctum Cuthbertum episcopus fuerat' SymD [RS] ij 382

WHITHERN.

p. 194. **Peohthelm**
col. 1. **Wecthelm** SymD [RS] ij 29 HSt ij 7 n.

II.

BISHOPS
HOLDING TEMPORARY, FOREIGN, OR DOUBTFUL SEES.

ENGLAND.

[See and Name]	[Authorities]	[Dates]	
BERKSHIRE			
Cynesige	see Lichf. p. 138	BCS 677 687 KCD 353 1129	(a. c. 930)
Heremann	see Sherborne p. 84	d.	a. 1078 ASChr D
CONGRESBURY			
Daniel	DCB j 787 (17)		a. c. 770
DORCHESTER (Mercia)			
Ætla	see Dorchester-Wessex p. 62	Beda iv 23	a. c. 650
DORSETSHIRE			
Ælfsige Dorsetensium episcopus	? Wulfsige bp Sherb.	d.	a. 958 FlW
Beorhthelm Dorsetensium episcopus	....	bp	a. 958 FlW
Æthelbeorht Scireburnensis eccl. ep.	....	BCS — KCD 709*	(a. 1004)
Hermann	see Berkshire		

FOREIGN, OR DOUBTFUL SEES.

[See and Name]	[Authorities]	[Dates]
NORWICH		
Eadred Northwycensis episcopus	....	BCS $\frac{571}{}$ KCD $\frac{}{322}$* (a. 895)
ST MARTIN'S	Wharton AS j 150 Battely's Somner Part II p. 129 ff.	
Eadsige episcopus	Battely p. 131 Stubbs Reg. p. 19 ed. 2 p. 35	BCS — — KCD $_{1323}$ $_{1325}$ (a. c. 1036)
Godwine episcopus Sancti Martini KCD 1338	Battely p. 132	BCS — KCD $_{1338}$ (a. 1050–54)
b. æt Sc̄e Martine ASChr E a. 1061	Stubbs Reg. —.	d. vij Id Mart 9 M'ch 1061 ASChr E Wharton AS j 798
ST DAVID'S		
Hubert the Saxon	....	HSt j 207 (a. 871)
Asser	Wright BBL j 405	FIW a. 872
Wilfrith episcopus de Sancto David FIW	....	FIW a. 1115
WELLS		
Cynesige	....	LVII (p. 21) no. iv not in FIW a. ...
WILTSHIRE		
Æthelred Wiltunscire biscop	....	el. abp Cant. ASChr [A]F a. 870
Wulfgar	....	BCS 1264 KCD 555* NSA no. 6 (a. 969)
Hermann	see Berkshire	

207

BISHOPS HOLDING TEMPORARY,

[See and Name]	[Authorities]	[Dates]
ST CUTHBERT'S (Chester-le-Street)		
Seaxhelm episcopus Sancti Cuthberti	....	BCS 719 KCD 1112* (a. 935)
Ælfsige	see Durham	
YORK SUFFRAGANS	HSt ij 8 Stubbs Reg. p. 14 ed. 2 p. 25 BCS 665 KCD 347	
Æscbeorht BCS 665 702	....	BCS 663 665 (a. 929) KCD 1101* 347
		BCS 702 (a. 934) KCD 364
Columban BCS 665	....	BCS 665 (a. 929) KCD 347
Earnwulf BCS 665	....	BCS 665 (a. 929) KCD 347
Seaxhelm BCS 702	see St Cuthbert's BCS 719 KCD 1112* (a. 935)	BCS 702 716 (a. c. 935) KCD 364 —
Wigred BCS 665	see Chester-le-Street	BCS 665 (a. 929) KCD 347
Eadweard Eadweald HSt ij 8 l. 1 (!)	NSA p. 73 Stubbs Reg. p. 14 ed. 2 p. 25	BCS 669 (Suss.) 674 (Hants.) 677 (Wilts.) 1343 (Cred.) KCD 350* 1102 353 — (a. c. 930)

SCOTLAND.

[See and Name]	[Authorities]		[Dates]
Cynebeorht	DCB j 723 (cunibert)	d.	a. c. **690**
THE ISLES			
Wigmund episcopus Insularum	Raine Hist. York [RS] ij 372		a. c. **1111**

208

FOREIGN, OR DOUBTFUL SEES.

FRANCE.

[See and Name]	[Authorities]	[Dates]
......		
Liudhard Leodheard	Beda j 25	chaplain to qu. Bercta a. **597**

GERMANY.

[See and Name]	[Authorities]	[Dates]
OLD SAXONS		
Ealubeorht bp of the Ealdsexi	SymD [RS] ij 43 Stubbs p. 7 (**Aldberht** bp Lond.) ed. 2 p. 12	consecr. 24 Apr a. **767** SymD
FRISIA		
Swithbeorht a. 693—...	Beda v 11 DCB iv 745 Stubbs Reg. ed. 2 p. 7	a. **693**

NORWAY.

[See and Name]	[Authorities]	[Dates]
......		
Sigefridus Norwegensis episcopus	WMalm Antiq Glast [Gale] p. 325	d. Non Apr 5 Apr a. ... bur. at Glast. 'perhaps the same who is called Bishop of Lindsey' Stubbs Reg. ed. 2 p. 194
......		
Rothwulf de Norwegia gente episcopus Wharton AS j 167	Stubbs Reg. p. 142 ed. 2 p. 195	abb. Abingdon ASChr CF a. 1050 E a. 1048

BISHOPS HOLDING TEMPORARY, ETC. SEES.

DENMARK.

Jaffé-Wattenbach Regesta pont. Rom. no. 4471 a. 1061 against the consecration of Danish, bps in England or France to the prejudice of the abp of Hamburg.

[See and Name]	[Authorities]	[Dates]
SCANIA		
Bernhard	EAF j 442 n. Adam Brem. Pertz Scr. ix 325 Stubbs Reg. ed. 2 p. 33	consecr. by abp Æthelnoth a. 1022
FIONIA		

Reginbert
  Reinhart Stubbs
  Reinhere Lapp.-Otté
	Stubbs Reg. ed. 2 p. 33	consecr.　　a. 1022

ROSKILDE		
Gerbrand	Stubbs Reg. ed. 2 p. 33 Lappenb.-Otté ij 250	consecr.　　a. 1022 Lib Elien ij 82 $\frac{BCS}{KCD\ 734}$ (a. 1022)

SWEDEN.

[See and Name]	[Authorities]	[Dates]
UPSAL		
Siweard	suffragan for Cant. Stubbs Reg. p. 20	consecr.　　a. 1044 d.　　23 Oct 1048 　　　ASChr

III.

BISHOPS
OF UNKNOWN SEES.

BISHOPS OF UNKNOWN SEES.

[Names]	[Notes]	[Dates]
Ælfgar	Æthelgar bp Cred. ?	BCS $\frac{732}{-}$ (a. c. 937) Cred. KCD
Ælfin		BCS $\frac{-}{1306}$ (a. 1009) Athelney KCD
Ælfred	bp Lindsey or Elmham	BCS 667 (Dorset) 702 (Kent) KCD 346* 364 (a. 934) BCS 703 1344 KCD 352* $\frac{}{-}$ (Lanc.) (a. 934)
Ælfred	....	BCS $\frac{632}{343*}$ (a. 916) Mercia KCD
Ælfric	....	BCS 667 671 KCD 346* 355* (a. c. 930)
Ælfsige	'tempore regis Athelstani' a. 925—941	will BCS 652 653 654 (a.c.935) KCD — — — Winch.
Ælfsige	Wulfsige bp Sherb. ? cf. FlW a. 958	BCS $\frac{885}{-}$ (a. 949) KCD
Ælfsige	....	ASChr A a. 1001 (a. c. 970) Hants.
Ælfweald	....	BCS $\frac{887}{-}$ (a. 950) Glast. KCD

BISHOPS OF UNKNOWN SEES.

[Names]	[Notes]	[Dates]
Ælfweald	....	BCS — KCD 813 (a. 1062) Waltham EAF ij 696
Ælfweard	....	BCS 627 KCD 1093 (a. c. 909)
Ælfweard	bp London ?	BCS — KCD 931 (a. 1045)
Ælfwig	....	BCS 995 KCD — (a. 957)
Ælfwine	....	BCS 113 KCD — (a. 705) Som.
Ælfwyn	....	BCS 632 KCD 343* (a. 916) Mercia
Ælfyn	....	BCS 649 KCD — (a. c. 933) Hants.
Æthelbeald	....	BCS 491 KCD 1056* (a. 856)
Æthelbeorht	'bp Sherborne'	BCS — KCD 709* (a. 1004)
Æthelmund	Æthelmod bp Sherb.	BCS 250 KCD — (a. 787)
Æthelred	'bp London'	BCS 738, 739 KCD 1119* 375* (a. 843 corr. 934)
Æthelric	'Agelricus Dorkiensis episc.'	BCS 82 KCD — (a. 693) Westm.
Æthelric	....	BCS — KCD 629* (a. 981)
Æthelstan	....	BCS 627 KCD 1093 (a. c. 909)

BISHOPS OF UNKNOWN SEES.

[Names]	[Notes]	[Dates]
Æthelstan	'bp London,' 'Lundonigensis ep.'	BCS 737 KCD 1127* (a. 933?)
Æthelstan	'bp Cornwall'	BCS 1179 KCD 528* (a. 966) Croyl.
Æthelweald		BCS 667 KCD 346* (a. 930) Glouc. Dorset.
Æthelweald		BCS 740 KCD 1121* (a. 939) Hants.
Æthelweard		BCS 627 KCD 1093 (a. c. 909)
Æthelwine		BCS 250 KCD — (a. 786)
Æthelwulf	'Eastanglorum episc.' for bp Selsey	BCS 338 KCD 197* (a. 811) Winchcombe
Æthelwulf	....	BCS 462 KCD 266* (a. 851)
Alfrith	Ælfheah I bp Winch. ?	BCS 719 KCD 1112* (a. 937)
Alla		BCS 641 KCD — (a. 925) Kent
Athulf	Æthelwulf bp Heref. ?	BCS 1281 KCD — (a. 972) Peterb.
Athulf (Ithulf BCS)		BCS 1309 KCD 1275* (a. c. 975) Midd.
Beorhthelm		BCS 986 KCD 449 electus (a. 956)
		BCS 972 997 KCD 1201 464* (a. 956 957)
Beorhtmær		BCS 82 KCD — (a. 693) Westm.

BISHOPS OF UNKNOWN SEES.

[Names]	[Notes]	[Dates]
Beorhtric	....	BCS —/KCD 707 (a. 1002) Hants.
Beorhtweald	bp Sherb. ?	BCS --/KCD 742 (a. 1026)
Beorhtwulf	....	BCS —/KCD 729 (bis) (a. 1019)
Beornhelm	abb. BCS 598	BCS 597/KCD — (a. 901)
Beorra		BCS 145/KCD 1001 (a. c. 725) Suss.
Botwine		BCS 210/KCD 120 (a. 775) Worc.
Botwulf		WMalm DCB j 332
Buga		BCS 663/KCD 1101* (a. 928)
Byrhred		BCS 740/KCD 1121* (a. 939!)
Cadda	....	BCS 118/KCD 58* (Eadda) (a. 706) Evesh.
Ceadda	Headda bp Lichf. ?	BCS 124 127/KCD 60* 62* (a. c. 706)
Coenred	bp Selsey, succ. of bp Bernheah	FlW a. 923
Cyneheard	Cynebeorht bp Winch. ? HSt iij 480	BCS 167/KCD 162* (a. 793) St Albans Mercia
Cyneweald	bp Worc. 929-957 (?)	BCS 1021/KCD — (a. 958)

BISHOPS OF UNKNOWN SEES.

[Names]	[Notes]	[Dates]
Dornulf		BCS 1210 KCD 1259* (a. 967? corr.) Ess.
Dorulf		BCS 222 KCD 130* (a. 777) Worc.
Eadbeald	see Eadbeald bp Lond.	FlW a. 794
Eadbeald	Mercia	BCS 513 514 KCD 292 291 (a. c. 866)
Eadbeorht		BCS 64 KCD 992* (a. 683) Suss. BCS 78 79 KCD 995 1060* (a. 692)
Eadbeorht		BCS 206 KCD 1009 (a. 770) Suss.
Eadfrith		BCS 583 KCD — (a. 900)
Eadmund electus		BCS 82 KCD — (a. 693) Westm.
Eadmund		BCS 886 KCD — (a. 869 [949] Wilts.)
Eadmund		BCS 1210 KCD 1259* (a. 967?)
Eadric		BCS — KCD 734 (a. 1022)
Eadweald	HSt ij 8 l. 1 (see the following)	
Eadweard	see York suffragans NSA p. 73	..........(a. c. 930)

BISHOPS OF UNKNOWN SEES.

[Names]	[Notes]	[Dates]
Eadwine abp	....	Beda-Smith p. 743 (a. ...)
Ealdbeorht	....	Hoveden (a. 767)
Ealdhelm	....	$\frac{BCS\ —}{KCD\ 727}$ (a. 1018)
Ealdred	....	$\frac{BCS\ 876}{KCD\ —}$ (a. 949)
Ealdsith	'abp Y.'	$\frac{BCS\ —}{KCD\ 817}$ (a. 1065)
Ealdwulf	'signatures fabricated'	$\frac{BCS\ 162}{KCD\ —}$ Earle (a. 742) Mercia
Ealhbeorht	'bp Selsey,' for bp Elmh.	$\frac{BCS\ 338}{KCD\ 197^*}$ (a. 811) Winchcombe
Ealhhun	bp Worc. ?	$\frac{BCS\ 448}{KCD\ —}$ (a. 845)
Ealphan	....	$\frac{BCS\ —}{KCD\ 707}$ (a. 1002)
Eanfrith	'signatures fabricated'	$\frac{BCS\ 162}{KCD\ —}$ Earle (a. 742) Mercia
Eaðun	....	$\frac{BCS\ 444}{KCD\ 255^*}$ (a. 844 corr.)
Ecca	....	$\frac{BCS\ 145}{KCD\ 1001}$ (a. 725) Suss.
Ecglaf	'signatures fabricated'	$\frac{BCS\ 162}{KCD\ —}$ Earle (a. 742) Mercia
Ecgweald	....	$\frac{BCS\ 64}{KCD\ 992^*}$ (a. 683) Suss.

BISHOPS OF UNKNOWN SEES.

[Names]	[Notes]	[Dates]
Ecgwine	....	BCS 738 KCD 1119* (a. 939?)
Ecgwine	....	BCS — KCD 707 (a. 1002)
Elfinus	....	see Ælfwig
Elwinus	....	see Ælfwine
Eodmund	Ceolmund bp Roch. ?	BCS 605 KCD 1087 (a. c. 902) Hants.
Esdred	....	SymD [RS] j 202 (a. c. 733)
Esne		BCS 553 KCD 314 k. Ælfred's will (a. c. 883)
Frohelmus	....	BCS 703 KCD 352* (a. 934?)
Germanus	Gefmund bp Roch. ?	BCS 74 KCD 31* (a. c. 685) Berks.
Hacca	Acca bp Hexh. ?	BCS 118 KCD 58* (a. 706)
Hædde	Headda bp Lichf. ?	BCS 81 87 KCD 35 38* (a. c. 693)
Halmund	Ealhmund bp Winch. ?	BCS 322 KCD 190* MS Lamb. 1212 (a. 805)
Helstan	Ælfstan bp Sherb. ?	BCS 423 KCD 1044 (a. 839)
Hereweald	bp Sherb. ?	BCS 121 KCD 71 confirm. (a. ...)

BISHOPS OF UNKNOWN SEES.

[Names]	[Notes]	[Dates]
Hirwold		BCS — / KCD 1284 (a. 988)
Hunbeorht		BCS 423 / KCD 1044 confirm. (a. 839)
Hunweald	'signatures fabricated'	BCS 162 / KCD — Earle (a. 742) Mercia
Hwætlac	'signatures fabricated'	BCS 162 / KCD — Earle (a. 742) Mercia
Ithulf (Athulf KCD)		BCS 1309 / KCD 1275* (a. c. 975)
Leotherius		BCS 107 / KCD 104 A (a. 704)
Mancant	possibly a Cornish bp / HSt j 676	BCS 689 / KCD 1107 (a. 932)
Osfrith Offerdus		BCS 739 / KCD 375* (a. 939)
Rædwulf	'signatures fabricated'	BCS 162 / KCD — Earle (a. 742) Mercia
Redun		BCS 296 / KCD 177* (a. 799)
Redwin		BCS 387 / KCD 1034 (a. 825)
Renired	Coenred bp Selsey ?	BCS 79 / KCD 1060* (a. c. ...)
Seaxwulf	'bp of the Mercians'	ASChr ABC FlW d. 705
Seaxwulf		BCS — / KCD 707 (a. 1002)

BISHOPS OF UNKNOWN SEES.

[Names]	[Notes]	[Dates]
Sebbi	....	BCS 89 KCD 40^* (a. 686)
Seffridus	....	BCS 211 KCD 1010 (a. c. 774)
Sigebed	Sigefrith bp Selsey ?	BCS 165 KCD 90 (a. c. 738)
Sigegar	'bp Elmham'	BCS 1264 (a. 969!) Westm. KCD 555^*
Sigehelm	Wighelm bp Selsey ?	BCS 597 (a. 901) KCD —
Swithhun	Ræthhun bp Leic. ?	BCS 423 KCD 1044 (a. 839)
Sygedwoldus	Stubbs Reg. ed. 2 p. 194	Lib Elien ij 2 (a. c. 960) W.Malm Antiq Glast [Gale] p. 325 pag. ult.
Tata	....	BCS 617 KCD 1086 (a. 894)
Thanan	....	BCS 635 (a. 921) KCD —
Tunbeorht	bp Lichfield	FIW a. 871 × 928
Utel	....	BCS 165 Earle (a. 743) KCD 90
Uttel	....	BCS 245^* (a. 785) KCD 149^*
Wiferth	....	BCS 596 602 (a. c. 900) KCD 332^* 336^*

BISHOPS OF UNKNOWN SEES.

[Names]	[Notes]	[Dates]
Wigbeorht	....	BCS 462 KCD 266* (a. 851)
Wigfrith	....	see Wiferth
Wighen	Wigheah bp Lond. ?	BCS 605 KCD 1087 (a. c. 903)
Wihtberd	Wigbeorht bp Sherb. ?	BCS 300 KCD 178* (a. 801)
Wihtred	....	BCS 428 450 KCD 242 258 (a. c. 840)
Wilfrith	....	BCS 206 212 KCD 1009 1011* (a. c. 770) Suss.
Wilfrith	....	BCS 603 605 KCD 1081 1087 (a. 903)
Wilmus (Wilhelmus?)	W.Malm Antiq Glaston [Gale] p. 325	d. Idus Jan 13 Jan a. ....
Wita	....	BCS 32 Earle (a. 674?) KCD —
Wulfhelm	....	BCS 665 675 702 KCD 347 1103 364 (a. 929-934)
Wulfhun	not bp Selsey	BCS 742 (a. 939) KCD 1122 Wulfhelm
Wulfric	....	BCS 568 KCD 321* (a. c. 890)
Wulfric	....	BCS 1040 KCD — (a. 958)

BISHOPS OF UNKNOWN SEES.

[Names]	[Notes]	[Dates]
Wulfric	....	$\text{BCS } \frac{1121}{1247}$ (a. 963) Berks.
		$\text{BCS } \frac{1211}{-}$ (a. 968)
		see BCS 1211 note 1
Wulfric	'perhaps Ælfric of Elmham' Stubbs Reg. p. 15 n.	$\text{BCS } \frac{1269}{1270}$ (a. 970) Suff.
Wulfric	....	$\text{BCS } \frac{-}{629^*}$ (a. 981)
Wulfsige	Mercian bp Lichf. or Lindsey 11St iij 656	$\text{BCS } \frac{503}{-}$ (a. 862)
		$\text{BCS } \frac{513}{292} \frac{514}{291}$ (a. 866)
		$\text{BCS } \frac{535}{-}$ (a. 872) Mercia
Wulfsige	....	$\text{BCS } \frac{667}{346^*}$ (a. 930) Dorset
Wulfsige	....	$\text{BCS } \frac{937}{451}$ (a. 956) Worc.
Wynbeorht	....	$\text{BCS } \frac{267}{162^*}$ (a. 793)

IV.

ALPHABETICAL LIST OF ALL THE
ANGLO-SAXON BISHOPS.

ALPHABETICAL LIST OF ALL THE

Acca .... Hexham
    709—732
Acca, see Ecca bp Heref.

Adalmundus, see Æthelmod bp Sherb.

Adelwaldus, see Edwaldus abp Y.

Adulf, see Eadwulf bp Elmh., abp Y.

Æcci .... Dunwich
    c. 675—c. 730
Aedan, see Heathuwine bp Mayo

Ædelm, see Eadhelm bp Selsey

Ægel—, see Æthel—

Ægelberht, see Agilberht bp Dorchester—Wessex

Ælfegus, see Ælfheah bp Winch.

Ælfgar ....
    c. 937
Ælfgar .... Lichfield
    c. 938—c. 949
Ælfgar .... Ramsbury
    981—985
Ælfgar .... Elmham
    1001—c. 1016

Ælfheah .... Wells
    923—c. 938
Ælfheah I .... Winchester
    934—951
Ælfheah .... Lichfield
    c. 973—c. 1004
Ælfheah II .... Winchester
    984—1005
Ælfheah .... Canterbury
    1005—1012
Ælfhelm .... Dorchester
    1002—c. 1006
Ælfhun .... Dunwich
    c. 791—798
Ælfhun .... London
    c. 1002—c. 1014
Ælfin ....
    1009
Ælfmær .... Selsey
    1009—c. 1032
Ælfmær .... Sherborne
    1017—1023
Ælfnoth .... Dorchester
    c. 970—c. 977
Ælfred (Stubbs Reg.), see Ealhfrith bp Winch.

Ælfred .... Sherborne
    933—943
Ælfred .... Lindsey or Elmham
    c. 933

ANGLO-SAXON BISHOPS.

Ælfred .... Selscy
c. 942—956

Ælfred .... Elmham or Lindsey
c. 933

Ælfred ....
916

Ælfred ....
c. 934

Ælfric ....
c. 930

Ælfric .... Hereford
940—c. 954

Ælfric I .... Ramsbury
942—c. 950

Ælfric I .... Elmham
964 × 974

Ælfric .... Crediton
977—c. 986

{ Ælfric II .... Ramsbury
990—995

{ Ælfric .... Canterbury
995—1005

{ Ælfric Puttoc .... York
1023—1051

{ Ælfric Puttoc .... Worcester
1040—1041

Ælfric II .... Elmham
c. 1030—1038

Ælfric III .... Elmham
1038—c. 1043

Ælfsige ....
a. 935

Ælfsige ....
a. 949

{ Ælfsige I .... Winchester
951—959

{ Ælfsige .... Canterbury
959

Ælfsige .... Dorsetshire
...—968

Ælfsige .... Chester-le-Street
968—990

Ælfsige ....
a. c. 970

Ælfsige II .... Winchester
c. 1012—1032

Ælfsige III .... (?) Winchester
1052 × 1070

Ælfsige, see Wulfsige bps Sherb.

Ælfsige, see Ælfheah I bp Winch. (?)

Ælfstan [I] Lond., see Heahstan

Ælfstan .... Rochester
c. 955—995

Ælfstan [II] .... London
961—c. 996

Ælfstan .... Ramsbury
970—981

Ælfstan, see Æthelstan bp Elmh.

Ælfstan, see Ealhstan bp Sherb.

Ælfstan, see Lyfing bp Wells

Ælfstan, see Ælfheah II bp Winch.

Ælfweald ....
a. 950

Ælfweald I .... Crediton
953—972

Ælfweald I .... Sherborne
958—978

Ælfweald II .... Crediton
c. 986—c. 998

Ælfweald III .... Crediton
c. 998—c. 1010

Ælfweald II .... Sherborne
1045—1058

Ælfweald ....
a. 1062

Ælfweald, see Ælfweard bp Lond.

ALPHABETICAL LIST OF ALL THE

Ælfweard ? ....
                    a. c. 909

Ælfweard .... London
                    1035—1044

Ælfweard....................................... ....
                      a. 1045

Ælfwig ....
                      a. 957

Ælfwig .... London
                    1014—1035

Ælfwig, see Ælfwine, bp

Ælfwine ....
                      a. 705

Ælfwine................................... Lichfield
                    c. 920—c. 938

Ælfwine .... Wells
                    997—c. 999

Ælfwine .... Elmham
                  1016—c. 1030

Ælfwine .... Winchester
                    1032—1047

Ælfwine, see Ælfhun bp Lond.

Aelhun, see Ælfhun bp Dunw., Ealhhun bp Worc.

Ælle, see Ælfwine bp Lichf.

Aelric, see Ælfric I bp Ramsb.

Æscbeorht......................... York suffragan
                    c. 920—c. 940

Æscwig .... Dorchester
                    c. 977—1002

Æscwulf .... Dunwich
                    705 × 747

Æthelbeald ....
                    a. 856

Æthelbeald................................... York
                    900—c. 916

Æthelbeald .... Sherborne
                    918—c. 923

Æthelbeald, see Æthelweald bp Lichf.

Æthelbeorht .... York
                    767—780

Æthelbeorht .... Whithern
                    777—789

Æthelbeorht............................... Hexham
                    789—797

Æthelbeorht .... Sherborne
                    a. 1004

Æthelfrith................................... Elmham
                    736—c. 747

Æthelgar .... Crediton
                    934—953

Æthelgar .... Selsey
                    980—988

Æthelgar .... Canterbury
                    988—989

Æthelge[ard] .... Cornwall
                    c. 950

Æthelheah .... Sherborne
                    871—c. 885

Æthelheard .... Winchester
                    759 × 778

Æthelheard .... Canterbury
                    793—805

Æthelhelm................................... Wells
                    909—914

Æthelhelm .... Canterbury
                    914—923

Æthelhun .... Worcester
                    915—922

Æthelmær .... Elmham
                    1047—1070

Æthelmod .... Sherborne
                    c. 773—c. 791

Æthelmund, see Æthelmod bp Sherb.

Æthelnoth .... London
                    c. 808—c. 820

Æthelnoth .... Canterbury
                    1020—1038

ANGLO-SAXON BISHOPS.

Æthelred .... Wiltshire
                                           ... × 870

Æthelred .... Canterbury
                                           870—889

Æthelred ....
                                           a. 939?

Æthelred .... Cornwall
                                           c. 1001

Æthelric ....
                                           a. 693

Æthelric ....
                                           a. 981

Æthelric .... Sherborne
                                       c. 1001—c. 1011

Æthelric .... Dorchester
                                         1016—1034

Æthelric I .... Selsey
                                         1032—1038

Æthelric .... York
                                           1042?

Æthelric .... Durham
                                           1042—1056

Æthelric II .... Selsey
                                         1058—1070

Æthelsige I .... Sherborne
                                         978—c. 991

Æthelsige II .... Sherborne
                                       c. 1011—c. 1016

Æthelsige, see Ælfsige II bp Winch.

Æthelstan? ....
                                           c. 909

Æthelstan .... Ramsbury
                                       909—c. 918

Æthelstan .... London
                                         a. 933?

Æthelstan .... Cornwall
                                           966

Æthelstan .... Elmham
                                       c. 995—1001

Æthelstan .... Hereford
                                       1012—1056

Æthelstan, see Ealhstan bp Sherb.

Æthelstan, see Lyfing bp Wells

Æthelstan, see Ælfstan bp Roch., Ælfstan bp Lond.

Æthelweald .... Lindisfarne
                                       721—740

Æthelweald .... Lichfield
                                       818—830

Æthelweald .... Dunwich
                                       845 × 870

Æthelweald ....
                                       930

Æthelweald ....
                                       939

Æthelweald .... Elmham?
                                     c. 940—c. 953

Æthelweald I .... Winchester
                                     963—984

Æthelweald II .... Winchester
                                     1006—c. 1014

Æthelweald, see Edwaldus abp Y.

Æthelweard .... London
                                     909 × 921

Æthelweard ....
                                       c. 910

Æthelweard .... Sherborne
                                       910—c. 915

Æthelwine .... Lindsey
                                       680—692?

Æthelwine ....
                                       786

Æthelwine .... Wells
                                     1013 × 1027?

Æthelwine .... Durham
                                       1056—1071

Æthelwulf .... Elmham
                                     c. 770—c. 783

Æthelwulf .... Selsey
                                     c. 808—c. 820

ALPHABETICAL LIST OF ALL THE

Æthelwulf .... [East Anglia]
　　　　　　　　　　　a. 811

Æthelwulf ....
　　　　　　　　　　　851

Æthelwulf .... Hereford
　　　　　　　　　c. 954—1012

Æthelwulf, see Æthelweald bp Dunwich,
　　　　　　　also Athulf

Ætla .... Dorchester
　　　　　　　　c. 650

Agilbert .... Dorchester—Wessex
　　　　　　　　650—c. 660

Aidan .... Lindisfarne
　　　　　　　　635—651

Ailsi, see Ælfsige bp Chester-le-Street

Albert, see Æthelbeorht abp Y.

Alcarus, see Ealhheard bp Elmh.

Alchmund, see Ealhmund bps Winch. Hexh.

Aldelm, see Ealdhelm bp Sherb.

Alfred, see Ealhfrith bp Winch.

Alfric, see Ælfric I bp Sherb.

Alfrith, see Ælfheah I bp Winch.

Alfsin, see Ælfsige II bp Winch.

Algar, see Ælfgar bp Lichf.

Alherd, see Ealhheard bp Elmh.

Alla ....
　　　　　　　　　　925

Alowich, see Alwig bp Lindsey

Alric .... 'Dunwich'
　　　　　　　　c. 693

Aluric, see Æthelric bp Selsey.

Alwig .... Lindsey
　　　　　　　　733—750

Alwinus, see Ealhhun bp Worc.

Alwoto, see Ælfweald III bp Crediton

Alwulf, see Æthelwulf bp Heref.

Angilbertus, see Agilbert bp Dorch.—Wessex

Anselm .... Canterbury
　　　　　　　　1093—1109

Arfast, see Herfast

Arnost .... Rochester
　　　　　　　　1076

{ Asser .... St David's
　　　　　　　　c. 880

{ Asser .... Sherborne
　　　　　　　　c. 895—910

Athelm, see Æthelhelm

Athulf (see Æthelwulf bp Heref.).... ....
　　　　　　　　972

Athulf, see Eadwulf bp Elmh.

Augustinus .... Canterbury
　　　　　　　　597—c. 605

Badenoth, see Beadunoth bp Roch.

Beadunoth .... Rochester?
　　　　　　　　c. 765

Beaduwine .... Elmham
　　　　　　　　673—c. 700

Beaduwulf .... Whithern
　　　　　　　　791—c. 805?

Bealdwulf, see Beaduwulf bp Whithern

Bedwin, see Beaduwine bp Elmh.

ANGLO-SAXON BISHOPS.

Beonna, Benna .... Hereford
824—c. 829

Beohrtgils .... East Anglia
c. 652—c. 669

Beorhtheah .... Worcester
1033—1038

Beorhthelm .... London
c. 940—959

Beorhthelm.......................... ....
c. 950

Beorhthelm .... Selsey
c. 956

Beorhthelm .... Wells
956—973

Beorhthelm .... Dorsetshire
958

Beorhthelm .... Canterbury
959

Beorhthelm .... Winchester
960—963

Beorhthun .... Lichfield
c. 768—c. 779

Beorhtmær ....
693

Beorhtmær .... Lichfield
c. 1024—1039

Beorhtred .... Lindsey
c. 836—c. 880

Beorhtric ....
1002

Beorhtsige .... Rochester?
c. 947—c. 960

Beorhtweald .... Canterbury
693—731

Beorhtweald .... Ramsbury
1005—1045

Beorhtweald ....
1026

Beorhtweald, see Burhweald bp Cornw.

Beorhtwig .... Wells
1027—1033

Beorhtwig, see Beorhtwine bp Sherb.

Beorhtwine .... Wells
1013—1027?

Beorhtwine I .... Sherborne
1014 × 1017

Beorhtwine II .... Sherborne
1023—1045

Beorhtwulf ....
1019

Beornheah .... Selsey
909—c. 931

Beornhelm ....
901

Beornmod .... Rochester
804—c. 844

Beornstan .... Winchester
931—934

Beorra ....
c. 725

Bernechus, see Beornheah bp Selsey

Bernhard .... Scania
1022

Birinus .... Dorchester—Wessex
634—c. 650

Bisi .... East Anglia
c. 669—673

Bledri .... Llandaff
c. 999—1022

Bodeca, see Duduc bp Wells

Bonifatius, see Beorhtgils bp East Anglia

Bosa .... York
678—c. 705

Bosa, see Osa bp Selsey

Bosel .... Worcester
680—691

Botwine ....
775

ALPHABETICAL LIST OF ALL THE

Botwulf.. ....

Breguwine .... Canterbury
759—765

Brihtwy, see Beorhtwine bp Sherb.

Buga ....
928

Burgheard .... Lindsey?
c. 869

Burhric.................................. Rochester
c. 933—c. 955

Burhweald .... Cornwall
c. 1010 × 1025

Burwold, see Burgweald bp Cornw.

Byrhred ....
939!

Cadda, see Eadda bp ....

Caynan, see Conan bp Cornw.

Ceadda .... York
664—669

Ceadda .... Lichfield
669—672

Ceadda ....
c. 706

Ceadda .... Hereford
c. 755—c. 775

Cedd .... London
c. 654—664

Cenefrith, see Denefrith bp Sherb.

Kenired, see Coenred bp Selsey

Kenstec.. Cornwall
c. 850—...

Cenred, see Ceolred bp Leic.

Cenwald, see Coenweald bp Worc.

Ceolbeorht .... London
c. 820—c. 853

Ceollach... Mercia
658—659

Ceolmund .... Hereford
c. 788—c. 796

Ceolmund .... Rochester
c. 900—c. 915

Ceolnoth .... Canterbury
833—870

Ceolred .... Leicester
c. 839—c. 878

Ceolred, see Ceolnoth abp Cant.

Ceolwulf .... Lindsey
767—796

Ceolwulf, see Coenwulf bp Dorch.

Ceorulfus, see Deorwulf bp Lond.

Cheulf, see Ceolwulf bp Lindsey

Kinbert, see Cynebeorht bp Lindsey

Cinebert, see Cynefrith bp Lichf.

Kinsy, see Cynesige bp Lichf.

Coena, see Æthelbeorht abp Y.

Coenred .... Selsey
c. 820—c. 843

Coenred .... Selsey (FIW)
923—...

Coenweald .... Worcester
929—937

Coenwealh .... London
c. 791—c. 795

Coenwulf .. .. Dorchester
909—c. 917

Coenwulf .... Winchester
1006

230

ANGLO-SAXON BISHOPS.

Colman .... Lindisfarne
        661—664

Columbanus .... York suffragan
        929

Comoere.................................... Cornwall
        c. 959—c. 963

Conan...................................... Cornwall
        c. 920—c. 945

Conuulfus, see Cynewulf bp Lindisf.

Cunan, see Conan bp Cornw.

Cunda .... East Anglia (Elmham?)
        c. 836

Cunibeorht, see Cynebeorht bp Scotland

Cuniberctus, see Cynebeorht bp Winch.

Cuthbeorht .... Lindisfarne
        685—687

Cuthbeorht .... Hereford
        736—740

Cuthbeorht .... Canterbury
        740—760

Cuthfrith .... Lichfield
        765—c. 769

Cuthheard .... Chester-le-Street
        900—915

Cuthheard, see Guthheard bp Selsey

Cuthwine .... Leicester
        679—c. 691?

Cuthwine .... Dunwich
        747 × 775

Cuthwulf .... Hereford
        c. 837—c. 862

Cuthwulf.. .... Rochester
        c. 865—c. 874

Cwichelm................................ Rochester
        676—678

Cynebeald, see Hygebeald bp Lindisf.

Cynebeorht .... Scotland
        c. 670

Cynebeorht .... Lindsey
        c. 723—732

Cynebeorht .... Winchester
        c. 783—c. 803

Cynebeorht, see Cynefrith bp Lichf.

Cynefrith .... Lichfield
        c. 834—c. 843

Cynefrith............................... Rochester
        c. 916—c. 934

Cyneheard............................. Winchester
        754—c. 770

Cyneheard ....
        793

Cynemund .... Hereford
        888—c. 895

Cynered, see Coenred bp Selsey

Cynesige .... Berkshire
        c. 925—949

Cynesige .... Lichfield
        949—c. 964

Cynesige .... York
        1051—1060

Cynesige .... Wells
        x c.

Cyneweald, see Coenweald bp Worcester

Cyneweald ....
        958

Cyneweard................................. Wells
        c. 973—975

Cynewulf .... Lindisfarne
        740—780

Cynred, see Coenred bp Selsey

Kynsige, see Cynesige abp Y.

Cyred, see Ceolred bp Leic.

ALPHABETICAL LIST OF ALL THE

Damianus .... Rochester
c. 660—c. 664

Daniel .... Congresbury
c. 690

Daniel .... Winchester
705—744

Daniel............................ Cornwall
c. 950—c. 965

Daniel .... Rochester
955

Daniel............................ Selsey
955

Debertus, see Denebeorht bp Worc.

Denebeorht............................ Worcester
798—822

Denefrith ....Sherborne
c. 793—c. 798

Denewulf .... Winchester
879—909

Deora .... Rochester
c. 768—c. 783

Deorlaf .... Hereford
c. 862—c. 886

Deorwulf............................ London
c. 853—c. 875

Deusdedit .... Canterbury
655—664

Diora, see Deora bp Roch.

Diuma .... Mercia
c. 656—c. 658

Dornulf............................ ....
967 ?

Dorulf ....
777

Dudd, Dudda............................ Winchester
781 × 785

Duduc .... Wells
1033—1060

Dunbeorht, see Tunbeorht bp Winch.

Dunn............................ Rochester
741—747

Dunstan .... Worcester
957—959

Dunstan .... London
959—960

Dunstan............................ Canterbury
960—988

Eadbeald............................ London
793 × 796—c. 798

Eadbeald ....
794 (see the bp Lond.)

Eadbeald .... [Mercia]
c. 866

Eadbeorht............................ Lindisfarne
688—698

Eadbeorht ....
c. 690

Eadbeorht .... Selsey
c. 712—c. 728

Eadbeorht............................ Leicester
764—c. 783

Eadbeorht ....
770

Eadbeorht .... London
c. 775—c. 788

Eadbeorht............................ Lichfield
c. 863—c. 878

Eadbeorht, see Eanbeorht bp Hexh.

Eadbeorht, see Ealdbeorht I bp Dunw.

Eadbeorht, see Heahbeorht bp Worc.

Eadda, Cadda ....
706

Eadfrith............................ Lindisfarne
698—721

Eadfrith ....
900

Eadgar .... Lindsey
693 ?—c. 723

ANGLO-SAXON BISHOPS.

Eadgar .... London
    c. 787—c. 791

Eadgar .... Hereford
    888 × 901—c. 931

Eadhæth .... Lindsey
    678

Eadhæth .... Ripon
    678 × ...

Eadhelm .... Selsey
    c. 960—c. 980

Eadhun .... Winchester
    833 × 838

Eadmund (elect) ....
    693

Eadmund .... Winchester
    833 × 838

Eadmund ....
    869 (949)

Eadmund ....
    967?

Eadmund .... Durham
    1020--c. 1040

Eadmund, see Heahmund bp Sherb. (?)

Eadnoth I .... Dorchester
    1006—1016

Eadnoth .... Crediton
    c. 1010—c. 1023

Eadnoth II .... Dorchester
    1034—1049

Eadnoth, see Ælfnoth bp Dorch.

Eadred .... Norwich
    895!

Eadred .... Durham
    1042

Eadred, see Eardred bp Dunw.

Eadred, see Heathured bp Lindisf.

Eadric ....
    1022

Eadsige .... St Martin's
    1035—1038

Eadsige .... Canterbury
    1038—1050

Eadweald ....

Eadweald, see Edwaldus abp Y.

Eadweard .... York suffragan
    929

Eadwine ....

Eadwulf .... Lindsey
    796—c. 838

Eadwulf .... Hereford
    c. 828—c. 837

Eadwulf .... Crediton
    909—934

Eadwulf .... Elmham
    c. 952—c. 969

Eadwulf, see Ealdwulf abp Y., bp Lindsey, Roch., Lichf.

Eadwulf, see Eardwulf bp Dunw.

Ealdbeorht I .... Dunwich
    c. 730

Ealdbeorht II .... Dunwich
    c. 761—c. 778

Ealdbeorht ....
    767

Ealdbeorht .... Hereford
    777—c. 784

Ealdbeorht, see Eadbeorht bp Lond.

Ealdhelm Aldhelm .... Sherborne
    705—709

Ealdhelm, see Eadhelm bp Selsey

ALPHABETICAL LIST OF ALL THE

Ealdhelm ....
                              1018

Ealdhun ....Chester-le-Street
                              990—995

Ealdhun .... Durham
                              995—1018

Ealdred .... Leicester
                              c. 839—c. 840

Ealdred ....Chester-le-Street
                              944?—968

Ealdred.................................... ....
                              949

Ealdred .... Cornwall
                              c. 982—c. 1010

Ealdred .... Worcester
                              1044—1062

Ealdred .... Hereford
                              1056—1060

Ealdred .... York
                              1061—1069

Ealdsith, see Ealdred abp Y.

Ealdwig, see Alwig bp Lindsey

Ealdwine, see Ealdhun bp Durh.

Ealdwine .... Lichfield
                              721—737

Ealdwine .... Leicester
                              721—737

Ealdwulf .... Rochester
                              727—739

Ealdwulf ....
                              742 (?)

Ealdwulf .... Lindsey
                              750—765

Ealdwulf .... Mayo
                              786—...

Ealdwulf .... Lichfield
                              c. 801—c. 816

Ealdwulf .... Worcester
                              992—1002

Ealdwulf .... York
                              995—1002

Ealhbeorht ....
                              811?

Ealhfrith .... Winchester
                              c. 865—c. 875

Ealhheard .... Elmham
                              c. 783—c. 810

Ealhheard .... Dorchester
                              c. 878—c. 897

Ealhhun .... Worcester
                              c. 846—872

Ealhhun ....
                              845

Ealhmund .... Hexham
                              767—781

Ealhmund .... Winchester
                              c. 801—c. 810

Ealhmund, see Heahmund bp Sherb.

Ealhstan .... Sherborne
                              824—867

Ealhstan .... London
                              c. 909 × 921

Ealhstan, see Ælfstan, Heahstan bps Lond.

Ealhwine, see Ealhhun bp Worc.

Ealphan ....
                              1002

Ealubeorht .... Selsey
                              747 × 765

Ealubeorht .... Old Saxons
                              767

Eanbeald I .... York
                              780—796

Eanbeald II .... York
                              796—c. 815

234

ANGLO-SAXON BISHOPS.

Eanbeorht .... Hexham
800—813

Eanbeorht .... Lindisfarne
845—854

Eanfrith .... Elmham
c. 738—c. 770

Eanfrith ....
742 (?)

Eardred .... Dunwich
693 × 716—716 × 731

Eardwulf .... Dunwich
c. 740—c. 760

Eardwulf .... Rochester
c. 768

Eardwulf .... Lindisfarne
854—899

Eardwulf, see Eardred bp Dunw.

Earnwulf .... York suffragan
929

Earnwulf Ernulf .... Rochester
1115—1124

Eata .... Hexham
678—681

Eata .... Lindisfarne
681—685

Eata .... Hexham
685—686

Eaðun ....
844

Ecca ....
c. 725

Ecca .... Hereford
c. 752—c. 768

Ecca, see Ecci bp Dunw.

Ecgbeald .... Winchester
c. 768—c. 783

Ecgbeorht .... York
732—766

Ecgbeorht .... Lindisfarne
802—821

Ecgbeorht, see Cuthbeorht abp Cant., Eadbeorht bp Lindisf.

Ecgfrith, see Ecgred bp Lindisf.

Ecglaf ....
742 (?)

Ecglaf .... Dunwich
775 × 781

Ecgred .... Lindisfarne
830—845

Ecgweald ....
683

Ecgwine .... Worcester
693—717

Ecgwine ....
939 ?

Ecgwine ....
1002

Ecgwulf .... London
745 - c. 770

Edbert, see Heathubeorht bp Lond.

Eddi, see Hæddi bp Winch.

Edmund, see Heahmund bp Sherb.

Edwaldus .... York
971

Egger, see Æthelgar bp Cred.

Elcbertus, see Æthelbeorht abp Y.

Elfinus, see Ælfwig bp ....

Elricus, see Æthelric II bp Selsey

Elstan, see Lyfing bp Wells

Elwine, see Ælfwine, Æthelwine bps Wells

Eodmund ....
c. 902

ALPHABETICAL LIST OF ALL THE

Eolla .... Selsey
716 × 731

Eorconweald .... London
c. 675—c. 693

Ergnualdus, see Eorconweald bp Lond.

Ernulf, see Earnwulf bp Rochester

Esdred ....
c. 733

Esne .... Hereford
c. 784—c. 788

Esne ....
c. 883

Etti, see Æccl bp Dunw.

Felix .... East Anglia
c. 630—647

Feolugeld .... Canterbury
832

Finan .... Lindisfarne
651—661

Forthhere .... Sherborne
709—737

Frignualdus, see Ergnualdus

Frithonas, see Deusdedit abp Cant.

Frithubeorht .... Hexham
734—766

Frithustan .... Winchester
909—933

Frithuweald .... Whithern
735—763

Frohelmus ....
934?

Gearomon, see Jaruman bp Mercia

Gebmund, Gelmund, see Gefmund bp Roch.

Gefmund .... Rochester
c. 678—c. 693?

Gerald .... Mayo
664

Gerard .... Hereford
1096—1101

Gerard .... York
1101—1108

Gerbrand .... Roskilde
c. 1025

Germanus ....
c. 685

Gisa .... Wells
1061—1088

Gislhere .... Selsey
c. 775—c. 784

Godefridus .... Selsey
1087—1088

Godefridus .... Wells
1123—1135

Godwine I .... Rochester
995—...

Godwine II .... Rochester
...—c. 1051

Godwine .... Lichfield
c. 1002—1020

Godwine .... St Martin's
c. 1050

Godwine, see Ælfheah II bp Winch.

Grimcytel .... Selsey
1039—1047

Grimcytel .... Elmham
1042

Gucan .... Llandaff
c. 968—...

Gundulf, Gundwulf .... Rochester
1077—1108

Guthheard .... Selsey
c. 842—c. 880

Hacca, see Acca bp Hexh.

Hadmundus, see Heahmund bp Sherb.

236

ANGLO-SAXON BISHOPS.

Hadwine, see **Heathuwine** bp Mayo

Hædde ....
c. 693

Hæddi............................... Winchester
676—705

Halmund, see **Ealhmund** bp Winch.

Headda, see **Hæddi** bp Winch.

{ Headda .... Lichfield
691—c. 721

{ Headda .... Leicester
709—c. 721

Headda, see **Ceadda** bp Heref.

Heahbeorht .... Worcester
822—c. 847

Heahbeorht, see **Heathubeorht** bp Lond.

Heahmund .... Sherborne
868—871

Heahstan................................... London
c. 880—898

Heahstan, see **Ealhstan** bp Lond.

Heahstan, see **Ealhstan** bp Sherb.

Heardred .... Dunwich
c. 778—c. 791

Heardred .... Hexham
797—800

Heardwulf, see **Eardwulf** bp Dunw.

Heathubeorht .... London
c. 796—801

Heathubeorht, see **Eadbeorht** bp Leic.

Heathulac............................. Elmham
c. 725—c. 734

Heathured .... Worcester
781—c. 798

Heathured .... Lindisfarne
821—830

Heathured .... Whithern
see Lindisfarne

Heathuwine .... Mayo
768—773

Heca.. Selsey
1047—1057

Hecca, see **Ecca** bp Heref.

Helmstan .... Winchester
838—c. 846

Helstan.. ....
839

Hemele .... Lichfield
752—765

Herdulf, see **Eardwulf** bp Dunw.

Herebeorht, see **Heahbeorht** bp Worc.

Herefrith .... Winchester
c. 820—833

Herefrith, see **Heathured** bp Worc.

{ Hereman .... Ramsbury
1045—c. 1055

{ Heremann .... Berkshire
...—1078

{ Hereman .... Sherborne
1058—1078

Hereweald .... Sherborne
737—c. 772

Hereweald............................. Llandaff
1056—1104

Hereweald ....
...

Hereweard, see **Hereweald** bp Sherb.

Herewine .... Lichfield
c. 814—c. 818

Herfast .... Elmham
1070—1084

ALPHABETICAL LIST OF ALL THE

Herkenwald, see Æthelweald bp Lichf.

Hirwold ....
c. 988

Hlothfrith .... Mayo
773—c. 780

Hlothhere, see Leutherius bp Winch.

Honorius .... Canterbury
627—653

Hrothweald, see Hrothweard abp Y.

Hrothweard .... York
c. 915—931

Hugo .... London
1075—1085

Hunbeorht .... Elmham
c. 820—870

Hunbeorht .... Lichfield
c. 828—c. 835

Hunbeorht ....
839

Hunfrith .... Winchester
744—c. 752

Hunfrith .... Elmham
816 × 824

Hunfrith, see Ealhheard bp Elmh.

Hunweald ....
742

Husa .... Dunwich?
c. 836

Hwætlac ....
742

Hwetlac, see Heathulac bp Elmh.

Hwicca, see Hwita bp Lichf.

Hwita .... Lichfield
737—c. 750

Hygebeald .... Lindisfarne
781—802

Hygebeorht .... Lichfield
779—c. 800

Hyguuald, see Hygebeald bp Lindisf.

Hymbert, see Hygebeorht abp Lichf.

Jaenbeorht .... Canterbury
766—790

Jarumann .... Mercia
662—667

Ingweald .... London
c. 710—745

Ingwulf, see Ingweald bp Lond.

{ Johannes .... Hexham
687—705
{ Johannes .... York
705—718

Johannes .... Glasgow
c. 1057—...

Johannes .... Wells
1088—1122

Joseph .... Llandaff
1022—1043

Ithamar .... Rochester
644—c. 660

Ithulf (Athulf KCD) ....
c. 975

{ Justus .... Rochester
604—624
{ Justus .... Canterbury
624—627

Lamberht, see Jaenbeorht abp Cant.

Landfranc .... Canterbury
1070—1089

Laurentius .... Canterbury
604—619

Leodheard .... Gaul
c. 590

Leofgar .... Lichfield
1020—c. 1023

238

ANGLO-SAXON BISHOPS.

Leofgar .... Hereford
                                                     1056

Leofing, see Lyfing

{ Leofric .... Crediton
                                        1046—1050

Leofric .... Cornwall
                                        1046—1072

Leofric .... Exeter
                                        1050—1072 }

Leofsige .... Worcester
                                        1016—1033

Leofusta, see Ælfstan bp Lond.

{ Leofwine .... Lindsey
                                        c. 945—958

Leofwine .... Dorchester
                                        958—c. 970 }

Leofwine .... Lichfield
                                        1053—1067

Leofwine, see Lyfing bp Wells

Leotherius ....
                                        c. 704

Leutherius .... Winchester
                                        670—676

Leuthfriht, see Hlothfrith bp Mayo

Liudhard, see Leodheard bp Gaul

Lothewardus, see Hrothweard abp Y.

{ Lyfing .... Wells
                                        999—1013

Lyfing .... Canterbury
                                        1013—1020 }

{ Lyfing .... Crediton
                                        1027—...

Lyfing .... Cornwall
                                        1027—...

Lyfing .... Worcester
                                        1038—1046 }

Magswem .... Glasgow
                                        1053—...

Mancant ....
                                        932

{ Mellitus .... London
                                        604—619

Mellitus .... Canterbury
                                        619—624 }

Merehwit, see Beorhtwig bp Wells

Mildred .... Worcester
                                        c. 743—775

Milred, see Tilred bp Chester-le-Street

Mucel .... Hereford
                                        857 × 866

Netholacus, see Heathulac bp Elmh.

Northbeorht, see Nothbeorht bp Elmh.

Nothbeorht .... Elmham
                                        c. 700—c. 725

Nothhelm .... Canterbury
                                        735—739

{ Oda .... Ramsbury
                                        c. 925—942

Oda .... Canterbury
                                        942—958 }

Oethelweald, see Æthelweald bp Lichf.

Offerdus, see Osfrith bp ....

Oftfor .... Worcester
                                        691—c. 693

Oithelweald, see Æthelweald bp Lindisf.

Ordbeorht .... Selsey
                                        989—1009

Osa .... Selsey
                                        c. 758—c. 776

Osbeorht, see Ordbeorht bp Selsey

ALPHABETICAL LIST OF ALL THE

Osbeorht, see Eanbeorht bp Hexh.

Oscytel .... Dorchester
c. 942—958
Oscytel .... York
958—971
Osfrith ....
939
Osmund .... London
c. 801—c. 808
Osmund .... Sarum
1078—1099
Osweald .... Worcester
961—992
Osweald .... York
972—992
Osweald, see Osa bp Selsey

Oswulf .... Ramsbury
c. 950—970
Paulinus .... York
625—633
Paulinus .... Rochester
633—644
Pehthun, see Wihthun bp Selsey

Peohthelm .... Whithern
c. 730—735
Peohtwine .... Whithern
763—776
Petrus .... Lichfield
1072—1085
Plegmund .... Canterbury
890—914
Podda .... Hereford
741—c. 752
Putta .... Rochester
c. 666—676
Putta .... Hereford
676—c. 682
Radulphus .... Rochester
1108—1122

Rædwulf, see Eardwulf bp Dunw.

Ræthhun .... Leicester
c. 814—c. 840
Redewardus, see Hrothweard abp Y.

Redun, see Ræthhun bp Leic.

Redwin ....
825
Redwulf, see Eardwulf bp Dunw.

Regenbeorht .... Fionia
c. 1030
Regenhelm .... Hereford
1107—1115
Reinhart, Reinhere, see Regenbeorht

Remigius .... Dorchester
1067—1092
Renired ....
c. 850
Robert .... London
1044—1051
Robert .... Canterbury
1051—1052
Robert .... Hereford
1079—1095
Robert Bloett .... Dorchester
1094—1123
Rodewald, Rodeward, see Hrothweard abp Y.

Romanus .... Rochester
624—c. 625
Rothberht, see Nothbeorht bp Elmh.

Rothwulf .... Norway
c. 1050
Samson .... Worcester
1096—1112
Seaxhelm .... York suffragan
935

240

Seaxhelm... Chester-le-Street (St Cuthbert's) 944

Seaxwulf .... Lichfield 675—c. 691

Seaxwulf .... c. 700

Seaxwulf 1002

Sebbi .... c. 686

Seffridus .... c. 774

Sibba .... Elmham c. 810—c. 820

Sicga .... Selsey 733—c. 756

Sideman .... Crediton 973—977

Sigarus, see Sigegar bp Wells

Sigberht, see Wigbeorht bp Sherb.

Sigebed .... c. 738

Sigeberht, see Wigbeorht bp Sherb., Hygebeorht bp Lichf.

Sigefridus .... Norway (see also Sigefrith bp Lindsey) ...

Sigefrith, see Sicga bp Selsey

Sigefrith .... Lindsey c. 1000

Sigegar (see Ælfric I) .... Elmham a. 969

Sigegar .... Wells 975—c. 997

Sigeheah (see Wigheah) .... London c. 769—c. 776

Sigehelm .... Sherborne c. 922—933

Sigehelm, see Sicga bp Selsey

Sigehelm, see Wighelm bp Selsey

Sigeric .... Ramsbury 985—990

Sigeric .... Canterbury 990—994

Sigga, see Sicga bp Selsey

Sigga, see Sibba bp Elmham

Siweard .... Upsala 1044—1048

Siweard .... Canterbury 1044—1048

Siweard .... Rochester 1058—1075

Spearhafoc (elect) .... London 1051

Stigand .... Elmham c. 1040—1047

Stigand .... Winchester 1047—...

Stigand .... Canterbury 1052—1070

Stigand .... Selsey 1070—1087

Swithbeorht .... Frisia c. 700

Swithhelm, see Sigehelm bp Sherb.

Swithhun 839

Swithhun .... Winchester 852—862

Swithred, see Feologeld abp Cant.

Swithwulf? .... London 860 × 898

Swithwulf .... Rochester c. 874—c. 895

Sygedwoldus .... c. 960

ALPHABETICAL LIST OF ALL THE

Tata ....
      c. 894
Tatfrith (elect) .... Worcester
      680
Tatnoth .. .. Rochester
      844—c. 853
Tatwine..... .... Canterbury
      731—734
Thanan ....
      921
Theodorus......................... .. Canterbury
      668—690
Theodred. ...., London
      c. 915—c. 960
Theodred I .... Elmham
      c. 970—c. 980
Theodred II .... Elmham
      c. 980—c. 997
Thomas............................... East Anglia
      c. 648—c. 654
Thomas I.:.................................... York
      1070—1100
Tidfrith .... Dunwich
      798—c. 820
Tidfrith .... Hexham
      813—821
Tidhelm............... .... Hereford
      c. 930—937
Tilbeorht .... Hexham
      781—789
Tilfrith, see Tidfrith bp Dunw.

Tilhere.................... .... Worcester
      777—c. 781
Tilred............................Chester-le-Street
      915—928
Tobias .... Rochester
      c. 700—726
Tora, see Tota bp Selsey

Torhthelm.................................... Leicester
      737—764
Torhthere........... .... Hereford
      710—c. 730

Tota... Selsey
      c. 785—c. 789
Totta, see Torhthelm bp Leic.

Totta, see Tota bp Selsey

Trumbeorht, see Tunbeorht bp Hexh.

Trumhere..................................... Mercia
      c. 659—c. 662
Trumwine .... Whithern
      681—686
Tuda .... Lindisfarne
      664
Tuma, see Trumwine bp Whithern

Tunbeorht............ .... Hexham
      681—684
Tunbeorht............................... Lichfield
      c. 842—c. 863
Tunbeorht................................ Lichfield
      871 × 928
Tunbeorht .... Winchester (FlW)
      c. 875—c. 879
Tunfrith, see Tunbeorht bp Lichf.

Tyrhtel, Tyrhthelm................ Hereford
      688—c. 707
Uhtred .... Chester-le-Street
      944—...
Uibert, see Wigbeorht bp Sherb.

Ulf .... Dorchester
      1050—1052
Ulfo, see Ulf bp Dorch.

Unwona................................... Leicester
      c. 783—c. 803
Utel ....
      ...
Utel............................ ...... Hereford
      c. 796—801
Uttel ....
      785

ANGLO-SAXON BISHOPS.

Wærfrith .... Worcester
873—915

Wærmund .... Worcester
775—778

Wærmund I .... Rochester
c. 783—c. 805

Wærmund .... Dunwich
c. 820—c. 825

Wærmund II .... Rochester
c. 852—c. 864

Wærstan .... Sherborne
910 × 918

Walcher .... Durham
1071—1080

Walkelin .... Winchester
1070—1098

Walter .... Hereford
1061—1079

Wealdhere .... London
693—c. 710

Wealdhere, see Walter bp Heref.

Wealhstod .... Hereford
c. 728—c. 733

Wecthelm, see Peohthelm bp Whithern

Weohthun, see Wihthun bp Selsey

Werefrith, see Wærfrith bp Worc.

Wernbeorht .... Leicester
c. 801—c. 816

Wethun, see Wihthun bp Selsey

Wiferth ....
c. 902

Wigbeorht .... Sherborne
c. 797—c. 820

Wigbeorht ....
851

Wigfrith, see Wigthegn bp Winch., Wiferth bp ....

Wigheah .... London
c. 770—c. 776

Wigheard (elect) .... Canterbury
664—665

Wighed, see Wigheah bp Lond.

Wighelm .... Selsey
...—909

Wighen, see Wighelm bp Selsey

Wigmund .... York
837—854

Wigmund .... Lichfield
c. 909

Wigmund .... The Isles
c. 1111

Wignoth, see Wigthegn bp Winch.

Wigred .... York suffragan
929

Wigred .... Chester-le-Street
928—944

Wigthegn .... Winchester
c. 810—833

Wihtberd, see Wigbeorht bp Sherb.

Wihthun .... Selsey
c. 787—c. 808

Wihtred ....
c. 840

Wihtred, see Wigred bp Chester-le-Street

Wilfrith I .... York
664—669, 686—691

Wilfrith .... South Saxons
680—686

Wilfrith .... Leicester
692—705

Wilfrith .... Hexham
705—709

Wilfrith II .... York
718—732

243

ALPHABETICAL LIST OF ALL THE

Wilfrith I .... Worcester
718—c. 745

Wilfrith ....
c. 770

Wilfrith ....
903

Wilfrith II................. Worcester
922—929

Wilfrith .... St David's
....—1115

Wilhelm, see William

William .... London
1051—1075

William .... Elmham
1086—1091

William .... Winchester
1107—1129

Wilmus................................ ....
n. ....

Wilred .... Dunwich
825—c. 850

Wine, see Eadnoth bp Cred.

Winefrith, see Wynfrith bp Lichf.

Wini .... Winchester
662—666

Wini .... London
666—c. 670

Winsy, see Wynsige bp Lichf.

Wita ....
674?

Wita, Witta, see Hwita bp Lichf.

Wor, see Ealdwine bp Lichf.

Wulfgar .... Lichfield
c. 938—c. 949

Wulfgar .... Wiltshire
969

Wulfgar, see Ælfgar bp Lichf.

Wulfgar .... Ramsbury
981—985

Wulfheard .... Hereford
801—c. 824

Wulfhelm I .... Wells
914—923

Wulfhelm .... Canterbury
923—942

Wulfhelm ....
c. 933

Wulfhelm .... Hereford
937—940

Wulfhelm II .... Wells
938—c. 956

Wulfhere .... York
854—900

Wulfhun .... Selsey
c. 929—c. 942

Wulfhun (not bp Selsey) ....
939

Wulfred .... Canterbury
805—829

Wulfred .... Lichfield
c. 877—c. 894

Wulfric ....
c. 890

Wulfric ....
c. 960

Wulfric ....
c. 963—c. 968

Wulfric, see Ælfric bp Elmh.

Wulfric ....
970

Wulfric ....
c. 981

ANGLO-SAXON BISHOPS.

Wulfsige .... York
808—839

Wulfsige ....
c. 860—c. 870

Wulfsige I .... Sherborne
c. 885—c. 895

Wulfsige .... London
c. 900—c. 915

Wulfsige, Wulfrige ....
930

Wulfsige II .... Sherborne
943—958

Wulfsige .... Cornwall
c. 955—c. 986

Wulfsige ....
956

Wulfsige III .... Sherborne
992—c. 1002

Wulfsige .... Lichfield
1039—1053

Wulfsige, see Wulfwig bp Dorch.

Wulfstan I .... York
931—956

Wulfstan I .... London
... × ...

Wulfstan II .... London
996—c. 1004

Wulfstan I .... Worcester
1003—1023

Wulfstan II .... York
1003—1023

Wulfstan II .... Worcester
1062—1095

Wulfweard, see Wulfheard bp Heref.

Wulfwig .... Dorchester
1053—1067

Wulfwig, see Wulfsige abp Y.

Wulfwinus, see Wulfwig bp Dorch.

Wulgar, see Wulfgar bp Lichf.

Wulsius, see Wulfwig bp Dorch.

Wynbeorht ....
793

Wynfrith .... Lichfield
672—675

Wynsige .... Dorchester
c. 915—c. 942

Wynsige .... Lichfield
c. 963—c. 975

Adoredus, see Heathored bp Worc.

Aeine, see Esne bp Heref.

Agelaf, see Eoglaf bp Dorch.

Ælbertus, see Æthelbeorht abp Y.

Ælfmær ....d. 3 Apr ...
WMalm Antiq. Glast. [Gale] p. 325

Ælfmær .... d. 18 Sept ...
LVII (MS. Cott. Tit. D. 27)

Ælfred II ....
934

Ælfric abp elect............................ Cant.
EAF ij 590 120   1050

Ælfsige BCS 652 KCD — ....
925 × 940

Ælfstan .... d. 13 Feb ...
WMalm Antiq. Glast. [Gale] p. 325

Ælfstan (FIW) .... Wilton
see Ælfric II or Ælfstan bp Lond.   992

Ælfwine (WMalm) .... Worc. (Lichf.)
937

ANGLO-SAXON BISHOPS. (ADDENDA.)

Ælwold, see **Æthelweald**

Æstan, see **Æthelstan** bp Heref.

Æthelfel BCS 785 KCD 1143* abp Cornw. 943

Æthelgar (WMalm)........EAnglia (Cred.) 937

Æthelstan, see **Ealhstan** bp Sherb.

Æthelstan (WMalm).......Ramsb. (Cornw.) BCS 615 KCD — 905

Æthelstan BCS 627 KCD 1093 ......
called 'filius regis' BCS 623   c. 909

Astwulf, see **Æscwulf** bp Dunw.

Benedictus BCS 675 KCD 1103 931

Berneg, Bernethus, see **Beornheah**

Burgred, see **Burgric** bp Roch.

Ceadwalla (k. Ælfred Martyrs in Cockayne's Shrine), see **Cedd**

Ceolwulf (FW)............Lindisf. (Lindsey) 794

Cerdic BCS — KCD 629* 981

Eadmund (Sw.)..........................Lindisf. c. 820

Ealdwine, see **Ælfwine** bp Elmh.

Ealgheard (DCB), see **Ealhheard** bp Elmh.

Fadberchus, see **Eadbeorht** bp Lond.

Gelmund, see **Gebmund** bp Roch.

Haddi BCS 103 KCD 48................ ....
DCB ij 834 bp Winch.   701

Harold BCS 571 KCD 321*........Dorch. 895

Hondret........................ .... (Cred.) c. 935

Hubert the Saxon.................. St David's 871

Hugibrechtus, see **Hygebeorht** bp Lichf.

Lanferth, see **Eanfrith** bp Elmh.

Leofing bp .... d. 19 Mar ...
WMalm Antiq. Glast. [Gale] p. 325

Letharius BCS 8 KCD 982*........ ....
c. 605

Luhing, see **Leofing** bp Cred.

Mawron (WMalm) 601

Plegmund, see **Æthelhelm** abp Cant.
ASChr A a. 923

Theodwulf, Theulf........................Worc. 1115—1123

Tidelus, see **Tidhelm** bp Heref.

Whelm, see **Wighelm**

Wilfrige BCS 585 KCD 327*........ 901

V.
ANGLO-SAXON GENEALOGIES.

A. THE ANGLO-SAXON KINGS AND PRINCES.

THE GENEALOGY OF WODEN

THE ANCESTOR OF THE ANGLO-SAXON KINGS.

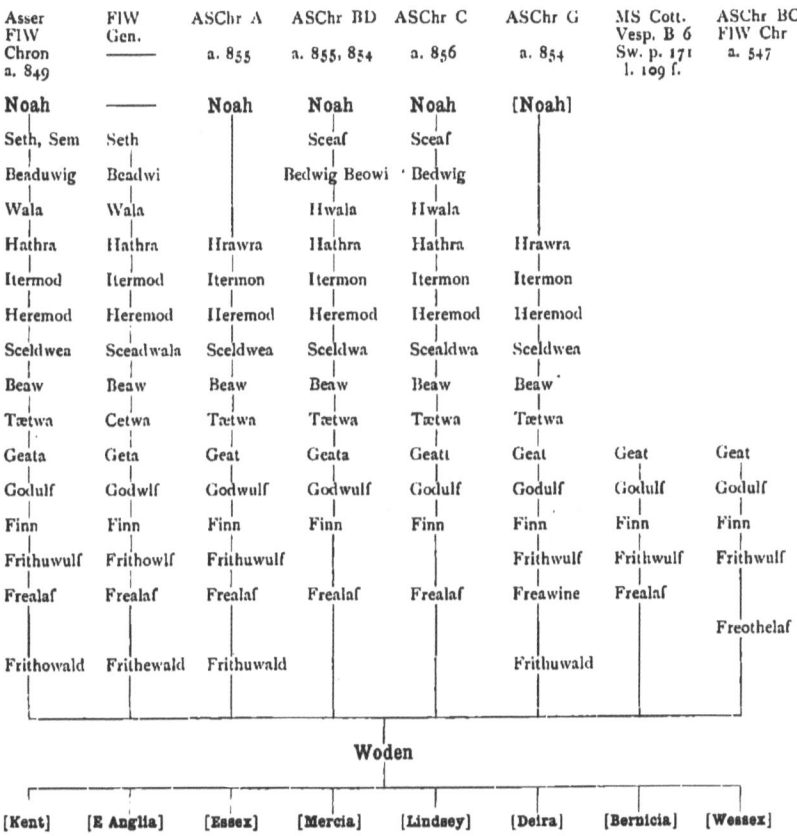

There is another genealogy of the ancestors of Woden given in Ethelwerd's Chronicle, a. 857 [Savile, a. 1601, p. 842]. It is the same as that in Asser's Life of king Ælfred from Woden back to Beo (Beaw), but Beo's ancestors are only Scyld (perhaps Sceldwea) and Scef (Sceaf); of this latter no ancestors are given.

WMalm [RS] GR c. 116 has a similar genealogy from Woden back to Sceaf who reigned at Schleswig, and whose ancestors were: Heremod, Itermon, Hathra, Hwala, Bedwig who was the son of Strephius 'hic, ut dicitur, fuit filius Noæ in arca natus'. The accounts of Sceaf given by Ethelwerd and WMalm are somewhat similar; they do not occur elsewhere in English authorities. The name Sceaf is not found elsewhere there, though the word Sceafing occurs in ASChr.

In ASChr BD (a. 855) C (a. 856) we read:

'Itermon...Bedwig (Beowi) Sceafing, id est filius Noe, se wæs geboren on þære earce Noe (Noes), Lamech...';

in ASChr A (a. 855) however we find

'Itermon Hrawring, se wæs geboren in þære earce Noe, Lamech...'

Asser in his genealogy of king Ælfred [Wise, a. 1722, p. 4] has 'Sem' as the son of Noah, but Asser [Camden, a. 1603, p. 1] has 'Seth'.

Florence of Worcester a. 849 takes this Genealogy from Asser. In MS. CCC Oxon 157 the original reading was 'Seth', which has been altered into 'Sem' by a much later hand. In the genealogies Florence has the biblical three sons of Noah, 'Sem' being the father of Elam, and besides them Seth, over whose name is written 'Saxonice Sceaf' (information from the Rev. Ch. Plummer, M.A.). Thorpe a. 849 prints 'Sem', at p. 247 'Seth'; the MHB a. 849 has 'Seth'.

Further investigations into the A. S. pedigrees will be found in:

Grimm (Jacob), Deutsche Mythologie, 3 vols, 8vo. Berlin 1875 (ed. 4), iij 377—401; he confounds the Lindisfari and the Lindisfarni;

Kemble (J. M.) Über die Stammtafel der Westsachsen, 8vo. Munich 1836, reviewed by Grimm in his Kleinere Schriften, vol. v. part 2 pp. 240—245 (8vo. Berl. 1871) from Göttingische gelehrte Anzeigen 1836;

Kemble (J. M.), A translation of the Anglo-Saxon poem of Beowulf (Postscript to the Preface, vol. ij, pp. iij—xxix), 8vo. Lond. 1837.

THE DESCENT

ANCESTORS OF THE MONARCH

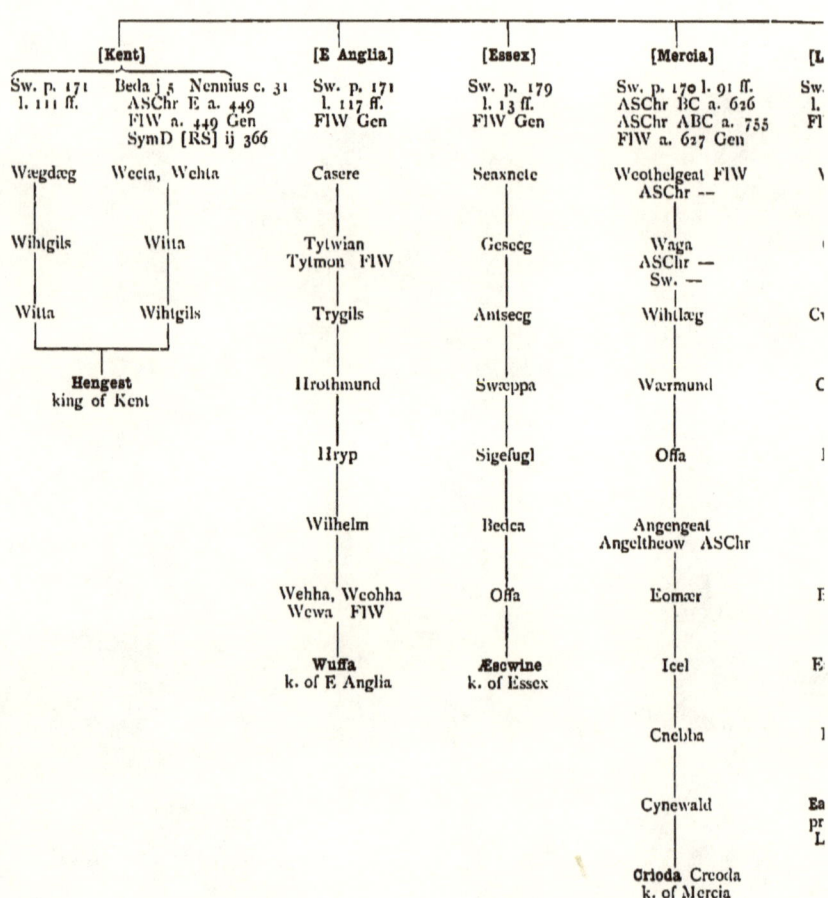

NTS OF WODEN,

OF THE ANGLO-SAXON KINGDOMS.

	[Deira]		[Bernicia]		[Wessex]
y] 70 f. :n	Sw. p. 169 l. 72 ff. ASChr BC a. 560 FIW a. 559 Gen	FIW Gen	ASChr BC a. 547 FIW a. 547 SymD [RS] ij 366	Sw. p. 170 l. 80 ff.	Sw. — ASChr ABC 552 597 FIW a. 552 849 SymD [RS] ij 366
	Wægdæg	Bældæg	Bældæg	Bældæg	Bældæg
	Sigegar Siggar Sw. FIW	Brand	Brand		Brand Brond
ils	Swæhdæg	Beorn		Beornic	Freothegar
			Benoc		
xd	Sigegeat Siggeot Sw.	Beornd			Freawine
,	Sæbald	Wægbrand		Wegbrand	Wig Witta SymD
	Sæfugl	Ingebrand		Ingibrand	Gewis
			Aloc		
	Swærta ASChr — Sw. —	Alusa		Alusa	Esla
h	Seomel Soemel Sw. ASChr —	Angengeat	Angenwit	Angengeat	Elesa
	Westorwalcna Westerfalca ASChr	Ingengeat	Ingui		Cerdic k. of Wessex
h f y	Wilgils	Æthelbryht		Æthilberht	
	Uscfrea Wyscfrea FIW	Oesa	Esa	Oesa	
	Yffi	Eoppa	Eoppa	Eoppa	
	Ælle k. of Deira		Ida k. of Bernicia		

KENT.

THE GENEALOGY OF

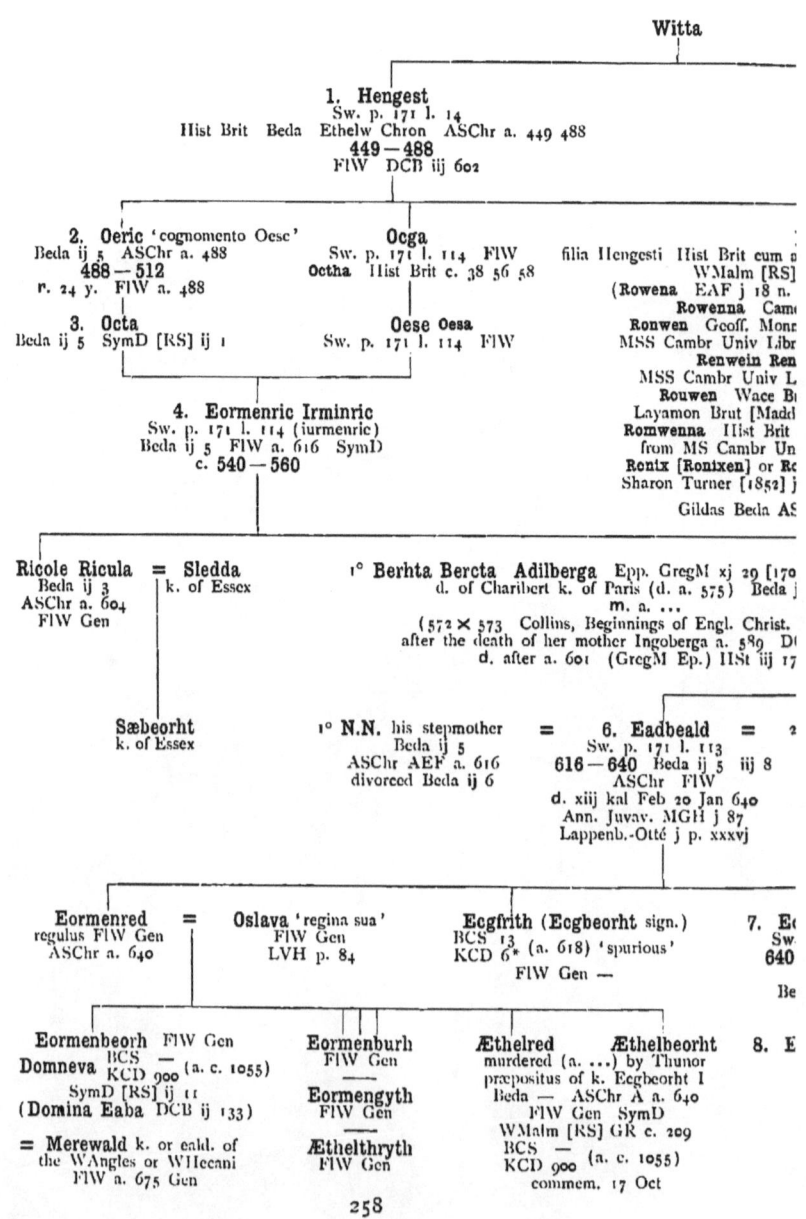

258

```
            Ohta                                              Horsa Beda j 15
       frater of Hengest                              k. a. 455  ASChr  Ethelw Chron  FIW
       WMalm [RS] GR c. 44
```

```
                              = Wyrtgeorn, Uurtigernus,         Ebissa Abisa fratruelis
Jennii [Mommsen MGH] c. 36          Vortigern                 of Octha  Hist Brit c. 38
c. 7  HHunt                         k. of Britain                       Ebusa
e absurdity,' Speed, etc.        Gildas  Beda j 14  ij 5             filius of Hengest
rit [1607] p. 230                ASChr a. 449  FIW a. 455       WMalm [RS] GR c. 44
a. 1154] Hist reg Brit                                           Lappenb.-Otté j 148
6 12  Mm 5 29 [xij c.]
Geoff. Monm.
Ii i 14  Ii 4 4 [xij c.]
e Roux de Lincy];
MatthParis [RS] j 190
msen] p. 129 cap xxxvj
ur  Ff 1 27² [c. 1225]
or Ronowen  Holinshed
  Lappenb.-Otté j 87 ff.)
Ethelw FIW om.
```

```
112] n.       =           5. Æthelbeorht I         =    2° (after a. 601) N.N. d. of ....
                          Sw. p. 171 l. 113                       Beda ij 5
  o;                    560 (561 FIW 565 ASChr E) — 616 Feb 24
  316)                              Beda ij 5
                          bapt. a. 597  Beda j 26  ij 3  FIW
                          BCS 3  KCD 1 (a. 694)  SymD [RS] ij 1
```

```
ma d. of Theodebert k. of Austrasia           Æthelbeorg-Tate  Sw. p. 533
    Beda-Plummer ij 88                         Ædilberga [v. l. Ædilburga]
         BCS 13                                    Beda ij 9  11 14 20
regina  KCD  6 * (a. 618)                     Ethelburga  DCB ij 219
a. 642  Thorn [Twysden] col. 1769             ASChr ElF  FIW a. 633 Gen
                                                          d. a. ...

                              = (a. 625) Eadwine  k. of Deira
                                        616—633
```

```
beorht      =    Seaxburh d. of Anna k. of E. Anglia       Eanswith 'virgo sancta'
71 l. 113               Beda iij 8                       bur. at Folkestone  FIW Gen
4 July 14         abbess Ely a. 679  Beda iv 19  FIW     d. a. ...  commem. 31 Aug
25°                Lib. Elien. j 25 ff.
8  iv 1         d. a. c. 699 commem. 6 July
```

```
orht I    Eorcongote         Eormenhild  FIW Gen        9. Hlothhere rex Cantuariorum
            d. a. ...      Eormengilda  FIW a. 675  DCB ij 134       673—685 Feb 6
           in the monast.                                         Beda iv 5 26  ASChr  FIW
              of Brie    = Wulfhere k. of Mercia (d. a. 675)        BCS 45
           Beda iij 8                                               KCD 16 (a. 679)
        commem. 23 Feb    nun Sheppey, abb. Ely  d. 13 Feb ...
                          BCS 99
                          KCD 44 * (a. 699)                           Richard
                                                              monk at Lucca  Alford j 588
```

KENT (2).

N.N.
of royal descent
BCS 40 KCD 10*

Oswini
rex Cantuariorum, rex Cantiæ
... × 675 — 689 × ...
BCS 35 40 42 73
KCD 8* 10* 14* 30*
DCB iv 165 'There appears no good authority for this king.'

Coenbeorht
of the royal family of Wessex d. a. 661

Ceadwalla
k. of Wessex
685—688

Mul
'apparently set up
for a short time as
king' [of Kent]
Beda-Plummer ij 265
d. a. **687**

12. Eadbeorht I Beda v 23
725 — 748 ASChr AD (BC 747)
FIW a. 725 748
BCS 846 (141 B) (a. 727 corr.) 159/85 (a. 738) 193/110* (charter of k. Sigered a. 762)?
KCD —
[Surnamed Eating BCS 161 KCD 1003 by mistake?
See Lappenb.-Otté j 311 note 1 by Thorpe]

Eardwulf
s. of k. Eadbeorht I BCS 199 KCD — Sw. ch. 8 'a patre meo Eadberhtuo'
[Lappenb.-Otté j 311 (conjecture); 'unknown to the annalists' Stubbs DCB ij 18]
d. before 794
rex Cantuariorum, rex Cantiæ
... × 747 — 765 × ...
BCS 175 176 199 (a. 762 corr. 747 a. c. 747 765)
KCD 96 1005 —

Sebbi rex [of Essex], pater [regis Suabhardi]
BCS 42
KCD 14* (a. 676)

11b. Swæfheard (Sw. p. 486) **Swæbheard** (charters)
rex Cantuariorum Beda v 8
ASChr EF (a. 692) FIW (a. 691)
... × 692 — 692 × ...
BCS 41 42 89
KCD 15* 14* (a. 676) 40* (a. c. 690)
[Sifredus brother of Wihtred Matth Paris a. 692]
Beda-Plummer ij 284

(2).

8. Ecgbeorht I
Sw. p. 171 l. 112
664 — 673 July 4
a. r. 9°
DCB ij 46
Beda iv 1 5 26
ASChr FlW Ann. Lindisf.

1° **Cynegyth** regina = **11a. Wihtred** = 3° **Werberga** mother of Alric
(a. 679) BCS 86 Sw. p. 171 l. 112 BCS $\frac{91}{-}$ (IISt iij 238)
KCD 37* rex Cantuariorum Beda v 8 KCD $\frac{91}{-}$
iv 26 'This person signing c. 690 — 725 Apr 23
6) in a spurious charter r. 34 y. 6 m. Beda v 23
 ...may be set aside' BCS 86 88 $\frac{91}{-}$ (IISt iij 238)
 IISt iij 242 n. 1 KCD 37* 39* $\frac{91}{-}$
 BCS 97 98 $\frac{141}{72*}$
2° **Æthelburh** regina KCD 43 47 (a. 694 697) $\frac{141}{72*}$ (a. 724)
BCS 90 96 97 98
KCD 41* 42* 43 47
(a. c. 696)

13. Æthelbeorht II   **14. Alric**
Sw. p. 171 l. 112   760 — 794
filius regis BCS 91 141 (a. 724)   Beda v 23 FlW a. 725
 KCD $\frac{}{72*}$ BCS $\frac{91}{-}$
725—760 a. r. 36° FlW Gen   KCD $\frac{91}{-}$ (a. c. 697 [sic])
 748—760   IISt iij 240
ASChr [A] FlW a. 748
762 Theopold p. 36; see BCS 192 KCD 109
148 159 160 175 191
77 85 86 96 108 (a. 732 740 747 corr. 762)

N.N.

Sigered
rex Cantiæ, rex dimidiæ partis provinciæ Cantuariorum
BCS 193 194 (a. c. 760)
KCD 110* 114
According to Stubbs (DCB iv 665) he 'may be the Sigeræd, who is said to
have been the last king of the East Saxons, and whose date' [a. c. 798-824?]
'may require readjustment.'
He signs with Eadbeorht rex Cantiæ a Rochester charter BCS 193 (a. 762).
 KCD 110*

N.N.

Eanmund rex
a. c. 760
BCS 194 (a. 759 × 765)
KCD 114
perhaps joint king with king Sigered, but according to
Stubbs (DCB ij 10) the same as k. Ealhmund a. c. 784.

263

KENT (3).

N.N.

Ecgbeorht II
rex Cantiæ BCS 196 228 260
... × 765—779 × ... (see Earle p. 59 n.)
BCS 196 208 227 228 260
KCD 113 — 132 135 160

Heahbeorht
rex Cantiæ BCS 196
a. c. 775

BCS 195
KCD 111* (a. 764) charter of k. Offa confirmed by k. Heahbeorht

BCS 196
KCD 113 (a. 765) 260/160 (before a. 785) charters of k. Ecgbeorht II
confirmed or witnessed by k. Heahbeorht

N.N.

Eadbeorht Præn
794—796 (conquered by Coenwulf k. of Mercia) ASChr FlW
796—798 SymD [RS] ij 59
BCS 288
KCD — HSt iij 523 (496 note a.)

'Edilbertus idemque Pren,' 'Edbrithus cognomine Pren' WMalm [RS] GR c. 15 95
'Eadberhtus qui et Pren,' br. and succ. (!) of Æthelbeorht II (d. a. 762) FlW Gen

---

Cuthbeorht
of the royal race of Mercia

Coenwulf
k. of Mercia 796—821 Conquered Kent a. 798
brother ('frater meus') of Cuthred BCS 303 317
rex Merciorum atque provinciæ Cantiæ
BCS 328 KCD — (a. 809)
Kentish charters signed by k. Coenwulf alone
BCS 289 (a. 798) to BCS 353 (a. 815)
KCD 175 KCD —
Charters signed by k. Coenwulf and k. Cuthred
BCS 303 (a. 801) 317 316 321 (a. 805)
KCD 179 188 187* —
Charters granted by k. Cuthred cum consensu
(licentia) Coenuulfi regis Merciorum
BCS 318 322 1336
KCD 191 190 — (a. 805 a. r. 8°)

Ceolwulf I
king of Mercia
821—823
rex Merciorum
vel etiam
(seu etiam)
Cantuariorum
BCS 370 373
KCD 216 217
Sw. ch. 55 56
(a. 822 823)

Cuthred
rex Cantuariorum
coins: CVÐRED REX CANT
796—804 ASChr C
796—805 ASChr ABDEF
FlW (a. 805) Gen. (a. r. 9°)
Charter witnessed
by k. Cuthred
BCS 319 (a. 805)
KCD 189
According to BCS 303 317
Cuthred was brother of
Coenwulf king of Mercia.
There is apparently no
other notice of this re-
lationship.

(3).

N.N.

Bealdred
king of Kent
coins: BALDRED REX CANT
805 — 823 (exp.)
ASChr F1W a. 823 Gen SymD [RS] ij 368
There are no charters granted or witnessed by k. Bealdred.
Kentish charters are signed by Coenwulf k. of Mercia to a. 815
and by Ceolwulf I king of Mercia in a. 823

Eafa
of the royal race of Wessex

Ealhmund
f. of Ecgbeorht k. of Wessex; k. in Kent   ASChr F a. 784 (786)
rex Cantiæ   BCS 243   KCD 1013   Earle II p. 410 (a. 784)
subregulus   F1W Gen

Ecgbeorht
k. of Wessex 802—839
conquered Kent a. 823
cognatus of k. Eadbeorht Pren IIIIunt (a. 823)
rex occidentalium Saxonum necnon et Cantuariorum
$\begin{array}{c}\text{BCS } 396 \\ \text{KCD } 224\end{array}$ (a. 830 corr.)
rex Cantiæ necnon et aliarum gentium
$\begin{array}{c}\text{BCS } 411 \\ \text{KCD } 234\end{array}$ (a. 833 corr.)

Æthelwulf
king of Kent c. 825—839
rex Cantuariorum, rex Cantiæ $\begin{array}{c}\text{BCS } 395\ 396\ 407\ 419 \\ \text{KCD } 223\ 224\ 1041\ —\end{array}$ (a. 828, 838)
king of Wessex and Kent 839—856
$\begin{array}{c}\text{BCS } 442\ 444\ 449\ 467\ 486\ 538 \\ \text{KCD } —\ \ 255^*\ 259\ 269\ 276\ —\end{array}$ (a. 844 ? corr.)
king of Kent only 856—858 $\begin{array}{c}\text{BCS } 497 \\ \text{KCD } 282\end{array}$ Earle (a. 859(!))   Kent

Æthelstan	Æthelbeald	Æthelbeorht	other sons
king of Kent Essex etc.	king of Wessex	king of Kent 858—860	
839—c. 850	856—860	BCS 496 KCD 281 (a. 858) Earle	
BCS 444 460 KCD 255* 264 (a. 850)		p. 125 Kent	
rex BCS 426 KCD 241 (a. 839) to BCS 459 KCD 1049 (a. 850)		king of Wessex and Kent, rex occidentalium Saxonum seu Cantuariorum 860—866	
rex Cantuariorum BCS 444 KCD 255* (a. 844)		BCS 502 506 507 516 KCD 285 287 288 294 (a. 862, 867)	
rex Kanc'. BCS 460 KCD 264 (a. 850)			

267

268

SUSSEX.

WIGHT.

THE GENEALOGY OF

[The pedigree of King Ælli is not to be found

N.N.
|
1. Ælli
rex Australium Saxonum Beda ij 5
447 — c. 515
ASChr a. 477 485 491 827
HHunt Ethelw.

    Cymen   **Wlencing**   **2. Cissa**
ASChr a. 447   FIW   ASChr a. 447   FIW   ASChr Ethelw. a. 477 492   FIW
                                                                                                                                         k. of Sussex
                                                                                                                                          c. 515 — ...

Matth Paris [RS] Chron Maj j a. 590 (!) 'Anno gratiæ DXC, defuncto Cissa, rege Australium Saxonum, regnum illud ad regem Occidentalium Saxonum Ceaulinum' (560—592) 'devolutum est.'

'Circa hoc tempus obiit Ella rex Australium Saxonum, qui omnia jura regni Anglorum, reges scilicet et proceres et tribunos, in ditione sua tenebat; regnavitque post eum Cissa filius ejus, progeniesque eorum post eos. At in processu temporum valde minorati sunt, donec in aliorum jura regum transierunt.' HHunt a. 514

N.N.
|
Æthelwealh   =   **Eaba** d. of Eanfrith
[Æthelweald ASChr FIW]   ruler of the Hwiccas
rex of the S Saxons   Beda iv 13
Beda iv 13 15
Eddius Vita Wilfr. [Gale] c. 40 [RS] c. 41
bapt. a. 661   godson of Wulfhere k. of Mercia
   ...× 661 — 685 (k. by Ceadwalla of Wessex)
                Beda iv 15
ASChr   FIW a. 661   WMalm [RS] GR c. 34 76

N.N.
|
Eadric
successor of k. Æthelwealh   WMalm [RS] GR c. 34;
probably identical with Eadric k. of Kent
[DCB (Stubbs) ij 8]
c. 687

   Andhun   **Beorhthun**
Matth Paris [RS] a. 886   k. by Ceadwalla k. of Wessex
two 'duces regis'
685 — c. 687   Beda iv 15   FIW

E KINGS OF SUSSEX.

[g the pedigrees of the descendants of Woden.]

N.N.

Nunna Nothhelm
rex Suthsaxonum
...× 692 — 725 ×...
BCS 78 132 144 145
KCD 995 999 1000 1001

The charters of Nunna k. of Sussex... 'in their present condition are of uncertain date and questionable authenticity'
DCB (Stubbs) ij 5

Nothgyth
'soror mea' BCS 78 KCD 995
'famula Christi' BCS 79 KCD 1060*
'Princess Nothgith' Elton Origins p. 367

Wattus
rex ... BCS 78 80 144 Sussex
KCD 995 — 1000
...× 692 — 725 ×...
DCB (Stubbs) ij 5

Osmund
rex BCS 145 (a. ...) 198 (a. 765) 206 (a. 770)
KCD 1001   1008   1009
FIW (a. 758 k. of the S Saxons)
c. 765 – c. 770

dux BCS 208 Sussex (a. 772)
    KCD —
DCB (Stubbs) iv 161

Ealdwulf
rex ... BCS 197 Sussex
        KCD —
MS Lambeth 1212 (a. c. 765)
signed by Ælhmald rex and Osiai rex

dux Suthsaxonum
BCS 261 262 (a. c. 795)
KCD 1015 1016

Ealhweald
rex ... BCS 197
        KCD —
MS Lambeth 1212
(a. c. 765) Sussex

Osweald
dux Suthsax'
c. 772
BCS 208
KCD —

Æthelbeorht
rex Sussaxonum
rex Australium Saxonum
c. 774
BCS 211 212
KCD 1010 1011*

Oslac
dux Suthsaxonum
c. 780
BCS 237
KCD 1012

Ecgberht k. of Wessex
conquered Sussex a. 823
ASChr Ethelw. FIW

271

THE GENEALOGY
OF THE KINGS OF WIGHT.

Woden
⋮
Elesa

Cerdic — king of Wessex 519—534

N.N. a d. = N.N. s. of ...., perhaps a Jutish prince (Elton Origins p. 373 Asser vita Ælfredi c. 1)

Stuf   Wihtgar d. a. 544
lords of the Isle of Wight
ASChr FIW Ethelw. a. 534   WMalm [RS] GR c. 16

Coenwealh
k. of Wessex 643—672
lord of Wight

Wulfhere
k. of Mercia 659—675
lord of Wight
ASChr FIW a. 661

Æthelwealh
k. of Sussex c. 655—685
lord of Wight c. a. 660
Beda iv 13

N.N.
(desc. from Stuf or Wihtgar nephews of Cerdic k. of Wessex Elton [with no confirmation].)

Arwald, Arualdus
a. c. 680
rex insulæ [Uectæ]
Beda iv 16

N.N. a son

N.N. a son
two brothers 'fratres Arnaldi regis' Beda iv 16 ['sons,' Stubbs DCB j 174 'filii,' Matth Paris [RS] Wendover [EHS] a. 687 HHunt [RS] lib. iij c. 50] k. by order of Ceadwalla k. of Wessex Beda iv 16 commem. 21 Aug Lappenb.·Otté j 326

Ceadwalla k. of Wessex 686—688, lord of Wight   Beda iv 16

Aelbertus filius Aistulphi, the last k. of the Juti Vectiani
d. a. c. 880
Wallingford (d. a. 1258) [Gale Scr xv 1691] p. 538
Camden Brit —

272

ESSEX.

1. **Æscwine Ercl**
Sw. p. 179 l
ASChr — FlW Gen D
527 — 587

2. **Sledda**
Sw. p. 179 l. 14
587 — ...
Beda — ASChr — F
WMalm [RS] GR c

3. **Sæbeorht Saberct Saba** Beda i
Sw. p. 179 l. 14 FlW Gen
rex Orientalium Saxonum
... — 616 Beda ij 5 ASChr FlW
bapt. a. 604 Beda ij 3 v 24 ASChr FlW a.
subregulus Lundoniæ BCS 1264 KCD 555* (a.

4a. **Seaxred**
Sw. p. 179 l. 19 FlW Gen
616 — c. 617 (K.) Beda ij 5

4b. **Sæweard**
Sw. p. 179 l. 13 FlW Gen
616 — c. 617 (K.) Beda ij 5

5. **Sigebeorht** the Little, 'cognomento Parvus' Beda iij 22
Sw. p. 179 l. 13
FlW a. 653 ['Sæbertus (!) parvus'] Gen
c. 617 — c. 650
(Lappenb.-Otté a. 653)

Sw. p.
FlW
665 —
BCS 22
KCD 984*
He became a monk

8a. **Sigeheri**
Sw. p. 179 l. 13 FlW Gen
665 — ...
coregent with Sebbi (AsChr E a. 656),
'quamvis ipsi regi Merciorum Wulfheræ subjecti'
Beda iij 30
rex BCS 89
KCD 40* (a. c. 687)

= St **Osyth** d. of Frithuweald k. of Surrey and
Wilburh d. of Penda k. of Mercia. Diceto Abbrev.
a. 642 FlW — WMalm [RS] GP c. 73 (Osgitha)

9a. **Sigeheard**
Sw. p. 179 l. 18
Beda iv 11 FlW Gen
695 — c. 704
rex BCS 81 Earle 87
KCD 35 38*

                                                            Seaxa
                                                      Sw. p. 179 l. 21   FIW Gen
                                                    Seaxbeald Lappenb.-Otté
                                                         Beda iij 22 (?)

N.N. (the third son Beda ij 5 FIW a. 616)   **Sigefrith**
Sigebeorht Bromton [Twysden] 743;   Sw. p. 179 l. 22
mentioned DCB ij 20 (East Saxons),   FIW Gen
iv 595 (Sebert), 643 (Sexræd)
          616 — c. 617 (k.)

1. **Sebbi**   **Selefrith**
. 19 (s. of Seaxræd)   Sw. p. 179 l. 22
(s. of Sæweard)   FIW Gen
(**res.**) Beda iv 11
(Earle) $^{87}_{38*}$ $^{89}_{40*}$ $^{735}_{1126*}$
d. 'brevi post tempore' FIW

N.N. d. of .... Beda iv 11

              9b. Swæfred   **Sigebeald**
           Beda iv 11   FIW Gen   Sw. p. 179 l. 22
              695 — c. 704   WMalm [RS] GR c. 98
     Seufredus WMalm [RS] GR c. 98   ('qui fuerat frater Seberti')
'Swebriht Orient. Saxonum rex obiit' a. 738
              SymD [RS] ij 32
Sweabred rex $^{BCS\ 81}_{KCD\ 35}$ Earle (Essex a. c. 693)
     rex Eastsexanorum $^{BCS\ 111}_{KCD\ 52}$ (a. 704)
        Suidfridus rex $^{BCS\ 87}_{KCD\ 38*}$ (Barking)
              see also Kent

ESSEX (2).

8a. Sigeheri   9a. Sigeheard

10. Offa
Sw. p. 179 l. 13
FlW Gen
c. 704—709 (res.) ASChr
Offa, filius Sigheri regis Orientalium Saxonum, went
to Rome together with Coenred king of Mercia
Beda v 19
d. a monk at Rome a. ...
Beda v 19
BCS 125 126 (a. 709) 130 131 (a. 714!)
KCD 61* — 64* —
Evesham HSt iij 278 ff.

betrothed to N.N. d. of ....
Beda v 19 FIW a. 708 [uxor]

[Cyneswith d. of Penda k. of Mercia (d. a. 655)
FIW Gen
WMalm [RS] GR c. 98]

In three of the above charters of Evesham, he is
mentioned with Coenred k. of Mercia, but as rex
Orientalium Anglorum by a somewhat common
mistake.
In Mem St Edm [RS] j 97 (Gaufridus de infantia
sancti Eadmundi [written a. c. 1150]) we find:
'Non autem arbitrandus est iste Offa (the pre-
decessor of St Eadmund k. of EAnglia [k. a. 870])
ille Merciorum non rex sed tyrannus iniquus, ... nec
ille alter nobilis Offa Orientalium Saxonum rex
insignis, qui .... Christi amore ductus, propter evan-
gelium, regnum, uxorem, liberos et gentem reliquit ...,
sed illorum regum qui per spatium lx. unius annorum
in Estangle ante sanctum Eadmundum regnaverunt,
iste Offa ultimus extiterat.'

Sigemund
Sw. p. 179 l. 18

12. Swithred
Sw. p. 179 l. 18
c. 760
rex FIW a. 758 Gen
[Thorpe j 263]
In FIW Gen [Thorpe
j 250] he is 'apparently'
by 'a mistake' called
Swithhæd.
In WMalm [RS] GR
c. 98 Swithedus appears
as succ. to Selered

Sigebeald

7. Swithhelm c. 660—665 Beda iij 22 30 According to Beda iij 22 Swithhelm was filius Sexbaldi, with no further genealogical details. FIW Gen (Thorpe j 263) calls him the brother of Sigebeorht [the Good] the son of Sigebeald, as does also WMalm [RS] GP c. 73	**6. Sigebeorht** the Good, 'bonus' Beda — FIW — WMalm [RS] GR c. 98 Sw. p. 179 l. 21 c. 650 — c. 660 (k.) bapt. a. 653 Beda iij 22 ASChr — FIW a. 653 Gen 'sanctus Sigeberhtus rex' FIW Gen

11. Selered Sælred
Sw. p. 179 l. 21 FIW Gen
Sigeberti boni filius
WMalm [RS] GR c. 98
709 — 746 (k. a. r. 38°)
ASChr FIW
rex East-Saxonum FIW a. 746

13. Sigeric, Siric
Sw. p. 179 l. 21 FIW Gen
... — 799
Siric Eastsexana cing went to Rome
ASChr F a. 798 (corr. a. 799)

14. Sigered Sired
Sw. p. 179 l. 21 FIW Gen
799 — 828
rex Orientalium Saxonum BCS 338 KCD 197*
subregulus BCS 340 KCD — (a. 812)
rex BCS 335 338 KCD 196 197* (Winchcombe) 339 198 (a. 811)
'the last k. [of the E Saxons] named in the pedigree'
(Stubbs DCB iv 665)
Conquered by Ecgbeorht k. of Wessex a. 828
MatthParis [RS] (Wendover [EHS]) a. 828
FIW Gen [Thorpe] p. 263 - 264 (a. 823)

EAST ANGLIA.

THE GENEALOGY OF TH[E]

The pedigree as given in Sw. p. 171 l. 118—119		1. Wuf[fa]
1. Wuffa		Sw. p. 171
2. Tyttla		c. 5[?]
		DCB ij 19 (E[ ])
Eni		
Ethilric		2. Tytila [?]
10. Alduulf Ethilricing		Sw. p. 17
11. Ælfweald Alduulfing		

1° N.N. = N.N. d. of	= 3. Rædweald Beda ij 5 12 15		
son of .... Beda ij 12 15	593—617 ASChr E		
WMalm [RS]	FIW a. 616 Gen Lib Elien j 1		
GR c. 97			

5. Sigebeorht	4. Eorpweald	Regenheri	7. Anna =
631 — 634	617 — 628 (k.)	Reinherus	635 — 654 (k.)
(res., k. a. 635)	Lappenb.-Otté	FIW Gen	Beda iij 7 18 19
Beda ij 15 iij 18 19	bapt. a. 628 (?)	k. a. 617	ASChr a. 654
ASChr —	Beda ij 15	Beda ij 12	FIW a. 636 654
FIW a. 636 Gen	HSt iij 88 – 89		
WMalm [RS] GR c. 97	a. 632 ASChr FIW		
monk Beda iij 18			
DCB iv 664			
vir doctissimus			
Beda ij 15 iij 18			
Canisius Antiquæ lec-			
tiones v. 527 528 548			
549 (Plummer)			

6. Ecgric	Seaxburh	Æthelbeorg	St Æthelthryth	Wil[ ]
cognatus of	Beda iij 8 iv 19	abbess	Lib Elien j 1 ff. 8	nun
k. Sigebeorht,	FIW a. 640	Farmoutier	b. a. c. 630	recluse [?]
'qui et antea	Lib Elien j 7 25 ff.	en Brie	d. abbess of Ely 23	d. a [?]
partem ejusdem	d. abbess Ely 6 July	Beda iij 8	June 679 ASChr FIW	ASChr F
regni tenebat'	..., having succ. her	Ædilberg	Beda iv 19 3 20	LVI
Beda iij 18	sister St Æthelthryth	Sw. p. 533	transl. 17 Oct 695	St [?]
634 — 635 (k.)	in a. 679		Lib Elien j 28	WMalm[
ASChr —		FIW Gen	Beda iv 19	[Bohn's t
FIW a. 636 Gen	=(a. c. 640) Eorcon-	Æthelburga		Werburga
	beorht k. of Kent		= 1° (a. 652') Tond-	
	(640—664)	d. 7 July ...	beorht eald. of the S	
			Gyrwas d. a. 655	
			= 2° (a. 660) Ecgfrith	
			k. of Bernicia	
				Lappenb
				Hist B[r]
				MG
				Nennius
				DC

KINGS OF EAST ANGLIA.

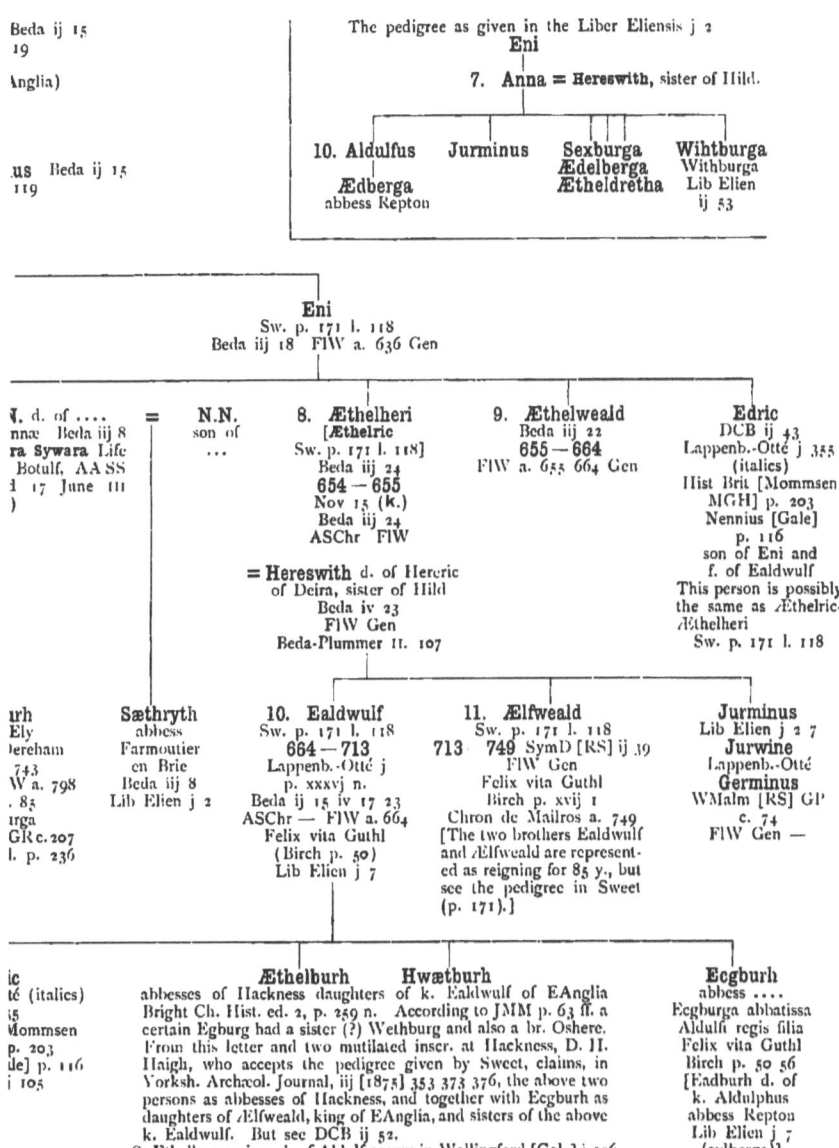

EAST ANGLIA (2).

N.N.
|

12a. **Beonna**
a. c. 760 ? Keary
Hunbeanna SymD [RS] ij 39
Chron de Mailros a. 749 FIW —
Beorna
FIW a. 758 Gen
WMalm [RS] GR c. 97
[Bohn's transl. Bernred]
749 — ...

N.N.
|

12b. **Alberht**
SymD [RS] ij 39 FIW —
Æthelbeorht
Lappenb.-Otté j 306
749 — ...

N.N.
|

13. **Æthelred** = **Leofruna** regina
  FIW Gen   FIW Gen

14. St **Æthelbeorht** (coins)
... — 793
k. by Offa k. of Mercia
ASChr a. 792 FIW a. 793
Ingulf [Fulman 1684] p. 7

betrothed to **Ælfthryth** [Æthelthryth Ingulf] d. of k. Offa
WMalm [RS] GR c. 86 97

'Deinde perpauci reges in East-Anglia per lxi annos regnaverunt potentes' FIW Gen

Eadweald
known only by his coins
c. 819 — c. 827 (Keary)

Æthelstan I
known only by his coins
c. 827 — c. 837 (Keary)

Æthelweard
known only by his coins
c. 837 — c. 850 (Keary)

Beorhtric
known only by his coins
a. c. 852 (?) Keary
See Beorhtric filius regis, son (?) of Beorhtwulf k. of Mercia (Keary)

Offa
...—854

In Mem St Edm [RS] j 95 97, Gaufridus de Fontibus De infantia sancti Eadmundi [written a. c. 1150] we find a king Offa, predecessor of St Eadmund mentioned, who was neither Offa king of Mercia (757—796) nor Offa king of Essex (c. 704—709), 'sed illorum regum, qui per spatium lx. unius annorum (793—854) in Estangle ante sanctum Eadmundum regnaverunt, iste Offa ultimus extiterat.'

N.N.

king **Ealhmund** = **Siwara** Sigewaru d. of ....
Capgrave. Mem St Edm [RS] Index

Eduuoldus
frater Edmundi regis et martyris
hermit at Cernel WMalm [RS] GP c. 84
commem. 12 Aug
(MS CCCC 422, Warren Leofr Missal)

(St) **Eadmund**
854—870 Nov 20 (k.)
ASChr a. 870 FIW a. 855 870 Gen
SymD [RS] j 55 ij 76 77

N.N.

Guthrum-Æthelstan II
'quem nostri Gurmundum vocant'
WMalm [RS] GR c. 121
878—890
ASChr a. 890 FIW a. 891 Gen
bapt. a. 878 after the peace of Wedmore

N.N.

Eohric
890—905
ASChr FIW a. 905 Gen WMalm [RS] GR c. 97

287

MERCIA.

THE GENEALOGY OF

```
3. Ceorl Cearl  Beda ij 14                                    1. C:
   rex Merciorum                                              Sw. p
   596—606 Lappenb.
        606—626                                               ASChr
ASChr —  FIW —  SymD —                                        HHunt
'non filius [Wippæ] sed consanguineus fuit' HHunt
        │
   Cwenburh Quoenburga  Beda ij 14                             2. P
        │                                                    Sw. p. 17
= (a. c. 608) Eadwine k. of Deira (b. a. 585) Beda ij 14        593
  FIW Gen makes Quenburga d. of Creoda k. of Mercia           ASC
                                                             FIW a. 627 Ge
```

```
        ┌──────────────────────────┬─────────────────────────────────┐
     N.N. daughter                                      4. Penda
   (divorced a. c. 645)                              Sw. p. 170 l. 92
      Beda iij 7                              626 (æt. 51) — 655 Nov 15 (k.)
                                                   Beda ij 20 iij 24 v 24
= Coenwealh k. of Wessex                       ASChr ABC a. 626  FIW a. 627 Gen
      643—672                                        WMalm [RS] GR c. 74
                                              Hist Brit [Mommsen MGH] p. 208
```

```
┌──────────┬─────────┬──────────┬──────────┬──────────┬─────────┐
  Peada    5. Wulfhere  6. Æthelred  Mereweald rex  Mearchelm   Cynebur
bapt. a. 653   859—675  Sw. p. 170 l. 92  eald. of the  eald. of the  Beda iij
Beda iij 21  Beda iij 24 30  675—704 (res.)  Kent      WHecani      FIW Ge
k. of the      v 24      He became a  FIW a. 675 Gen  after his   Cynethry
Middle Angles ASChr FIW  monk and abb. at  Beda —    brother      nun
 653—655     BCS 32     Bardeney, and d.  ASChr E a. 656  Mereweald  FIW — W
k. of the    KCD —     [commem. 4 May]   Beda —       [RS] GR
Southern   (a. 674 corr.)   716 FIW    = Eormenbeorh  FIW Gen   MatthParis
Mercians                  Beda iij 11   Domneva d. of           Chron Ma
655—656 (k.)  = Eormen-   iv 12 17 v 24   Eormenred              a. 703
Beda iij 21 24  hild d. of              of Kent                marg Cynel
             Eorconbeorht  = (bef. a. 679)  WMalm [RS]
= (a. c. 653)  k. of Kent  Osthryth d. of  GR c. 76           = Ealhfl
Ealhflæd    FIW Gen     Oswiu k. of                           of Bernic
d. of Oswiu  commem.    Bernicia                              s. of k. O
k. of Bernicia  13 Feb  Beda iij 11 iv 21
Beda iij 21 24            k. a. 697                           nun FIW
                        Beda v 24                           ASChr E a.
                        FIW a. 697                              963
                        BCS 76 KCD 33°
```

```
┌──────────┬──────────┬──────────┬──────────┬──────────┬─────────┐
7. Coenred   Wærburh    Beorhtweald   8. Ceolred   Mildburh    Mildth
704—709 (res.)  virgo sanctissima  rex    709—716   bur. at Wenlock  Mildr
Beda v 13 19 24  FIW a. 675 Gen  BCS 65   Beda v 19 24  WMalm [RS] GR  nun in T
Cynred FIW    bur. at Chester  KCD 26*   ASChr FIW   c. 76 215    WMalm
a. 708        WMalm [RS]    (a. 686)   BCS 111                  GP c.
d. a. ... at Rome  GR c. 76    Eddius c. 39  KCD 52 confirm.  d. a. c. 722  FIW a. 67
Beda v 19    [DCB iv 1174]  WMalm [RS]                                BCS
             Lib Elien j 17  GP c. 102 203  = Wærburh                   KCD
= N.N. d. of ....              [Gale xv scr.  d. of ....              SymD [RS
FIW a. 708                    p. 346]   d. a. 782 (781)
'relictis uxoribus'          (subregulus)  ASChr DE  FIW
                                         abbatissa SymD
                                         [RS] ij 50
                                         [DCB iv 1175]

  Wulfhad        Ruffinus
 (legendary)   (legendary)
Hardy DC j 695-7
```

290

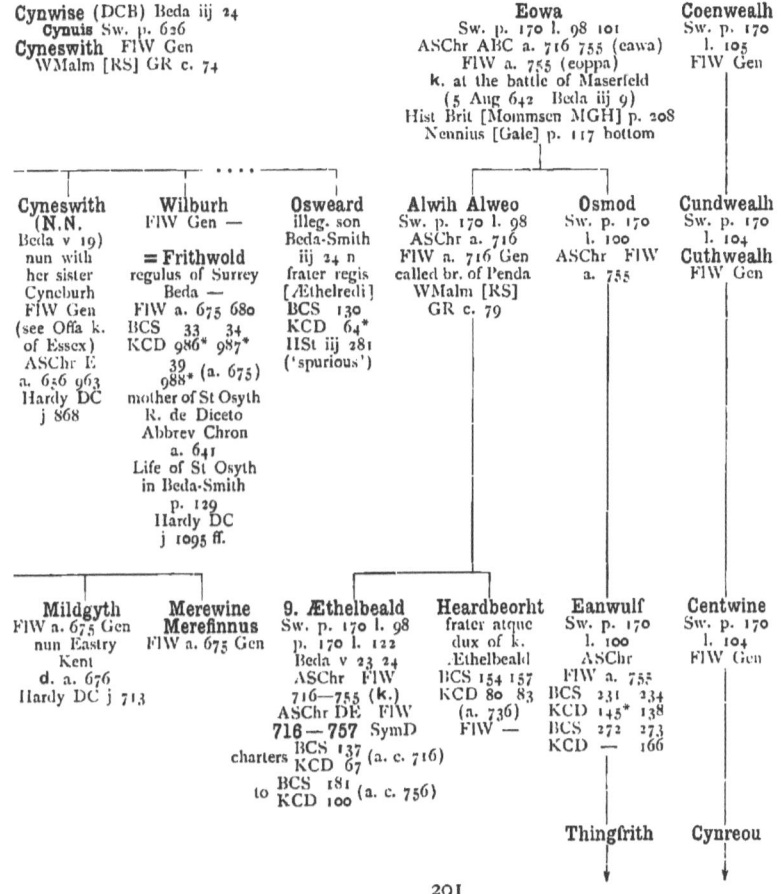

MERCIA (2).

```
                                                              Thin
         N.N.                                              Sw. p. 170 l. 1
                                                           ASChr   FIW
     10. Beornred                                          BCS  222
     a. 775 ASChr  FIW                                     KCD  130*
a. 757 (k.) Contin. Bedæ  SymD
     WMalm [RS] GR c. 79
                                         Cynethryth                         =
                                       ASChr —   FIW Gen
                                   She signs charters (regina Merciorum)
                                   from a. 770 (BCS 203  KCD —)
                                   to a. 788 (BCS 253  KCD 152)
                                                    BCS  251
                                       Her children KCD 151 (a. 787)
                                   Chertsey (IISt iij 462 'quest.')
```

Eadburh	Ælfflæd	Ælfthryth
ASChr FIW a. 787 Gen	SymD ASChr DE a. 792 FIW —	FIW Gen
Æthelburh		Æthelthryth
WMalm [RS] GR c. 90	Æthelflæd BCS 251 (a. 787) 'quest.'	BCS 409 Croyl.
BCS 251 (a. 787) 'quest.'	KCD 151	KCD 233*
KCD 151		betrothed to St Æthelbeorht
regina BCS 279 (a. 796)	BCS 203 Sw. ch. 13 (a. 770)	k. of EAnglia (k. a. 793)
KCD 174*	KCD —	Ingulf [Fulman 1684] p. 7
= (a. 787) Beorhtric k. of	= (29 Sept a. 792) Æthelred I	
Wessex 786—802	k. of Northumbria SymD	

```
         1° Cynegyth regina        =    13. Coenwulf Cenwulf      =      2°  A
         known only by BCS 296              Sw. p. 170 l. 103                  F
                      KCD 177*           794—819 ASChr  FIW             She signs
         [BMF] Thorpe* p. 44 (a. 799)       796 — 821 SymD              from a. 8
                                      Chron de Mailros Theopold p. 23
                                         BCS 366 367 (a. 821)           to a. 8
                                         KCD 214 1029

            Cwenthryth                        14. Coenhelm St Kenelm
         Quendrytha Quendrith                 a. 819  FIW  (ASChr —)
            FIW a. 819 Gen                    a. 821  Theopold p. 24 25
         filia regis BCS 339 (a. 811)         k. 17 July [commem.] æt. 7
                     KCD 198                  filius regis BCS 296 (a. 799!)
         [Cwenthryth an abbess                            KCD 177*
         BCS 384 (a. 825) 575 (a. 897)]
         KCD 220           323
```

```
th                  = Marcellina comitissa Vitæ duorum Offarum              Cynreou
thincfrith)           [Wats 1639] p. 10 11 13                               Sw. p. 170 l. 103
755 Gen                                                                     FIW Gen
777)                                                                        Centreou
                                                                            Lappenb.-Otté ? by mistake

              11. Offa                                                      Bassa
              Sw. p. 170 l. 100                                             Sw. p. 170 l. 103
         755—794  iv Kal Aug 29 July                                        FIW Gen
              ASChr FIW Ethelw
         —796  vij Kal Aug 26 July SymD
         iv Kal Aug 29 July ASChr DE
              Theopold p. 22 23
                     BCS   —
         His sword   KCD  722  (a. c. 1015)


              12. Ecgfrith           Æthelburh           Æthelswith         Cuthbeorht
              Sw. p. 170 l. 100      abbess .... FIW —   FIW --             Sw. p. 170 l. 103
              a. 794  AschR FIW      BCS  251             BCS  251 (see     FIW Gen
              a. 796  Dec 14 SymD    KCD  151 (a. 787)    KCD  151  Æthelburh)
              Theopold p. 23         Chertsey
    He r. 141 d. FIW (a. 794)        (IISt iij 462 'quest.')
         BCS   272
    clito KCD   —   (a. 791 × 796)
         BCS  203 204           207
    regis KCD   — 118 (a. 770)  119 (a. 772)
    CS 269           274                         ┌────────────────────────┐
    CD 164 (a. 794)  167 (a. 793 × 796)          │   Coenred Cunred       │
    rex Merciorum with his father                │  abb St Aug. 803—823   │
         BCS  253 255                            │  relative of k. Coenwulf│
         KCD  152 155 (a. 788 789)               │  and of k. Cuthred     │
         BCS  279 280  281*                      │  BCS  316              │
    king KCD  174* 172* 173* (a. 796)            │  KCD  187* (a. 804)    │
                                                 └────────────────────────┘


  hryth                    Cuthred                                 15. Ceolwulf I
Gen                        king of Kent 796—805                    819—821 AsChr FIW
rters (regina)             FIW Gen [Thorpe j 248 260] with no         821 -- 823
BCS 316                    genealogical details                    Theopold corr. p. 24 25
KCD 187*                   'frater meus [sc. regis Coenuulfi] rex Cantuariorum'   charters BCS 370 373
BCS 359                    BCS 303 316  317                                               KCD 216 217
KCD 211                    KCD 179 187* 188 (a. 801 804)                             (a. 822 Sept 17
                           d. a. r. 9° FIW                                            823 May 26)

Burghild                   Coenweald                               Ælfflæd
FIW Gen                    filius regis [Cuthredi] BCS 1336        FIW a. 850 Gen
burgenilda)                BCS  318 1336
                           KCD  191   —    (a. 805)                = Wigmund s. of Wiglaf
                           propinquus ejus [sc. regis Coenwulfi]     k. of Mercia
                           BCS  335 339 341
                           KCD  196 198 199
```

MERCIA (3).

N.N.
|
┌─────────────────┴─────────────────┐

16. Beornwulf
821—823 (k.) ASChr FIW
823 — 825 Theopold corr. p. 25
He r. 2 y. FIW Gen
dux $\frac{BCS}{KCD}\ \frac{340\ 373}{-\ \ 217}$ (a. 812 823)
rex $\frac{BCS}{KCD}\ \frac{372\ 378\ 379\ 384\ 386}{1030\ -\ 218\ 220\ 219}$ (a. 824 825)

Bynna
frater regis
BCS 379 384
KCD 218 220

N.N.
|
17. Ludica coins **Ludecanus**
'propinquus' of k. Beornwulf FIW Gen
823—825 ASChr FIW
825 — 827 Theopold corr. p. 26
He r. 2 y. FIW Gen
dux $\frac{BCS}{KCD}\ \frac{378\ 379}{-\ \ 218}$ (a. 824)
(there are no royal charters)

Ealhmund
of the royal family
of Wessex
|
Ecgbeorht
king of Wessex
802—839
king of Mercia
829 — 830
coins: REX M.

N.N.
|
18. Wiglaf
I. 825—827 ASChr FIW Ethelw
  827 — 829 Theopold corr. p. 26
  there are no charters of this period
II. 828—838 FIW (ASChr Ethelw)
  830 — 839 Theopold corr. p. 26
BCS 400
KCD 227 a. 831, anno 1° secundi regni mei
BCS 416
KCD 237 a. 836, anno 7° regni nostri
    (there are no later charters)
He died (vita decessit) a. r. 13° FIW
His name does not occur in charters as dux

= **Cynethryth**
d. of ....
FIW Gen
She signs charters
(regina)
from a. 831
BCS 400
KCD 227
to a. 836
BCS 416
KCD 237

Ælfflæd = **Wigmund**
d. of Ceolwulf I   filius regis
k. of Mercia   BCS 400
              KCD 227 (a. 831)
              FIW a. 850 Gen

Wigstan St Wistan
k. 1 June 850 FIW Gen

N.N.
|
19. Beorhtwulf
839 (838) — 852 FlW SymD
ASChr a. 851 HSt iij 610 612
charters BCS 428 to BCS 466 (a. 852)
KCD 242   KCD 268*
He d. a. r. 13° FlW Gen
br. of k. Wiglaf BCS 461
KCD 265* (Croyl.)

= **Sæthryth**
d. of .... FlW Gen
She signs charters
(regina)
from a. 840
BCS 428
KCD 242
to a. 849
BCS 455 (2)
KCD 250

Ælfheah
his nephew
BCS 466
KCD 268* (a. 852)

Beorhtfrith
murderer of St Wigstan his 'cognatus'
1 June 850 FlW
filius regis BCS 873 (a. 948! on an erasure.
KCD 1165
charter of k. Æthelred I 866—871)

Beorhtric
filius regis BCS 428 (a. ...) 450 (a. 845)
KCD 242   258
charters of k. Beorhtwulf
(possibly the same as 'Beorhtric rex' on the
coins of East Anglia. Keary)

N.N.
|
Burgred = **Æthelswith** sister of k. Ælfred FlW Gen
852 — 874   (after Easter ASChr ADE a. 853
exp. by the Danes   Asser SymD ASChr BC a. 854)
a. r. 22° ASChr FlW   She signs charters
dux BCS 452 (a. c. 850)   (regina)
    KCD 243   from a. 855 BCS 487
rex BCS 464 to BCS 535 (a. 872)   KCD 277
    KCD 267   KCD —   to a. 872 BCS 535
d. a. ... at Rome   KCD —
                               regina BCS 607 (a. 904 corr.)
                                      KCD 340
                               cwen ASChr a. 888
                               d. a. 888 at Pavia ASChr
                               (FlW a. 889)

N.N.
|
Ceolwulf II
874 — c. 875
ASChr FlW SymD
charters BCS 540 541 (a. 875)
         KCD 306 308
BCS 607 (a. 904 corr.)
KCD 340

299

EALDORMEN OF MERCIA.

Æthelred = Æthelflæd niece of
eald. under Mercia /Ethelswith, w. of
...—875 Burgred k. of Mercia
eald. under Wessex Lady of the Mercians
c. 875 – c. 911 c. 911 – c. 920

Eadgar k. of Mercia
rex et primicerius Merciorum
957—959
ASChr FIW
charters from a. 958 $\begin{matrix}\text{BCS } 1036\\ \text{KCD } 1218\end{matrix}$ to a. 959 $\begin{matrix}\text{BCS } 1042\\ \text{KCD } 1219\end{matrix}$
sole king
d. 8 July 975

Ælfhere
comes, dux, princeps Merciorum, merena heretoga
c. 956—983 (d.)
charters a. 956—983
dux $\begin{matrix}\text{BCS } 1058\ 1066\\ \text{KCD } 1228\ 487\end{matrix}$

Ælfric
ealdermann
983—985 (ban.)
BCS — KCD 683 670 (a. 989!)
'no succ. was appointed to Ælfric, and the great Ealdordom of Mercia
became a memory of the past' Robertson Essays p. 183

	Eadric Streona
	1007—1017
	ASChr FIW charters
Cnut	
k. of Mercia	
1016 ASChr	
k. of England	Leofwine
1016—1038	1017—c. 1028
	ASChr FIW charters
Harold I	Leofric
k. of Mercia	c. 1028—1057
1035—1037	ASChr FIW charters
sole king	
d. a. 1040	
FIW	Ælfgar
	1057—c. 1062
	ASChr FIW
	Eadwine
	1065—c. 1071

BERNICIA.

NORTHUMBRIA.

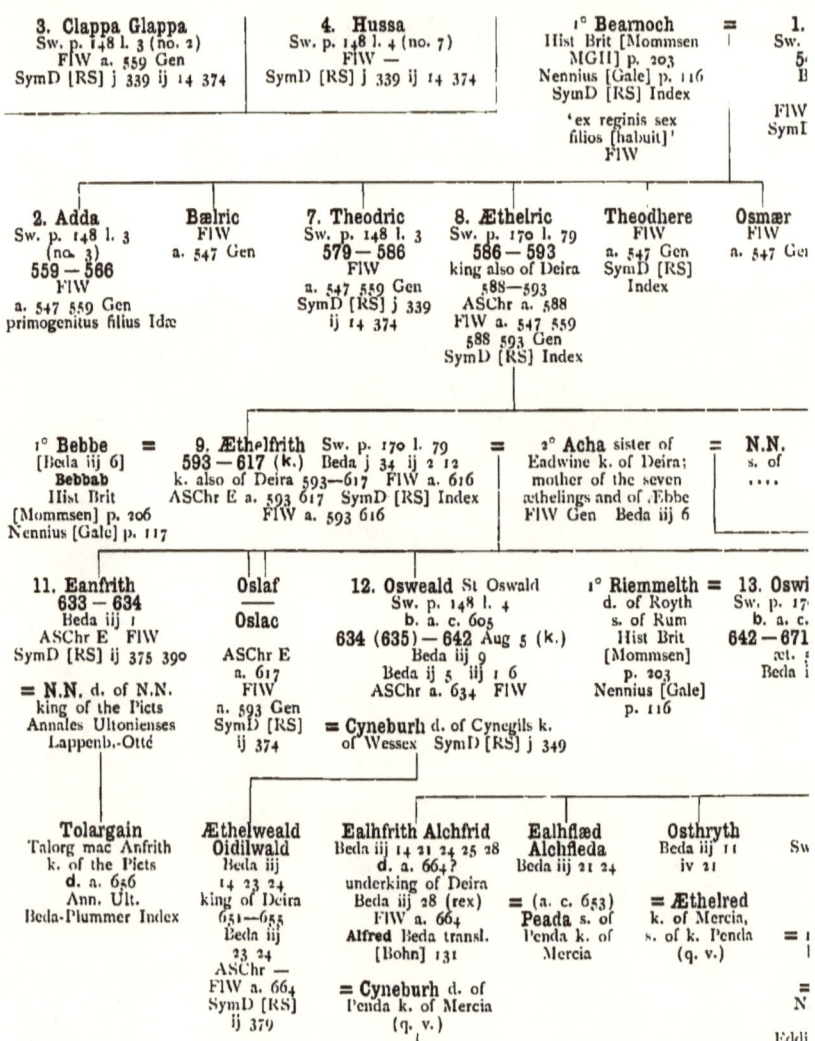

ERNICIA OR (FROM a. c. 650) OF NORTHUMBRIA.

```
Ida           = 2° N.N. d. of ....         5. Theodwulf              6. Freothulf
170 l. 80       concubina                  Sw. p. 148 —              FlW
— 559           SymD [RS] Index            FlW a. 559 Gen            Frithuwald
a v 24          'sex [filios] habuit       SymD —                    Sw. p. 148 l. 4 (no. 6)
SChr            ex pellicibus'                                       FlW a. 559 Gen
. 547 Gen       FlW                                                  SymD [RS] j 339 ij 14 374
[RS] Index
```

```
Occa              Alric              Ecca              Osweald           Sogor             Sogothere
FlW               FlW a. 547 Gen     FlW               FlW               FlW               FlW
a. 547 729 Gen    SymD               a. 547 Gen        a. 547 Gen        a. 547 Gen        a. 547 Gen
Ocg               Ealric             SymD [RS]         Osbeald           Scor              Sceotheri
Sw. p. 170 l. 86  FlW a. 765         j 40 339          SymD [RS]         SymD [RS]         SymD [RS]
Ocga Ocea         Edric                                j 40 339          j 40 339          j 40 339
SymD [RS]         Sw. p. 170 l. 90
j 40 339          Ethric
ASChr ABCD        SymD [RS] j 49
a. 731
```

```
Theodbeald                10. Eadwine              Ealdhelm          Blæcmon
k. a. 603                 k. of Deira and Bernicia  ASChr ABCD        Sw. p. 170 l. 90
Beda j 34                 616 — 633                 a. 731            FlW a. 765 Gen
ASChr E                   ASChr a. 617 FlW a. 616   FlW a. 729
                                                    Edhelm Edelm
                                                    Sw. p. 170 l. 86
```

```
Oswy      = 2° Eanflæd        Offa              Æbbe               Ecgweald           Bofa
l. 79       d. of Eadwine     ———               St Ebbe St Abb     Sw. p. 170 l. 86   Sw. p. 170 l. 89
512         k. of Deira       Oswudu            soror uterina regis Osuiu  ASChr a. 731   FlW a. 765 Gen
Feb 15                        ASChr E           Beda vita Cuthb. c. 10     FlW a. 729
5                             a. 617            abbess Coldingham          Ecgwulf
                              FlW               Beda iv 19 25              Hist Brit
                              a. 593 Gen        FlW a. 593 Gen             [Mommsen] p. 205
                              SymD [RS]                                    Nennius [Gale] p. 116
                              ij 374
```

```
14. Ecgfrith          15. Ealdfrith     Ælfwine     Ælfflæd         Leodwald           Byrnhom
p. 170 l. 79 Lib Elien j 8                          b. a. 654       Sw. p. 170 l. 85   Sw. p. 170 l. 89
b. a. 645                                           d. a. 713       ASChr a. 731 738   FlW a. 765 Gen
70 — 685 May 20 (k.)                                abbess          FlW —
Beda Index iv 26                                    Whitby
                                                    Beda iij 24
Æthelthryth d. of Anna                              iv 26
of EAnglia Beda iv 19                               Eddius [RS]
                                                    c. 43 59
2° Eormenburh sister of                             Ethelfleda
... the wife of Centwine k.                         WMalm [RS]
of Wessex abbess                                    GR c. 50
s [RS] c. 24 40 (39) Beda —
Elien j 11 SymD [RS] j 223
```

NORTHUMBRIA (2).

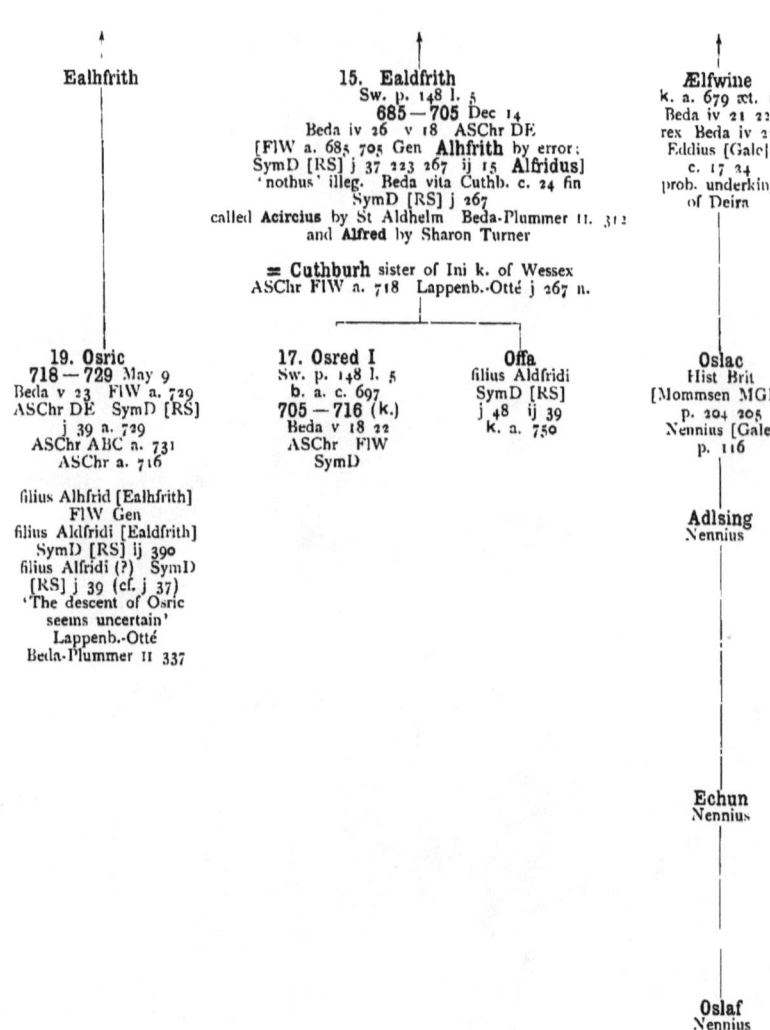

Ealhfrith

15. **Ealdfrith**
Sw. p. 148 l. 5
685 — 705 Dec 14
Beda iv 26 v 18 ASChr DE
[FIW a. 685 705 Gen **Alhfrith** by error;
SymD [RS] j 37 223 267 ij 15 **Alfridus**]
'nothus' illeg. Beda vita Cuthb. c. 24 fin
SymD [RS] j 267
called **Acircius** by St Aldhelm Beda-Plummer II. 312
and **Alfred** by Sharon Turner

= **Cuthburh** sister of Ini k. of Wessex
ASChr FIW a. 718 Lappenb.-Otté j 267 n.

Ælfwine
k. a. 679 æt. 18
Beda iv 21 22
rex Beda iv 22
Eddius [Gale]
c. 17 24
prob. underking
of Deira

19. **Osric**
718 — 729 May 9
Beda v 23 FIW a. 729
ASChr DE SymD [RS]
j 39 a. 729
ASChr ABC a. 731
ASChr a. 716

filius Alhfrid [Ealhfrith]
FIW Gen
filius Aldfridi [Ealdfrith]
SymD [RS] ij 390
filius Alfridi (?) SymD
[RS] j 39 (cf. j 37)
'The descent of Osric
seems uncertain'
Lappenb.-Otté
Beda-Plummer II 337

17. **Osred I**
Sw. p. 148 l. 5
b. a. c. 697
705 — 716 (k.)
Beda v 18 22
ASChr FIW
SymD

Offa
filius Aldfridi
SymD [RS]
j 48 ij 39
k. a. 750

Oslac
Hist Brit
[Mommsen MGH]
p. 204 205
Nennius [Gale]
p. 116

Adlsing
Nennius

Echun
Nennius

Oslaf
Nennius

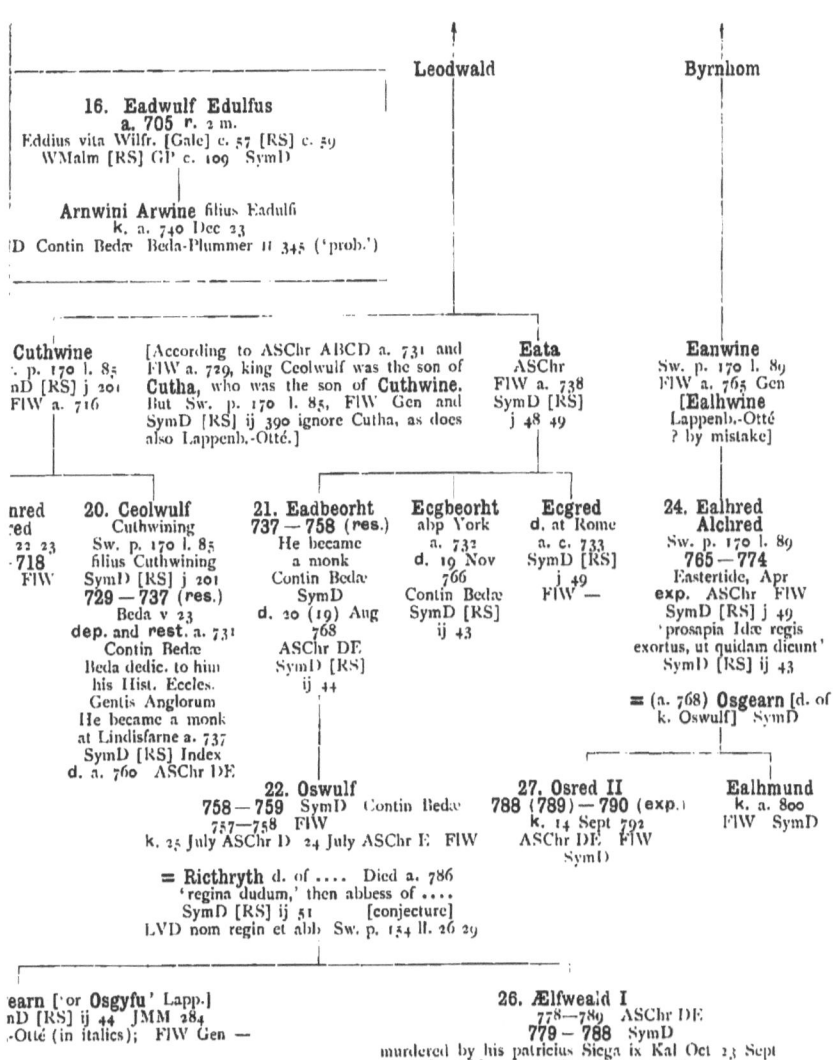

NORTHUMBRIA (3).

N.N.

(1 Nov 762) **Æthelthryth** = 23. **Æthelweald** qui et **Moll** dictus est
 d. of ....   SymD [RS] Index
 SymD [RS] ij 42   **Moll Æthelwald** FIW a. 759 Gen
                                    rex **Moll** FIW a. 774 Gen

 Non Aug 5 Aug 759
 —765 iiij Kal Nov 30 Oct (exp.)
 SymD [RS] j 50 ij 41 43

1° **N.N.** = 25. **Æthelred I** = 2° (29 Sept 792) **Ælfflæd**
 d. of ....   Æthelredus, qui et Æthelberhtus,   d. of Offa k. of Mercia
 ASChr DE a. 790   Molli regis filius FIW Gen   ASChr DE SymD
        Æthelberhtus filius regis Molli
         FIW a. 774 778
         DCB ij 213
        Æthelredus frater Alfwoldi FIW a. 790

 I. As successor of k. Ealhred
      774—778
      ASChr DE FIW
      774—779 (exp.)
      SymD

 II. As successor of k. Osred II
      790—794 Apr 19 ASChr DE
                Apr 29 FIW
      790—796 Apr 18 SymD

 He repudiated his first wife
 'feng to niwan wife'
 ASChr DE 792 FIW —
 propria relicta uxore
 MatthParis [RS] a. 796

 k. xiiij Kal Mai a. r. 7°

N.N.

28. **Osbeald**
    dux et patricius
    SymD [RS] ij 57 62
    a. 796 (exp.)
    r. 27 d.
    SymD [RS] ij 62
    [no coins]
    abbat
    d. a. 799 SymD [RS] ij 62

N.N.
|
Eardwulf
SymD [RS] ij 57

29. **Heardwulf** (coins) Eardwulf filius Eardulfi
comes SymD [RS] ij 376
dux SymD [RS] ij 52 (a. 790)

I. As successor of k. Osbeald
vij Kal Jun 26 May **796 — 806 (exp.)**
SymD [RS] ij 57 58 ASChr DEF

II. As successor of k. Ælfweald II
808 — 810
DCB ij 18 Keary p. lxiv

= **N.N.** d. of .... JMM p. 350

31. **Eanred**
808 — 840
SymD [RS] Index
Andredus rex North. MatthParis [RS]

32. **Æthelred II**

I. As successor of k. Eanred
840 — 844 (exp.)
MatthParis Chron Maj [RS] a. 840 844

II. As successor of k. Redwulf
844 — 848 (k.)
SymD [RS] Index MatthParis [RS] a. 848

N.N.
|
30. **Ælfweald II**
806 — 808
SymD [RS] j 52 ij 377

N.N.
|
33. **Redwulf**
a. **844 (k.)**
coins: REDVVLF REX [Keary]
MatthParis Chron Maj [RS] a. 844
SymD —

NORTHUMBRIA (4).

N.N.

┌───┬─────────────────────────────────────┐

34. Osbeorht coins: OSBERCHT REX
849—862 (exp.) SymD [RS] j 54
SymD [RS] j 53 201
k. 21 M'ch 867 FlW SymD [RS] j 55

35. Ælla SymD [RS] j 202
862—867 M'ch 21 (k.) SymD
br. of Osberht SymD [RS] j 202
'tyrannus quidam non de regali
prosapia progenitus' Asser
ASChr FlW a. 867

Oswealdus	= (?)	**Wulfthryth**
'filius regis'		regina
BCS 520 [Hants] 522 [Mercia] 539 [Kent]		BCS 520 (a. 868)
KCD 1061 298 307		KCD 1061
(a. 868 875)		

(These two names are conjecturally placed here)

───

N.N.

36. Ecgbeorht I
c. Apr 867—873
SymD [RS] Index

───

N.N.

37. Ricsig
Ricsig quidam SymD
873—876
SymD [RS] j 56 225 ij 110 111 Index

N.N.
|

38. Ecgbeorht II
876—878 r. 2 y.
SymD [RS] Index
succ. of k. Ricsig;
' secundus Ecgbertus '
SymD [RS] ij 111

N.N.
|

Harthacnut
SymD [RS] j 68 203 ij 377
|

39. Guthred regius puer
883—894 SymD Index
' This Guthred is identical with Cnut, whose coins are descr. [Keary] p. 204 '
Keary p. lxvij 1

After the death of Guthred, k. Ælfred of Wessex
(d. a. 901) governed Northumbria

Ecgbeorht
k. of Wessex
|

Æthelred I
k. of Wessex (q.v.)
|

40. Æthelweald
901—905 (k.)
'.. quem in regia mox illi [Dani] dignitate præfecerant sibi'
FlW a. 901
' cecidit . . . clito Æthelwoldus, quem sibi delegerant '
FlW a. 905
ASChr a. 901 SymD [RS] —
Lappenb.-Otté ij 104 105

315

NORTHUMBRIA (5).

1° **N.N.** d. of .... = **41. Sihtric Caoch** or **Gale** = 2° (30 Jan
                k. of Danish North^d (York)
                925 — 927 (d.)   Ead|
                ASChr D a. 925 926 (=a. 927)
                Todd p. 279 no. 2
                Keary p. lxix   by mista
                                                                  abl

        42. Guthferth   **43. Anlaf** Sihtrices sunu ASChr
son of k. Sihtric FIW a. 926 SymD [RS] ij 377   **Cwiran** [of the Sandal] /
              927   of Ireland ASChr
expelled by k. Æthelstan, who then
annexed Northumbria to his states   I. **937** (battle of Br
ASChr E a. 927 (no descent)
       Todd p. 279 no. 3   II. **941—944** driven out by k.
                                                      then subdued all North.
                                                        ASChr D bapt.

                                                III. **949—952** expelled by the Nortl
                                                          d. a. 981
                                                          Todd p. 280 n
                                                          Keary p. lx)

                                                                                                  H
                                                  Harald Hárfagr k. of Norway
                                                  Robertson Scotl. j 65
                                                   Keary p. lxxij
                                           His son was surnamed Blodöx
                                                Lappenb.-Otté ij 142
                                                                   45.]
                                                 I.   **948**
                                                             Lappenb.-

          II. On the expulsion of Anlaf Cwaran (Haroldes sunu) **952**
                                                                       ASC
                                                                       Kear)
          k. a. ... by Maccus the son of Olaf

| 25) **N.N.** sister of k. Æthelstan
| ASChr D FIW
| MatthParis [RS] j 446 n.
| Vendover [EHS] j 385 n.
| Id Jul 15 Jul a. . . .
| onfounded with Eadgyth regina
| ?) of Pollesworth Warw.
| SS 16 Sept Potthast

Guthferth
ASChr a. 944
k. of Dublin
Todd p. 279 no. 4

| 44 **Cwaran** = **N.N.** d. of
| r a. 949,   Constantine III
| .1   k. of Scots
| FIW a. 937
| ourg)
| = (a. 940) **Ealdgyth**
| iund I, who   d. of Ormus comes
| his power   MatthParis [RS] j 454
| 3

44. **Rægenald** Guthferthes sunu
ASChr a. 944
k. of York Lappenb.-Otté ij 148 149
923 — 944 **exp.** by k. Eadmund
ASChr D a. 943 944
Todd p. 288 no. 12
Keary p. lxix

rians ASChr E

d ASChr E a. 952

Harald Blátand k. of Denmark
Lappenb.-Otté ij 152
Todd p. 266 no. 7

49 (**exp.** by the Northumbrians) ASChr
ij 152

54 (**exp.** by k. Eadred, who then annexed Northumbria to his states)
)EF
lxxij
mD [RS] ij 197 Steenstrup iij 89

DEIRA.

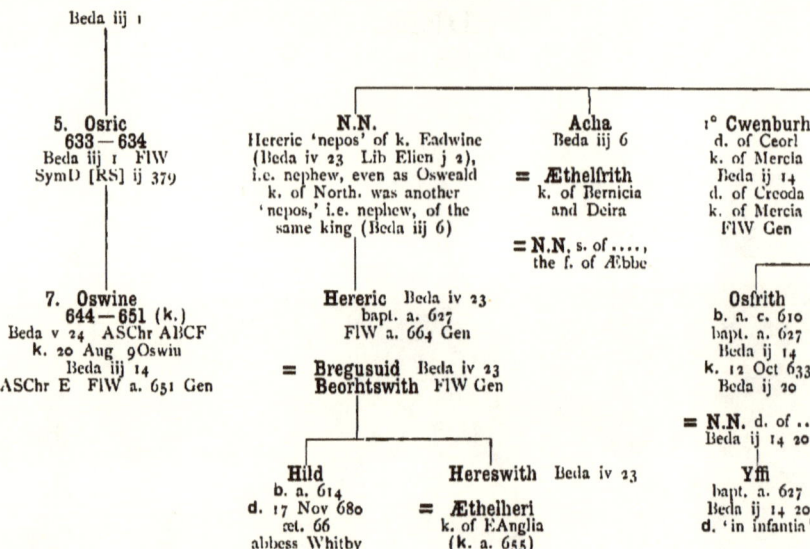

THE KINGS OF DEIRA.

2. Æthelric k. of Bernicia 586—593
k. of Bernicia and Deira Beda-Plummer ij 120
588 — 593 FlW a. 559 588 Gen

1. Ælle Beda ij 1 SymD [RS] j 339 ij 378
Sw. p. 169 l. 73
559—588 ASChr Cf FlW a. 559 Gen
560 — 588 ASChr ABE SymD [RS] ij 378

3. Æthelfrith s. of k. Æthelric,
k. of Bernicia and Deira
593 — 616
FlW a. 616

= **4. Eadwine Æduini** k. of   = 2° (a. 625) **Æthelbeorg-Tate** d. of
Deira and Bernicia   Æthelbeorht I k. of Kent
Sw. p. 169 l. 73   Beda ij 9 14
b. 585 bapt. 12 Apr 627   ASChr EF FlW a. 633 (æthelburga)
Beda ij 14
616 — 633 Oct 12 (k.)
Beda ij 20 Ethelw Chron —

Eadfrith   **Eanflæd**   **Æthelhun**   **Æthelthryth**   **Wuscfrea**
Beda ij 14   b. a. **626** Apr 20   died soon after baptism,   Beda ij 14 20
k. after a. 633 by   bapt. June 7   bur. at York   d. in France
Penda k. of Mercia   Beda ij 9 iij 15 24 v 24   Beda ij 14   after a. 634
Beda ij 20
                          = **Oswiu** k. of Bernicia
                          (and of Deira from a. 655)
                          d. a. 670

Hereric
according to
FlW a. 664 Gen

6. Osweald k. of Bernicia and Deira
SymD [RS] ij 375 Beda-Plummer ij 120
634 — 642

8. Æthelweald s. of Osweald king of Bernicia,
king of Deira **651 — 655** Beda iij 14 23 24

9. Oswiu k. of Bernicia a. 642—670
k. of Bernicia and Deira (=Northumbria)
655 (after the battle at the river Winwæd 15 Nov Beda iij 24) **— 670**
SymD [RS] ij 375 378

Underkings of Deira Beda-Plummer ij 120

Ealhfrith s. of Oswiu k. of Bernicia 655?—664? Beda iij 28

Ecgfrith s. of Oswiu   664?—670? Lib Elien j 8

Ælfwine s. of Oswiu   670?—679   Beda iv 22

LINDSEY.

325   50

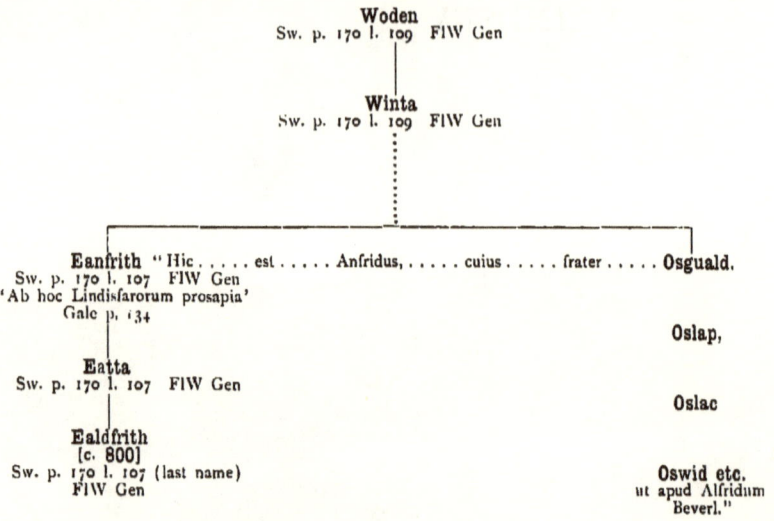

Woden
Sw. p. 170 l. 109 FIW Gen

Winta
Sw. p. 170 l. 109 FIW Gen

Eanfrith "Hic..... est..... Anfridus,..... cuius..... frater..... **Osguald.**
Sw. p. 170 l. 107 FIW Gen
'Ab hoc Lindisfarorum prosapia'
Gale p. 134

Oslap,

Eatta
Sw. p. 170 l. 107 FIW Gen

Oslac

Ealdfrith
[c. 800]
Sw. p. 170 l. 107 (last name)
FIW Gen

Oswid etc.
ut apud Alfridum
Beverl."

Nothing is known of these princes of Lindsey from Woden and Winta to Ealdfrith (p. 254). The lists of bishops and genealogies of kings found in MS Cott Vesp B 6 (fo. 108 ff.) whence the series of the princes of Lindsey from Woden to Ealdfrith in Sw. is derived, were written a. c. 810; Ealdfrith is the last name there given.

In Gale, Script xv [1691] App III p. 134 col. 8 are the four additional names, in italics and not represented as forming a descent from father to son. They seem to be corrupted forms of some Northumbrian names, inserted on the supposition that Eanfrith of Lindsey is the same personage as Eanfrith of Northumbria (633—634), whose name occurs in Alured of Beverley (Alfridus [Alfredus (Gale p. 135)] Beverlacensis) [Hearne 1716] p. 89, with those of his brothers Oswald, Oslaf, Oslac, Oswudu. These names occur also apparently in Hist Brit [Mommsen MGH] p. 202, Nennius [Gale] p. 116.

Offa of Lindsey
'of whom nothing is known' Plummer
Capgrave [1516] fo. 139 AA SS Boll. Oct v 648 ff.
Beda-Plummer II 217
rex AA SS p. 649 (marg.)

Æthelburh
sister of Earconweald bp Lond a. 675—693
Capgrave

326

DISFARI OR OF LINDSEY.

Blæcca
Sw. p. 477
præfectus Lindocolinæ civitatis
converted a. 627   Beda ij 16
ASChr E a. 627

WESSEX AND ENGLAND.

THE GENEALOGY OF THE KIN

1. Cerdic
Sw. p. 179 l. 6 **Ceardic**
495 — 534
Beda —
ASChr [RS] p. 1 a. 495 to 534   FIW 849 (Asser)   Ethelw Chron

Crioda
Sw. p. 179 l. 6 **Criodo**
Hearne Textus Roffensis p. 60 61 WMalm [RS] GR c. 116
ASChr BCD a. 855   AG —;
not elsewhere ment. in the ASChr except in MS Cott. Tib. A 3 [RS] p. 233 l. 10

2. Cynric
Sw. p. 179 l. 6 **Cynnric**
534 — 560
ASChr FIW a. 534 552 560
ASChr a. 495 534 son of Cerdic
According to FIW SymD etc. Cynric was the son of Cerdic, Creoda being omitted in the pedig
The sons of Cynric are given as in Lappenb.-Otté.

3. Ceawlin Cælin Beda ij 5
Sw. p. 179 l. 6
560 — 592
(exp. a. r. 33° FIW, 31° WMalm [RS] GR c. 17)
ASChr FIW a. 592 Gen
d. a. 593

Cuthwulf
d. a. 571
ASChr ABC FIW a. 571 'regis Ce
Cutha
ASChr E a. 571
' Se Cutha wæs Ceawlines bro

Cuthwine
Sw. p. 179 l. 5
ASChr FIW a. 577 688 728
Cutha s. of k. Ceawlin
ASChr ABC a. 584 685
FIW a. 568 584 685
k. a. 584 (Cutha s. of k. Ceawlin)
WMalm [RS] GR c. 17
According to FIW Gen [Thorpe] j 256 **Cutha** and
Cuthwine were both sons of Ceawlin, Cutha being f.
of Ceadda, and Cuthwine f. of Cynebeald and Cutha.

Cynebeald
ASChr FIW a. 728

Ceadda
ASChr BC FIW a. 685
Cadda
ASChr A a. 685

Cuthwulf
Sw. p. 179 l. 5
(son of Cuthwine and f. of Ceolweald)
ASChr [RS] p. 2 233
Cutha
ASChr a. 855 FIW a. 688 849
(son of Cuthwine and f. of Ceolweald)

OF WESSEX AND OF ENGLAND.

```
                    ┌─────────────────────────┬─────────────────────────┐
                    N.N. sister of Cerdic  =  N.N. son of ....
                    WMalm [RS] GR c. 16       perhaps a Jutish prince
                                              (Elton Origins p. 373
                                              Asser vita Ælfredi c. 1)
        ┌───────────────────────────────┴───────────────────────────────┐
                    Stuf                                    Wihtgar
        Beda — ASChr a. 514 534                           d. a. 544.
           FIW a. 514 530 849                 Beda — ASChr a. 514 534 544
             Ethelw Chron                        FIW a. 514 530 544 849
                                                      Ethelw Chron

                                        Ancestor of Oslac the father in law of
                                             Æthelwulf k. of Wessex
                                                FIW a. 849 (Asser)
```

```
                            ┌───────────────────────┬───────────────────────┐
                                    Cuth...                   Cwichelm
 er'                                k. a. 584                Lappenb.-Otté
                                     Cutha                    k. a. 593
                                 ASChr   FIW                 ASChr   FIW
                             Lappenb.-Otté p. 354      According to WMalm [RS] GR c. 18
                           Cutha br. of k. Ceawlin       Cwichelm was son of Celric and
                            WMalm [RS] GR c. 17              brother of Cynegils.
                    ┌───────────────┘                               │
            4. Ceolric                                       5. Ceolwulf
           ASChr E a. 591                                  ASChr  FIW a. 597
                Ceol                                           597 — 611
           ASChr ABC a. 591                                 Beda — ASChr  FIW
        FIW a. 591 611 676                         'filius Cuthæ, fratris regis Ceawlini'
             591 — 597                                         FIW a. 597
           ASChr   FIW                        According to ASChr ABC   FIW a. 674,
  'qui fuit Cutha, qui fuit Kenrici, qui fuit Cerdici'   he was the son of Cynric with (possibly)
             FIW a. 611                              the omission of a step in the pedigree.
  'Ceol filius Cuthwulfi fratris regis Ceaulini'
             FIW a. 591 Gen

         6a. Cynegisl   Cynegils                              Cuthgisl
  s. of Ceol ASChr BC  FIW a. 611 676                       s. of Ceolwulf
        'Ceolwulfes broður sunu'                           ASChr  FIW a. 674
             ASChr [RS] p. 1                   According to WMalm [RS] GR c. 33
              611 — 643                            Cuthgisl was br. of Cynegils.
              ASChr   FIW
  bapt. a. ...  Beda iij 7
  a. 635 ASChr  FIW
ccording to ASChr ABC a. 676 Cynegils was
 of Ceolwulf, but according to ASChr a. 688
nd Ethelwerd Chron. a. 857 s. of Cuthwine.
```

WESSEX AND ENGLAND (2).

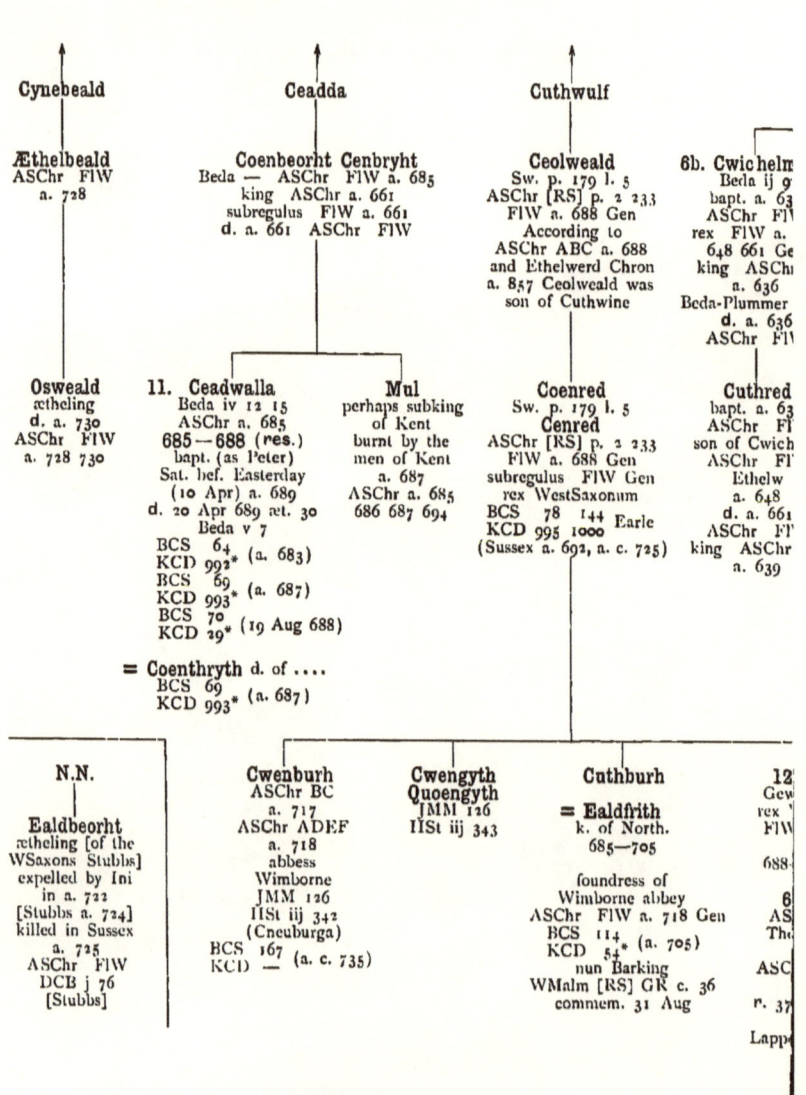

```
                                    Cynegisl                                              Cuthgisl

Coenwealh         10. Centwine      N.N. (daughter)     Æthelwine         Cenfrith
643—645           676—685           Beda iij 7          Egelwine          ASChr  FIW
exp. by Penda)    Beda  — ASChr     Cyneburh            WMalm [RS]        a. 674
648—672 (d.)      FIW  WMalm [RS]   Vita Oswaldi c. 11  GP c. 92
eda iij 7  iv 12            GR c. 33  SymD [RS] j 349   'patronus' of
ASChr  FIW                                              Athelney
a. ... Beda iij 7   = N.N. sister of  = Osweald         mon.
'45  ASChr BCE      Eormenburh, w. of  k. of Bernicia   'prob. a myth'
646  ASChr AF       Ecgfrith k. of North.  634—642      Beda-Plummer
FIW                 Eddius vita Wilfr.                  ij 143
                    [RS] c. 40 [Gale] c. 39
° N.N. sister of
ada k. of Mercia
livorced c. 645)    N.N. (daughter)                                       Cenfus
Beda iij 7          Carmen apud                         ASChr ABC  FIW a. 674
                    Alcuini opera                                 ASChr E a. 675
= 2° (c. 645)       p. 1675 'Ad                         According to FIW Gen
8. Seaxburh         templum Bugge'                      [Thorpe] j 272 he reigned
.N.  Beda iij 7     the d. of Entwine,                  'duobus annis' after qu.
672—674             the predecessor                     Seaxburh, 'secundum dicta
ASChr  FIW          of k. Ceadwalla                     regis Ælfredi.'
(r. 1 y.)
CS 142
CD 73* (a. 725!
     spurious)


       =         Æthelburh        Kenten             Ingild            9. Æscwine
                 ASChr  FIW a. 722  legendary brother  Sw. p. 179 l. 4    674—676
1                BCS 143            of Ini             ASChr [RS]       Beda — ASChr FIW
                 KCD 74* (a. 725)   WMalm [RS] GP      p. 2 233         WMalm [RS] GR c. 33
                 WMalm [RS] GR      lib v c. 188       Ethelw Chron     Beda (iv 12) says
                 c. 36 37                              a. 857           that after the death of
                 sister of Æthelheard                  d. a. 718 (717)  Coenwealh  'acceperunt
                 k. of Wessex       Ealdhelm           ASChr  FIW       subreguli regnum gentis,
                 726—740            bp Sherborne       Inigild          et divisum inter  se
                 BCS 142            705—709            WMalm [RS] GP    tenuerunt annis circiter
                 KCD 73* (a. 725,   Faricius vita      lib v c. 188     decem,' and that then
r                'a glaring..forgery')  Aldh. [Giles]                   Ceadwalla deposed them,
                                    lib v                               and 'suscepit imperium.'
7                                   Wharton AS ij 1 ff.                 Centwine and Æscwine
29                                                                      were perhaps these sub-
                                                                        reguli.
                                                                        (Beda-Smith p. 154 l. 25 n
                                                                        Mayor-Lumby p. 325
                                                                        Beda-Plummer ij 220)
```

336

WESSEX AND ENGLAND (3).

N.N.

Bealdred Baldred
ASChr — FIW —
subregulus BCS 142* (a. 725) ['a glaring..forgery' Thorpe p. 17]   WMalm [RS] GR c. 36
KCD 73*
rex BCS 61* (a. 681) ['Baldred of Mercia' KCD j p. cxx] 121 (confirm. a. ...) 169* (a. 745) Som
KCD 20*   71   93*
Lappenb.-Otté j 330—331

N.N.
descendant of Cerdic

Frithugyth Freothogyth = **13. Æthelheard**   **Æthelburh**
d. of ....   kinsman 'mæg' of k. Ini   wife of Ini k. of
She signs the charters   ASChr DEF ABC —   Wessex 688—726
of the king (regina)   de prosapia regis Cerdici oriundus   BCS 142* (a. 725)
BCS 147   158   FIW a. 728 Gen   KCD 73*
KCD 76* 1002*   subregulus BCS 142* (a. 725,   ['a glaring..forgery']
She went to Rome in   KCD 73*
a. 737   'spurious' HSt iij 307)
ASChr FIW a. 737   rex 728—741 ASChr AB FIW
d. a. ...   ...—739 SymD [RS] ij 32 Contin Bedæ
BCS 1331 NSA no. 1   726—740 ASChr CDEF Theopold p. 14
KCD —   (a. 739)   BCS 147* (a. 729) 155* (a. c. 730)
BCS 475* (a. 854)   KCD 76*   81*
KCD 1051*   BCS 158* (a. 737) 1331 NSA no. j (a. 739)
BCS 727* (a. 938)   KCD 1002*   —
KCD 374*   BCS 727* (a. 938)
BCS 831 (a. 947)   KCD 374*
KCD 1157

14. Cuthred
'propinquus' (FIW) mæg (ASChr DE) frater (SymD [RS] ij 32 Matth Paris [RS] j a. 739)
of k. Æthelheard
witness BCS 1331 NSA no. j (a. 759)
        KCD —
rex West Seaxana BCS 169 rex Gewissorum BCS 170
741—754 ASChr AB
740—754 ASChr CDEF
739—755 SymD [RS] ij 32 40
739—756 Matth Paris [RS] j a. 739 756
740—756 Theopold corr. p. 14 15
BCS 169 170 179 180
KCD 93* 94* 1006 1007 (a. 745, 749)

Cynric
West Seaxna ætheling ASChr a. 748
Occidentalium Saxonum clito FIW
son of Cuthred HHunt [RS] a. 748 Matth Paris [RS] j a. 749
k. a. 748 ASChr ADE   FIW ASChr BC a. 747

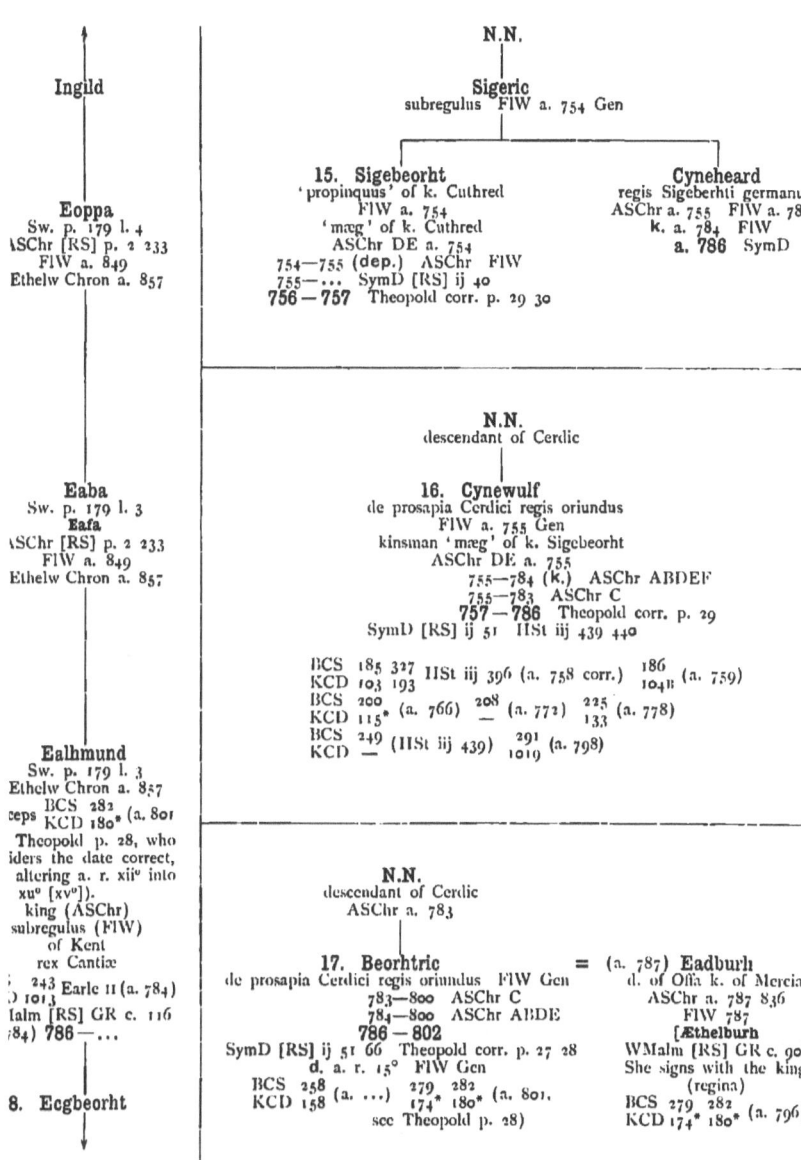

WESSEX AND ENGLAND (4).

Oslac
descendant of Wihtgar nephew of
Cerdic k. of Wessex 495—534
pincerna regis Æthelwulfi FIW a. 849

BCS 300 KCD
conquered Kent a. 823 (q.v.) Charters
He d. after 19 Nov 838 BCS 419 KCD —,

1° (a. c. 830) **Osburh**
ASChr — Asser FIW a. 849 Gen
Pauli Alfred [Bohn] p. 48

= 2. **Æthelwulf**
b. a. ...
king of Kent (vita patris) BCS 395 (a. 828 corr.) 407
KCD 223   1041
king of Wessex or of Wessex and Kent (on account of the
death, of his son k. Æthelstan)
836—855 ASChr ABD FIW 836—856 ASChr C 839—85
Charters: BCS 421 confirm. (a. 839) to BCS 491 (a. 8
         KCD 240   KCD 1056*
king of Kent only 856—858 (13 Jan FIW [Thorpe] HS
                          BCS 497 (a. 859, i.e. 858 ?)
                          KCD 282

N.N.
Osfrith
kinsman mæg of k. Ælfred
propinquus of k. Eadweard I
Ælfred's will BCS 553 624
              KCD 314 1091
(a. 909) (a. c. 882)

Æthelstan
k. of Kent Essex Surrey
and Sussex
836 —
839 — c. 850 (d.)
ASChr FIW
WMalm [RS] GR c. 108
Stubbs Constit Hist ch. vj
BCS 426 (a. 839) to
KCD 241
BCS 460 (a. 850)
KCD 264
always with his father

3. **Æthelbeald**
b. a. ...
filius regis BCS 538 (a. 844 corr.)
             KCD —
BCS 451 459 460
KCD 260 1049 264
king of Wessex
856—860 (r. 5 y.)
BCS 495 500
KCD 1058 284*
bur. at Sherborne
= **Judith** his stepmother (aet. 16)
BCS 495 KCD 1058 (a. 858)

4. **Æthelbeorht**
b. a. ...
rex BCS 467 (a. 853 corr.)
    KCD 269
BCS 486 500 (a. 855) (a. 860)
KCD 276   284*
king of Kent **858—860**
BCS 496 (a. 858; Earle p. 125)
KCD 281
king of Wessex and Kent
860—866
ASChr FIW
BCS 499 502 507 KCD 283* 285
bur. at Sherborne

Æthelhelm
Æthelm
k. Ælfred's will;
prob. the abp
Cant. 914—923
Lappenb.-Otté
ij 125

Æthelweald
k. Ælfred's will;
filius regis
BCS 568 (a. c. 890)
KCD 321*
pretender to the
throne of Wessex
ASChr a. 901
k. of North.
901—905
ASChr. a. 901 905
= **N.N.** d. of ....,
nun at Wimborne
ASChr FIW a. 901

Æthelflæd
Lady of the Mercians
Myrcna hlæfdige
ASChr BC (a. 912)
alone BCS 583 (a. 900)
      KCD —
BCS 632
KCD 343* (a. 916 corr.)
d. 12 June 918
ASChr BCD
919 FIW 'octavo anno
ex quo sola regnum
Merciorum .. rexit'
922 ASChr A

= **Æthelred**
eald. subregulus
of the Mercians
d. a. 912 ASChr FIW
Charters:
alone
BCS 537 (a. c. 873)
KCD 304
with Æthelflæd
BCS 547 (a. 880)
KCD 311
to BCS 608 (a. 904)
   KCD 339
and BCS 616 (a. 907)
    KCD 341*

7.]
BCS 53
KCD 31
901 (el.
ASChr
ASC
Thedayofhis
There a
afte
= 1° **Ecg
nobilissin
WMalm [R
= 3° (a. d
mater
ava;
d. ʃ

Ælfwynn
a. 919 ASChr BCD
920 FIW
Lappenb.-Otté ij 116 n. 3 126

342

beorht rex occidentalium Saxonum, West Saxonum FIW = Rædburh d. of ....
?—836 ASChr FIW   regis Francorum sororia
— 839 IISt iij 610 612 Theopold corr. p. 27 30   MS Trin Coll Oxf x
01) is the only early charter of Ecgbeorht (Edbirtus) Lappenb.-Otté ij 11
, KCD 1031 (a. 824 corr.) to BCS 423 KCD 1044 (a. 838) Speed
elwulf was still k. of Kent; after c. June 839 IISt iij 612 note c.
y. 7 m. ASChr

                = 2° (betrothed July, mar.   Æthelstan
                  1 Oct 856) **Judith** d. of   'Æthelstan his [Ecgbeorht's] other sunu feng to
i. 838)   Charles the bald k. of   Cantwara rice etc.' ASChr DEF a. 836.
                  France [mar. Dec 842],   FIW writes: 'Cuius [Ecgbrihti regis] post mortem
d after   æt. 12   filius Athulfus in West Saxonia regnare cœpit, suum-
                  Pauli Ælfred [Bohn] p. 58   que filium Æthelstanum Cantuariis...regem præfecit'
610 611   ASChr FIW a. 855   (a. 836), making k. Æthelstan of Kent the gr.s. not
                  BCS —   the son of k. Ecgbeorht.
.. 857)   KCD 824* (Kemble iv 176   Lappenb.-Otté prints this name in italics following
)te g.)   a. 1066 Westm)   it with a (?).

5. Æthelred I   Æthelswith   6. Ælfred
    b. a. ...   b. a. 848 Lappenb.-Otté a. 849 Asser FIW
    BCS 481 502 506 507   = (Easter) 853   filius regis BCS 467 (a. c. 854) to BCS 522 (a. 868)
gis KCD 273* 285 287 288   **Burgred** k. of   KCD 269   KCD 298
ed and Ælfred sign together   Mercia (q.v.)   Apr 871—901 v Kal Nov 28 Oct
    BCS 468 to a. 862   d. a. 888 ASChr   FIW SymD (a. 899)
854 KCD 1054   a. 889 ASChr C   vij Kal Nov 26 Oct ASChr D
26 in charters of Æthelwulf,   FIW   LVII (MS Cott. Titus D 27) p. 271
87   Hampson Kal (MS Cott. Galba A 18) p. 416
1elbeald and Æthelbeorht.   His will BCS 553 KCD 314 (a. c. 883)
ing 866—871 Apr 23
ASChr ABDEF FIW   = (a. 868) **Ealhswith** d. of Æthelred Mucel eald. of the Gaini and of
                       Eadburh of the royal family of Mercia, sister of eald. Athulf (d. 903)
= N.N. d. of ....   d. a. 905 (ASChr FIW) Dec 5 (Hampson Kal p. 419)
                       regina BCS 571 KCD 322* mater regis BCS 589 630 KCD 333 —

I   **Eadmund**   Æthelgifu   Æthelweard
          d. young   abbess Shaftesbury   filius regis from a. c. 900 BCS 594 KCD 1077
3) 567 581 Asser [Camden]   FIW Gen   to a. 904 BCS 613 KCD 1085
) 320* 326*   p. 13 (om.)   BCS 531 (a. c. 873)   frater regis BCS 620 KCD 342*
1elw) – 924   Wise, Annales   KCD 310   to BCS 628 KCD 1095 (a. 909)
IW SymD   [The eldest s.,   d. a. 922 Oct 16 FIW
              crowned vita patris,   Ælfthryth   WMalm [RS] GR c. 126
)eated) F   d. before his f.
10t seem known. Rudb. Wharton . = **Baldwin II** count of
iny charters AS j 207 but?]   Flanders, s. of Judith the
I a. 926   widow of k. Æthelwulf.   Ælfwine   Æthelwine   Thurcytel?
                                From whom Mahtilda   k. at Brunanburh a. 937,   abb. Croyland
ia   = 2° Ælfflæd d. of   w. of k. Will. I   bur. at Malmesbury   d. a. 975
jen   eald. Æthelhelm   BCS 661 (a. 918)   WMalm[RS]GR c. 135 Gl' Index Ingulf Searle
6 139 BCS 589 KCD 333 (a. 901) KCD —   BCS 716 719 KCD — 1112*   p. 71

lgifu d. of Sigehelm cald. of Kent (BCS 576 1064 KCD 324 499)
   748 763 784 810   818 820 906
) 380* 1136 —   1154 (king Eadmund I)   412* 413 1171 (king Eadred)
   1046   1047   1190 1191
) 1224 (king Eadwig)   1221 (a. 959)   527 523* (king Eadgar)
(BCS 1064 KCD 499)

WESSEX AND ENGLAND (5).

1°   2°
┌──────────────┬──────────────┬──────────────┬──────────────┐

8. Æthelstan   **N.N.**   **Ælfweard**   **Eadflæd**
b. a. c. 894   daughter   filius regis   a nun
filius regis   BCS 597 610 628   WMalm [RS] GR c. 126
BCS 597 598 620   = (30 Jan 925   KCD — 342* 1095   BCS 714 (a. 937)
KCD — — 342*   at Tamworth   d. 16 d. after   KCD 1115
BCS 613 628   ASChr D   his father
KCD 1090 1095   FIW)   ASChr D FIW   **Eadgifu I**
924 — 940 Oct 27   Sihtric k.   a. 924
ASChr BCDE FIW   of North.   **Eswaldus**   = **Charles** the Simple
925—940 Oct 27   Chron Rames [RS] p. 14   k. of France
ASChr AF   [Gale] c. 4   FIW a. 901
crowned   **Æthelweard**
pridie Non Sept   WMalm [RS] GR   **Æthelhild**
4 Sept 925   c. 126   a lay sister
(at Kingston   WMalm [RS] GR c. 126
ASChr BCD FIW   **Eadwine**
a. 924)   clito BCS 648   **Eadhild**
BCS 641 (a. 925)   KCD —
KCD —   drowned a. 933   = **Hugo** the Great,
                            ASChr E   count of Paris
                          WMalm [RS] GR   WMalm [RS] GR c. 126
                          c. 126 139

Ælfgifu d. of ....   =   (a. ...) **11. Eadwig**
and Æthelgifu   b. a. c. 940
BCS 972   filius regis BCS 766 (a. 941) clito BCS 905 (a. 955)
KCD 1201   KCD 1138   KCD 1170
ASChr D a. 958   ætheling BCS 909 (a. 955)
                         KCD 433
                         955—959
ASChr BCDE FIW Mem of St Dunst [RS Stubbs] p. xciv
crowned at Kingston a. ... Hoveden
rex BCS 917 (a. 955) to BCS 1046 (17 May 959)
     KCD 436   KCD 1224
d. Kal Oct 1 Oct ASChr A (a. 958)
          2 Oct LVII App (MS Cott. Titus D 27) p. 272
r. 3 y. 36 w. less 2 d. ASChr MS Cott. Tib. A 3 [RS] j 233

1°   2°
┌──────────────────────────────┬──────────────────────────┐

13. Eadweard II   **Eadmund**
b. a. c. 962   b. a. ...
clito BCS 1175 1190 1191 (a. 966)   d. a. 970 ASChr DE
      KCD — 527* 523*   WMalm [RS] GR c. 159
filius regis BCS 1164 (Westm.) 1310 (Ramsey)   a. 971 ASChr BC FIW
          KCD 555*   581*   Hearne Textus Roff.
975 — 978 (LVII p. 270) ASChr AC FIW   c. 27 p. 61
975—979 ASChr DEF   [In Lappenb.-Otté ij 457
rex BCS — KCD 611 1276* 1277* 1347   in italics followed by (?) 171
Davidson VIII Earle II p. 295 (Davidson IX)   FIW Gen
The Mercian charters of Osweald bp Worc. mention   BCS 1174 1187 1190
k. Eadw. II as granting his 'licentia' from a. 977 KCD 612   KCD 593 — 527*
till a. 978 KCD 618-620, the earliest charters of k.
Æthelred II being dated a. 979 KCD 721-723
         martyr BCS — KCD 706 (a. 1001)

— ... 3°

9. Eadmund I the Elder
b. a. c. 920
frater regis BCS 670 671 742
KCD 354* 355* 1122
clito BCS 721 723 726
KCD 369 371 —
940 — 946 May 26 (K.) r. 6½ y.
LVH App. p. 271
ASChr ABCD FlW
940—948 ASChr EF
crowned at .... a. ...
charters BCS 748 752 (a. 940)
KCD 380* 384
to BCS 814 815 817 (a. 946)
KCD 408 411 —
Ælfgifu d. of ....
BCS 779 (a. 944)
KCD 409
BCS — (a. 984)
KCD 641
= 2° Æthelflæd of Domerham
(BCS 817 KCD —) d. of
Ælfgar eald. of the Wilsætas
ASChr D (a. 946) NSA Index
Her will BCS 1288 KCD 685A

10. Eadred
b. a. c. 925
frater regis BCS [670] 742
to KCD [354*] 1122
BCS 807
KCD 403
rex BCS 815 818
KCD 411* 412*
(a. 946)
BCS 818 820
KCD 412 413
(a. 947)
946 — 955 Nov 23
ASChr D FIW
948—955 ASChr EF
946—956 ASChr BC
crowned at Kingston
xvij Kal Sept
16 Aug 946
His latest charter BCS 910 KCD 435
is dated Indict. xiij a. 955 corr.
His will BCS 912 KCD —

Eadburh
nun at Winchester
FlW Gen
BCS 742 (a. 939)
KCD 1122
WMalm [RS] GR
c. 126 217

Eadgifu II
= Louis 'princeps'
of Aquitaine
Lappenb.-Otté ij 120
WMalm [RS] GR
c. 126

the Fair surnamed Eneda (the Duck), =
of eald. Ordmær

54 FIW) Ælfthryth d. of eald. Ordgar,
ld eald. EAnglia [d. a. c. 963] FIW
43 (a. 964) 1174 1175 1190
52 593 — 527*
...)

. 964) 1216 (a. 968) to
543
6 (a. 975) — (a. 979) FIW a. 978
12 622
640 (a. 983) 698 (a. 997) 703 (a. 999)
— KCD 703 (a. 999) 707 (a. 1002)
App (MS Cott. Titus D 27) p. 272

12. Eadgar
b. a. 943 FIW
clito BCS 905 (a. 955)
KCD 1170
ætheling BCS 909 (a. 955)
KCD 433
underking of the Mercians 955
ASChr D EAF j 63 64
king of Mercia 957 — 959
rex et primicerius Merciorum ASChr BC
BCS 1036 1037 1042 1052 1063
KCD 1218 1220 1219 480 —
crowned at Bath 'Whits. v Id Mai [11 May]' a. 973
ASChr A FIW ASChr BC 974 DEF 972
king of England 959 — 975 July 8
(æt. 32, a. r. 16°)
Mem of St Dunst. [RS Stubbs] p. lxxxviij ff.

= 3° **Wulfthryth**
(concubine)
FIW a. 964
WMalm [RS]
GR c. 159

... 3°

14. Æthelred II the Unready
b. a. 968 WMalm [RS] GR c. 164
rge's day) ASChr CDE FIW (a. r. 39°) LVH App (MS Cott. Titus D 27) p. 270
gory's day) WMalm [RS] GR c. 180
crowned at Kingston 14 Apr 978 FIW

..-Otté ij 201) Ælfflæd (Æthelflæd BCS — KCD 972 Thorpe p. 542 n. 1)
red the s. of Gunnor (Ailred of Rievaux [Twysden] col. 362 372)
fu d. of earl comes Agelberhtus FIW Gen EAF j 685 687

hr CE) Ælfgifu-Emma d. of Richard I duke of Normandy d. a. 1052
9* (a. 1004) 714 (a. 1005) Æthelred II BCS — KCD 728 (a. 1018) Cnut
conlaterana BCS — KCD 1305 (a. 1008)

Eadgyth, Editha
abbess Wilton
d. 16 Sept 984
æt. 23
WMalm [RS] GR
c. 159 218
GP c. 87
Hardy DC no. 1184
(Capgrave)

WESSEX AND ENGLAND (6).

                                                              1° Ælfflæd = 14. J

Æthelstan	17. Eadmund II Ironside,	Eadred	Eadweard	Ea
b. a. c. 986	Ferreum Latus	BCS —	filius regis, clito	FIW
BCS —	ASChr D a. 1057	KCD 672* 684*	BCS —	= E
KCD 709* 1304	FIW a. 1016	706 (a. 1001)	KCD 643 (a. 984!)	St
his will BCS —	b. a. c. 993 EAF j 268	Eadric	672* (a. 990)	earl c
KCD 722	clito, ætheling BCS —	BCS — KCD 1301	1297 (a. 1002)	k. :
Earle (a. 1015)	KCD 672* (a. 990!)	EAF j 686	d. before a. c. 1004	
BCS —	1302 (a. c. 1006)			Æ
KCD 672* (a. 990)	1310 (a. 1015) 722	Eadwig	Eadgar	Sym
684* (a. 993)	a. 1016 Apr — Nov 30	EAF j 406 717	clito	j 216
1304 (NSA n° xj)	ASChr FIW	k. a. 1017	BCS —	
(a. 1007)	charter: BCS —	bur. at Tavistock	KCD 672* (a. 990)	= U
EAF j 685	KCD 726	ASChr FIW	707 710 714 1309	s. of
LVII p. 14		BCS —	(a. 1014)	earl c
	= (c. Aug 1015)	KCD 672* 700 714 722	d. a. ...	k. :
Ecgbeorht	Ealdgyth (FIW)	WMalm [RS]		ASC
d. a. c. 1005	widow of Sigeferth	GR c. 180		
EAF j 686	s. of Earngrim,	Edwinus		
BCS —	a Danish thegn	WMalm [Savile]		
KCD 672* 684*	ASChr FIW	GR p. 73		
700 1301	BCS — KCD 726			

Eadmund	Hedwig second d. of	Eadweard	=
b. a. 1016 EAF Index	Stephen k. of Hungary	b. a. 1016 EAF j 413	
d. young	Lappenb.-Otté ij 243	d. a. 1057 (æt. 41) ASChr	
[Eadwius	AA SS Boll.	EAF ij 419	
WMalm [RS] GR c. 180]	7 Apr I p. 670		
no issue			

Eadgar ætheling, cild ASChr clito FIW	Margaret
b. before 1058	ASChr D a. 1067 SymD [RS] ij 190
elected (?) k. a. 1066 EAF iij 527	d. a. 1093 ASChr FIW
ASChr D a. 1066 1075 E a. 1074	Pinkerton Lives of the Scottish Saints (18
FIW a. 1017	
d. after a. 1126	= (after a. 1067) Malcolm III Ceanmore
WMalm [RS] GR c. 228	k. of Scots 1058—1093 Nov 13
EAF iij 793 Indices	ASChr FIW a. 1093
	Robertson Scotl. j 125 ff. 151

Eadweard	Eadmund	Eadgar	Alexander I	Æthelred	De
WMalm [RS]	WMalm [RS]	k. of Scots	k. of Scots	abb Dunkeld	k. c
GR c. 228	GR c. 400	1097—1107	1107—1124	earl of Fife	1124
k. a. 1093	Robertson Scotl.	Robertson Scotl.	Robertson Scotl.	Robertson Scotl.	Rober
ASChr FIW	j 151	j 160 ff.	j 170	Index	j :
EAF Will.					
Rufus Index					

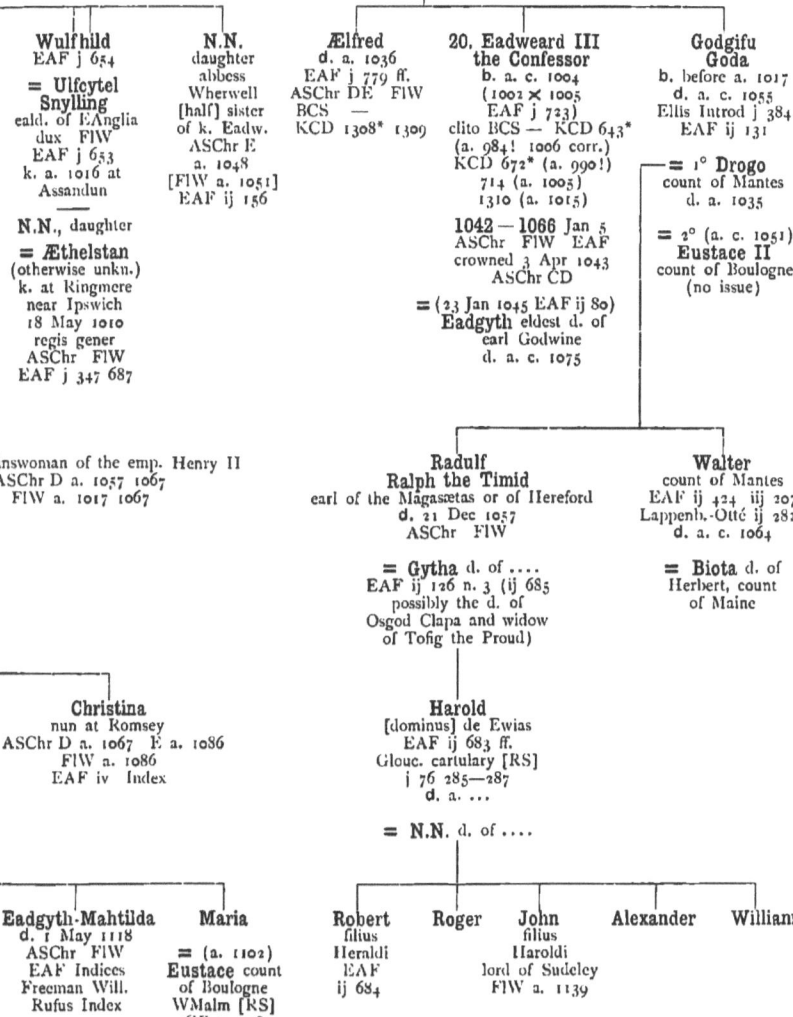

THE ANGLO-DANISH KINGS.

THE GENEALOGY OF T

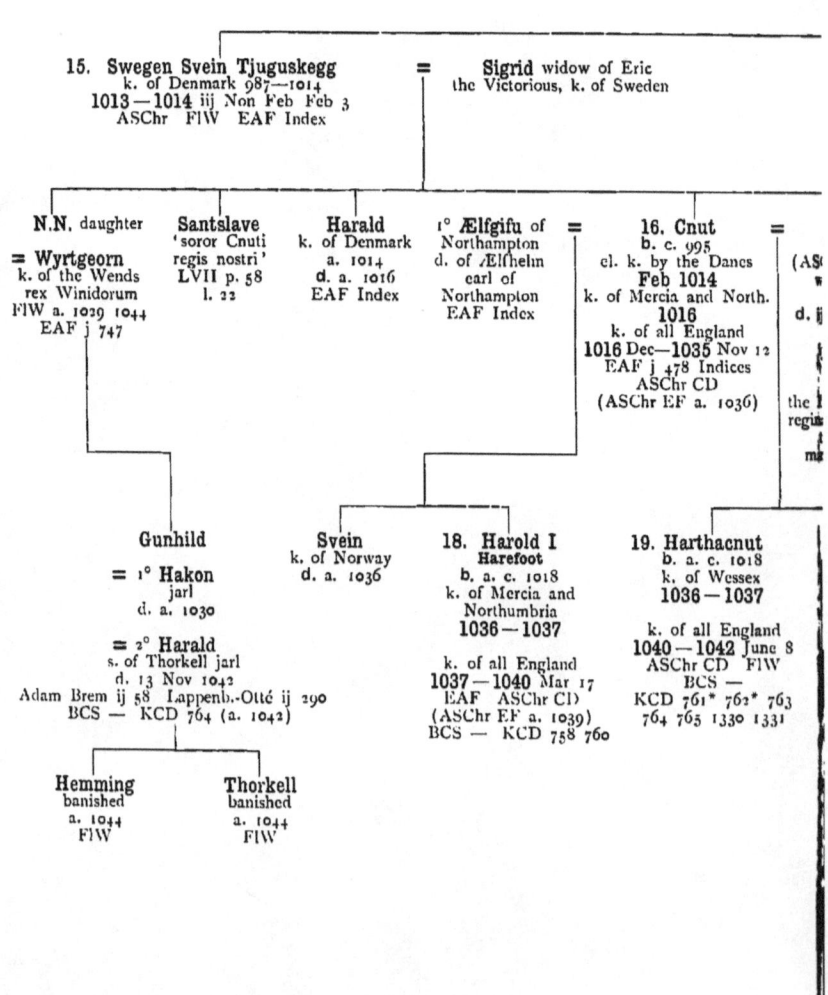

DANISH KINGS.

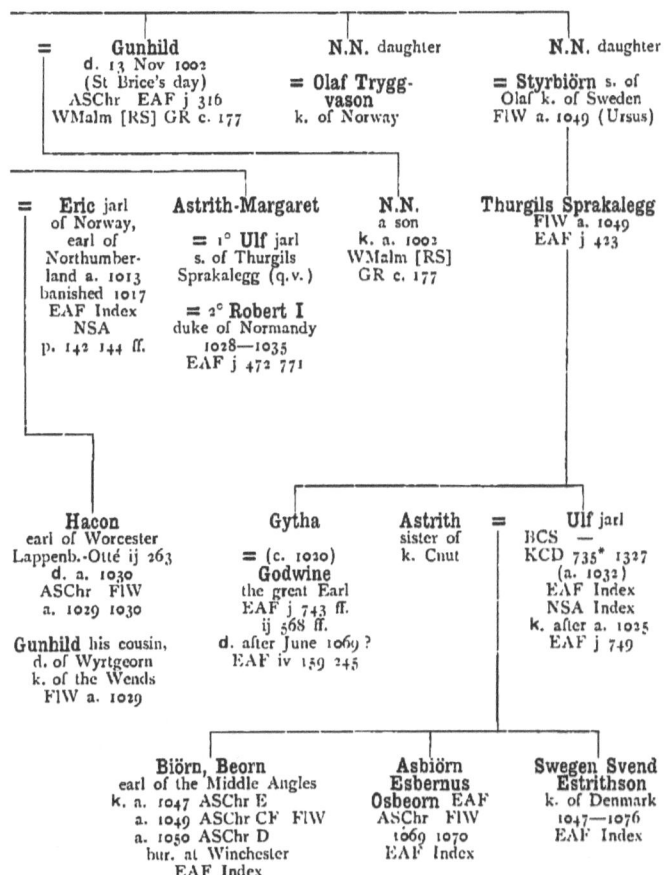

| = Gunhild
d. 13 Nov 1002
(St Brice's day)
ASChr EAF j 316
WMalm [RS] GR c. 177 | N.N. daughter
= Olaf Trygg-
vason
k. of Norway | N.N. daughter
= Styrbiörn s. of
Olaf k. of Sweden
FlW a. 1049 (Ursus) |

| = Eric jarl
of Norway,
earl of
Northumber-
land a. 1013
banished 1017
EAF Index
NSA
p. 142 144 ff. | Astrith-Margaret
= 1° Ulf jarl
s. of Thurgils
Sprakalegg (q.v.)
= 2° Robert I
duke of Normandy
1028—1035
EAF j 472 771 | N.N.
a son
k. a. 1002
WMalm [RS]
GR c. 177 | Thurgils Sprakalegg
FlW a. 1049
EAF j 423 |

| Hacon
earl of Worcester
Lappenb.-Otté ij 263
d. a. 1030
ASChr FlW
a. 1029 1030
Gunhild his cousin,
d. of Wyrtgeorn
k. of the Wends
FlW a. 1029 | Gytha
= (c. 1020)
Godwine
the great Earl
EAF j 743 ff.
ij 568 ff.
d. after June 1069 ?
EAF iv 159 245 | Astrith
sister of
k. Cnut | = Ulf jarl
BCS —
KCD 735* 1327
(a. 1032)
EAF Index
NSA Index
k. after a. 1025
EAF j 749 |

| Biörn, Beorn
earl of the Middle Angles
k. a. 1047 AShr E
a. 1049 AShr CF FlW
a. 1050 AShr D
bur. at Winchester
EAF Index | Asbiörn
Esbernus
Osbeorn EAF
AShr FlW
1069 1070
EAF Index | Swegen Svend
Estrithson
k. of Denmark
1047—1076
EAF Index |

THE HOUSE OF GODWINE.

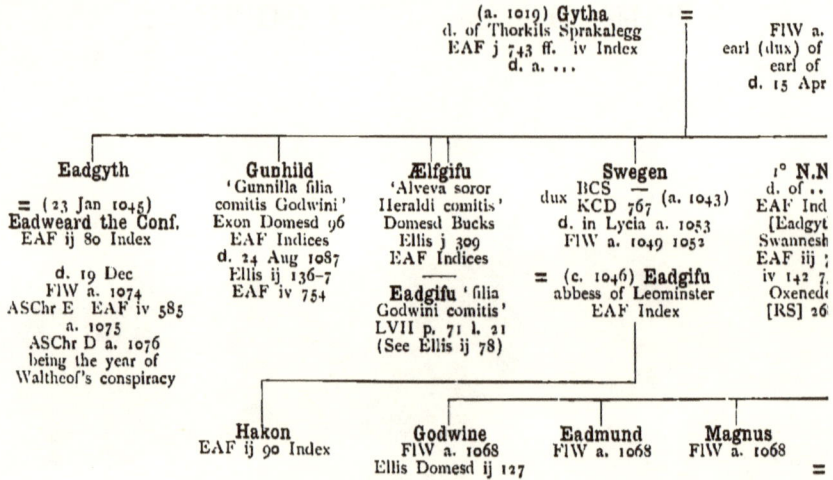

```
Goda                Æthelwine         Æthelweard         Æthelmær
a son               Ægelwine          Ægelward           Ægelmær
God....             FIW a. 1007       FIW a. 1007        FIW a. 1007
FIW a. 1007                                              EAF j 663
EAF j 663

us                                                       Wulfnoth
                                                         FIW a. 1007
                                                         BCS — KCD 722
(1070 1072)                                              Thorpe p. 560
                                                         (will of Æthelstan
                                                         the ætheling)


iwine              =      N.N. sister of k. Cnut              Ælfwig
AF j 719 ff. Index        WMalm [RS] GR c. 200                abb Newminster
017 BCS — KCD 728         EAF j 743                           1063—1066
xons a. 1020—1053                                             k. at Senlac
IW  EAF ij 357 656                                            LVII p. xxxij Index
                                                              EAF ij 705 Index


Harold II        =  2° (a. 1066        Tostig              Gyrth            Wulfnoth
b. c. 1022          EAF iij 638)       earl of Northumb.   earl of EAnglia a. 1057   kept prisoner
arl of the EAngles  Ealdgyth           a. 1055             k. at Senlac 14 Oct 1066  by k.
a. 1045             Eadgyth            k. at Stamford bridge  Ellis Domesday ij 134  William I
irl of the WSaxons  d. of earl         25 Sept 1066                                  FIW a. 1087
a. 1053             Ælfgar, widow      ASChr FIW           Leofwine                  EAF Indices
)66 (Jan — 14 Oct)  (m. a. c. 1058)                        earl of Essex and Kent
BCS —               of Gruffydd        = (a. 1051) Judith   a. 1057                  Ælfgar (?)
CCD 969 976 1350    k. of Wales        sister of Baldwin V  k. at Senlac 14 Oct 1066  Ord Vit
                    (k. 5 Aug 1063)    count of Flanders    EAF ij 583               EAF ij 569
                    EAF Indices        EAF iij 663-665
                    d. a. ...


ytha              Gunhild              Ulf                  Scule              Ketil
                  EAF iv 752           FIW a. 1087          EAF iij 375 n.     EAF iij 375 n.
) Wladimir        Ellis Domesd ij 136  prob. s. of Ealdgyth
;orod, s. of                           or
sar of Russia                          Harold
iv 753                                 FIW Gen (Thorpe j 276)
                                       EAF iij p. xxvij (ed 1)
                                       ? twins
                                       EAF iv 143 754 (ed 2)
```

THE HWICCIAN RULERS.

N.N.
Beda iv 13

Eanfrith
ruler (untitled) of the Hwiccas Beda iv 13
c. 661
bapt a. ... DCB ij 16 iij 182 (Hwiccii)

Eanhere
Beda iv 13
Lappenb.-Otté j 315

rex [Hwicciorum
rex BCS 43 Earle
    KCD 12
                D

Eaba   =   **Æthelwealh**
regina of the S Saxons   king of the S Saxons (q. v.)
Beda iv 13   k. a. 685

Æthelheard
s. of k. Oshere BCS 85
rex BCS 124
BCS 76 77 85 122 124
KCD 33* 34* 36 53 60* (a. c. 691, 705
BCS 238
KCD 146 (?)

362

HWICCIAN RULERS.

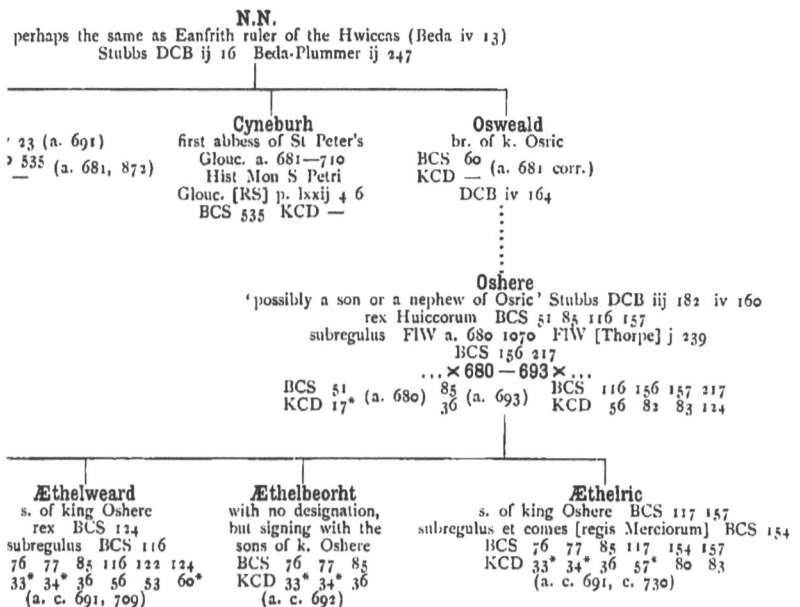

N.N.
perhaps the same as Eanfrith ruler of the Hwiccas (Beda iv 13)
Stubbs DCB ij 16 Beda-Plummer ij 247

Cyneburh
' 23 (a. 691) first abbess of St Peter's
? 535 (a. 681, 872) Glouc. a. 681—710
  Hist Mon S Petri
  Glouc. [RS] p. lxxij 4 6
  BCS 535 KCD —

Osweald
br. of k. Osric
BCS 60
KCD — (a. 681 corr.)
DCB iv 164

Oshere
'possibly a son or a nephew of Osric' Stubbs DCB iij 182 iv 160
rex Huiccorum BCS 51 85 116 157
subregulus FIW a. 680 1070 FIW [Thorpe] j 239
BCS 156 217
... × 680 — 693 × ...
BCS 51
KCD 17* (a. 680) 85 (a. 693) BCS 116 156 157 217
36 KCD 56 82 83 124

Æthelweard
s. of king Oshere
rex BCS 124
subregulus BCS 116
76 77 85 116 122 124
33* 34* 36 56 53 60*
(a. c. 691, 709)

Æthelbeorht
with no designation,
but signing with the
sons of k. Oshere
BCS 76 77 85
KCD 33* 34* 36
(a. c. 692)

Æthelric
s. of king Oshere BCS 117 157
subregulus et comes [regis Merciorum] BCS 154
BCS 76 77 85 117 154 157
KCD 33* 34* 36 57* 80 83
(a. c. 691, c. 730)

Osred
minister
'quest.' (a. c. 738)

Cuthbeorht
comes Wicciorum BCS 85 116
BCS 85 116 124
KCD 36 56 60*
(a. 693, 709)

363

364

THE HWICCIAN RULERS (2).

Ælfredus
DCB —
BCS 217 238
KCD 124 146 (Ælfredus) a. c. 776
Stubbs DCB iij 182 (Alhferth)

Æthelburh
'daughter of Alfred (sic), Mercian abbess' DCB ij 220
'filia Ælfredi' BCS 217
propinqua of Ealdred subregulus Huicciorum BCS 238
BCS 217 (a. 744)   238 (n. c. 779)
KCD 124   146

N.N. son of .... = N.N. daughter of ....
perhaps the same as the above
Ælfredus DCB iij 182
bur. at Worcester   BCS 183 (a. c. 757)   205 (a. 764 × 775)
                    KCD 102*   128*

Eanbeorht	Uhtred	Ealdred
regulus BCS 183 187	regulus BCS 187 201 203 204	regulus BCS 187 223
DCB ij 15	subregulus BCS 205 220	subregulus BCS 202 205 231 23
a. c. 758	c. 757 — c. 778	BCS 183 187 202 203 204 20
BCS 183 187	BCS 183 187 202 203 204	KCD 102* 105 117 — 118 12
KCD 102* 105	KCD 102* 105 117 — 118	BCS 218 220 223 231 232
	BCS 205 218 220 232 277	KCD 125 127 131 145* 148*
	KCD 128* 125 127 148* 170	BCS 233 238 246 277 (a. 755
		KCD 154 146 150* 170
		BCS 313
		KCD 186

366

N.N.
|
Ingeld
dux et præfectus Æthelbaldi regis Merciorum (716—757) BCS 202 203
BCS 202 203
KCD 117 —

Ceolburh   =   Æthelmund
bbess Berkeley   c. 794 — 802 (k.)
d. a. 807   ASChr (a. 800 corr. 802 Theopold p. 42)
ASChr FIW   filius Ingeldi BCS 202 203
805 corr. 807)   minister BCS 202 203 274 (a. 767—c. 794)
5 313   princeps BCS 277 (temp. Ecgfridi reg. Merc. [a. 796])
D 186 (a. 804)   dux BCS 272 (a. 791 × 796)
                    cald. ASChr ABCDE FIW (a. 800), 'of the Hwiccas' Stubbs DCB iij 182
                    BCS 202 203 272 274 277 (Worc.) 313 (a. 804)
                    KCD 117 — 166 167 170   186

        Æthelric
        filius Æthelmundi
        BCS 313
        KCD 186 (a. 804)

N.N.
|
'Wigferth or Wiferth,
of the Hwiccas, was buried in the churchyard of St Peter's at Worcester, as were also the parents
ldred, Uhtred and Eanberht (Kemble, C. D. 102, 128). He was then probably of the same family,
his date seems to fall between 781 and 798 (Kemble, C. D. 175, etc.).'
his paragraph transcribed from DCB (Stubbs) iij 182 seems to be not quite accurate. The undated
er BCS 1007 KCD 952, taken from Heming's Chartulary (8° Oxf [Hearne] 1723) no. cxcv p. 341,
placed by Kemble a. c. 1050, but by Birch a. c. 957 without any definite date, is a grant by Wiferth
Alta his wife of land in the county of Worcester to St Peter's church Worcester, where his (or their)
its were buried. There also the parents of the three Hwiccian rulers Aldred, Uhtred and Eanberht
buried (BCS 183 KCD 102* a. c. 757), the church in BCS 205 KCD 128* a. c. 770 being styled
of the B. V. Mary; these two charters are marked by Kemble with a star as a mark of forgery or
:ion. Wigferth is not in that charter mentioned as dux, nor with any other designation. There is
onnexion to be traced between Wigfrith and the Hwiccian rulers.
he charter BCS 289 KCD 175 (a. 798), referred to in DCB iij 182, has no mention of Wigferth;
ame Wigbeorht however occurs there among the duces of Mercia, and he is found also in charters
264 KCD 161* to BCS 293 KCD 1020 in the years 792—799 in the time of Offa k. of Mercia,
nowhere else, and no other Wigbeorht dux seems to occur at any time, nor any as dux of the
cas. A Wigfrith occurs as thegn of Wessex in a. 784 (ASChr a. 755 FIW a. 784) and the same
other as princeps of Wessex in a. 801 (BCS 282 KCD 180*, accepted as genuine Theopold p. 28) ;
annot have been the dux of Mercia.

. Dugdale's Mon. (ed. 1816) j 567 the charter BCS 1007 KCD 952 Heming no. cxcv is quoted as
ing of Wiferth as 'duke of the Wiccii.' In Dugd. Mon. j (1655) 120 the above pair are termed
rdus dux et Æta conjux,' and they are placed 'tempore Offæ regis [a. 757—796] et Æthercdi ep.',
however are not mentioned in it.

367

EARLS OF NORTHUMBERLAND.

THE GENEALOGY OF THE

2a. **Oslac** 'the great earl,' [se mœra corl ASChr DE a. 975] earl in Deira
966 — 975 (banished)
ASChr a. 966 975
SymD [RS] ij 197 382
BCS 1113 (Durh.) 1141 (a. c. 962)
KCD 504
                                                  Eadwulf

2b. **Eadwulf** cognomento **Yvelcild**, earl in Bernicia
SymD [RS] c. 975
SymD [RS] ij 382
Wallingford [Gale] p. 544
Robertson Scotl. ij 392
BCS 1266 (Ely a. 970) 1219 (Winch. a. 968 corr.)
KCD 563*   598*
                                                  Uhtre
                                                  br. of Eal
                                                  SymD [RS]

3b. **Eiric** formerly jarl of Norway
Ircus
husband of Gytha sister of k. Cnut
EAF j 379 408   SymD [RS] ij 148 154 (= FIW)
NSA p. 144 ff.

3c. **Ælfhelm**
Northanhumbrensium provinciarum dux
k. a. 1006
EAF j 660
BCS — Winch. (a. 997)
KCD 698

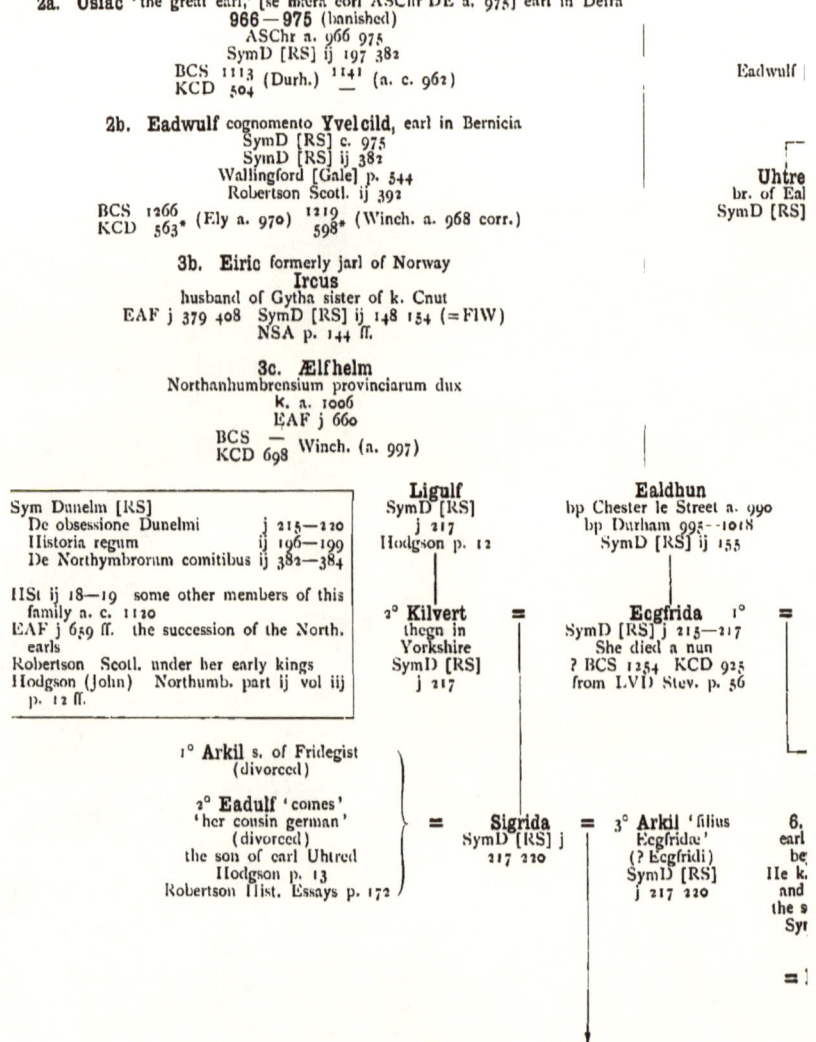

Sym Dunelm [RS]	**Ligulf**	**Ealdhun**
De obsessione Dunelmi j 215—220	SymD [RS]	bp Chester le Street a. 990
Historia regum ij 196—199	j 217	bp Durham 995--1018
De Northymbrorum comitibus ij 382—384	Hodgson p. 12	SymD [RS] ij 155

HSt ij 18—19 some other members of this
family a. c. 1120
EAF j 659 ff. the succession of the North.
earls
Robertson Scotl. under her early kings
Hodgson (John) Northumb. part ij vol iij
p. 12 ff.

2° **Kilvert**   =   **Ecgfrida** 1° =
thegn in   SymD [RS] j 215—217
Yorkshire   She died a nun
SymD [RS]   ? BCS 1254 KCD 925
j 217   from LVD Stev. p. 56

1° **Arkil** s. of Fridegist
(divorced)

2° **Eadulf** 'comes'
'her cousin german'   = **Sigrida** = 3° **Arkil** 'filius   6.
(divorced)   SymD [RS] j   Ecgfridæ'   earl
the son of earl Uhtred   217 220   (? Ecgfridi)   be
Hodgson p. 13   SymD [RS]   He k.
Robertson Hist. Essays p. 172   j 217 220   and
                                                                                             the s
                                                                                             Syr

                                                                                             = 1

...S OF NORTHUMBERLAND.

Eadwulf
'dilectus regi Elfredo' SymD Hist. de S. Cuthb. [RS] j 209
Æthelw Chron ['Obiit Athulf qui tum præerat actori oppidi Bebbanburgh condicti' (sic)]
Robertson Scotl. j 58 71 ij 439 EAF j 60 n. [Eadwulf]
ceps k. by Edred filius Rixinci SymD [RS] j 210 n. 'tempore Eadwardi regis' (a. 901 × 924)

= **N.N.** daughter of ...., carried off by Edred

Ealdred
Ealdred Ealdulfing (sic) AsChr D a. 926
N.N. Eadulfes sunu AsChr A a. 924 SymD [RS] j 209
'Aldredum filium Eadulfi (sic) de regia urbe ... Bebbanbyrig
expulit [rex Athelstanus]' FlW a. 926

1. Oswulf I
lord of Bamborough
BCS 882 883
KCD 426 424   Earle II (a. 949)
earl of Northumbria
953 — c. 965
SymD [RS] ij 94 197 382

3a. Waltheof I 'senior' SymD [RS] ij 197
'The next earl was Waltheof, who seems to have been a son of Oswulf' EAF j 660
earl of Northumbria SymD [RS] j 215 ij 383
BCS — KCD 687 (a. 994) AsChr —

tred	= 2° **Sigen** (SymD [RS] j 216)	5. **Eadwulf Cudel** SymD
Northumb.	d. of Styr the s. of Ulf	**Cutel** SymD EAF
Thurebrand hold	(SymD [RS] j 83 212)	earl of Northumbria beyond the Tyne
218 ij 383	SymD [RS] ij 383	**1016 — c. 1019**
Walthefi	(ex altero conjugio)	SymD [RS] j 218 ij 197 383
:] ij 197 383		Robertson Scotl. j 95 96 ij 391 392
RS] Index	= 3° **Ælfgifu Algiva** d. of k.	AsChr — FlW —
	Æthelred II	
	SymD [RS] j 216 ij 199 383	
	...2°	...3°

	'Sigrida' = 7. **Eadwulf**	**Cospatric**	**Ealdgyth** = **Maldred**
ia	d. of Kilvert'	earl of North.	SymD [RS] ij	SymD [RS]	s. of Crinan
;	Hodgson p. 13	a. c. 1038	197 383	j 216 ij 199	thegn of ....
hold		k. by Siweard			SymD [RS]
rl		SymD [RS] j 91			j 216 ij 199
and		a. 1041			
x		AsChr a. 1041			
.		[He is called Yvelcild			
		EAF Index p. 75,			
		but this name is not			
		found at the places			
		referred to; ? mistake]			

371

EARLS OF NORTHUMBERLAND (2).

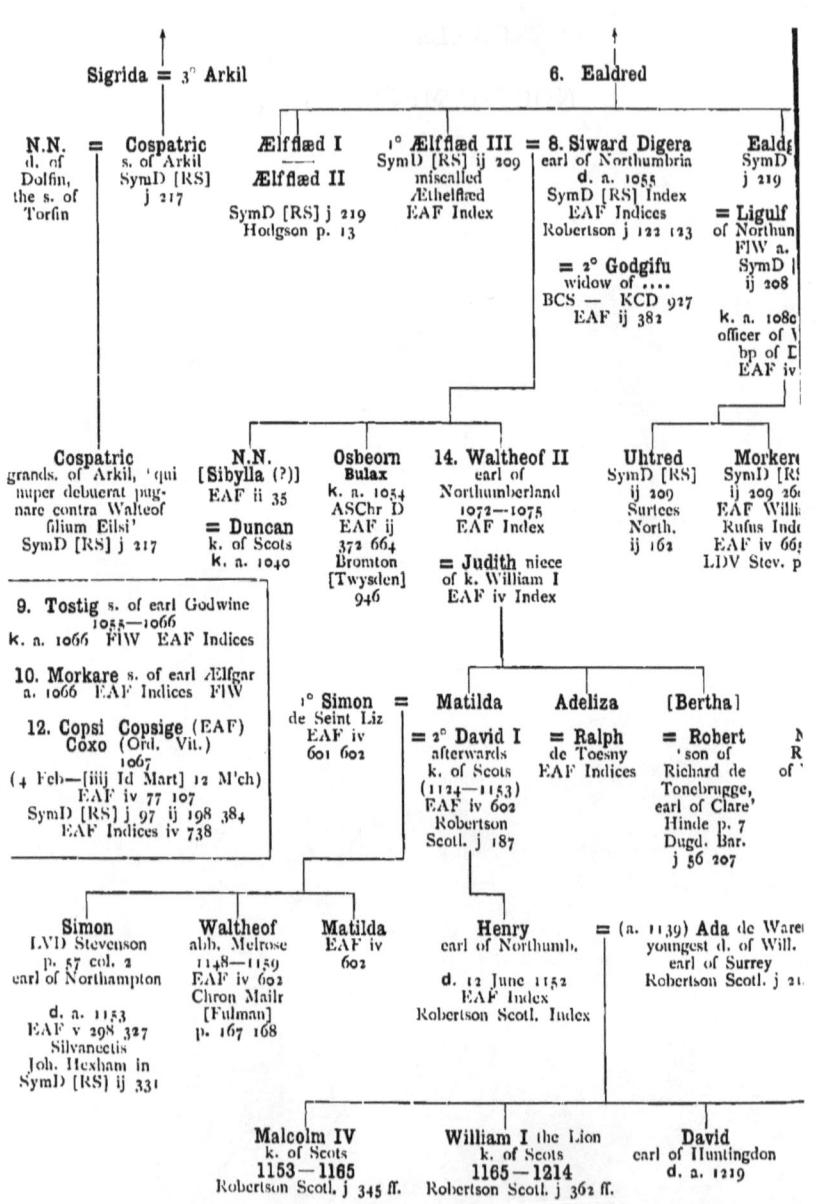

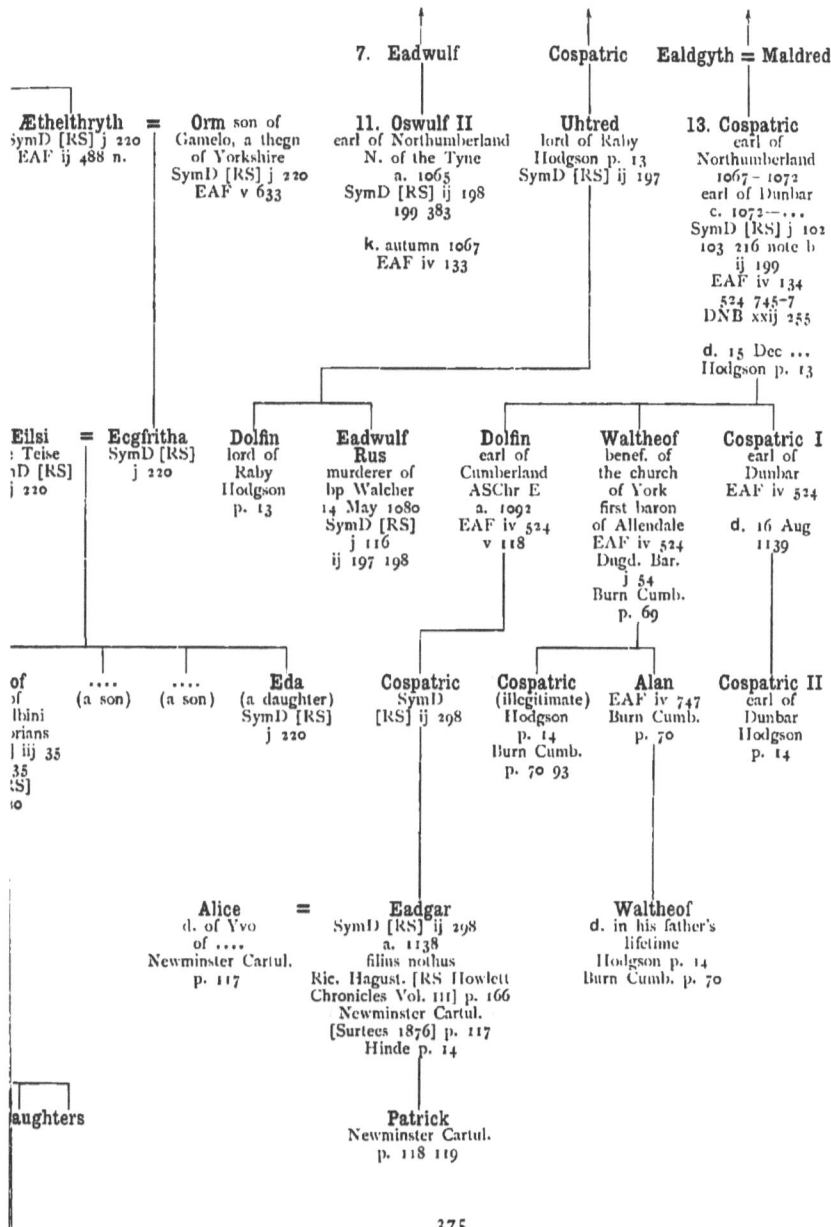

376

THE DESCENDANTS OF
RAGNAR LODBROG.

k. a. c. 855   Todd Ín

Ivar Beinlaus, Ingwar
invaded Northumbria a. 866 (870)
d. a. 873
Todd p. 268 ff.   Robertson j 43 44

Ubb
[N.N. 'Iweres (Ingwæres) broðor and H
N.N. 'frater Ilinguai
slain in Devonshire (?) a.

Sihtric 'lord of the foreigners of Limerick'
Todd p. 271 no. 2
k. a. 896 (891)

Sichfrith (**Guthfrith** Hinde)
Todd p. 271 no. 1, 277
k. by his brother Sihtric a. 887 (888)
Ethelw. a. 894

a daug
Todd p.

Anlaf
Todd p. 271 no. 3
k. a. 896

Harald
of Limerick
Todd p. 271 no. 4
king in Connaught
k. a. 940

Anlaf
k. in battle
a. c. 891
Hinde
p. 138 139 154
not mentioned
in Todd

Ivar
Todd p. 279 no. 1
k. a. 903 (904)
Robertson j 53 56

Guthfrith
Todd p. 279 no. 4
took Dublin a. 924
k. of Dublin
d. a. 934
Robertson j 56 ff.

Magnus Haraldson
Todd p. 272 no. 5
king in Man and
the Isles a. 954
d. a. 977
prob. 'Maccus
the s. of Anlaf'
SymD [RS] ij 197
a. c. 950
Robertson j 66 74

Guthfrith
Todd p. 272 no. 6
king of Inch Gall
(the Hebrides)
k. of Man
977—989
d. a. 989
Robertson j 85 n.

Anlaf
Todd p. 287 no. 8
succ. his f. in
Dublin a. 934
k. in Lothian
a. 942

Blacar
Todd p. 287 no. 11
k. of Dublin
exp. a. 945
Robertson j 70
d. a. 948

Reginald
Todd p. 288 no.
submits to k. Ea
the Elder a. 9
ASChr F
bapt. a. 943
ASChr FlW
d. a. ...
Keary p. lxi

Reginald
Todd p. 272 no. 7
k. of Inch Gall
d. a. c. 1004
Robertson ij 188

Anlaf
Todd p. 272 no. 8
Lagman

og
son Scotl. j 43 Index

```
SymD [RS] ij 104 a. 866                              Halfdene Healfdene  Todd p. 270
lealfdænes)'  AsChr D (B) a. 878         succ. Ingwar a. 871  estab. himself on the Tyne a. 875
ie'  FIW a. 878                          k. a. 881  ASChr a. 871 875 876  Ethelw. a. 878
Lappenb.-Otté ij 61]                     SymD [RS] Index  Keary p. lxvj  Robertson j 46 47


       N.N. a Scottish viking              Halfdene           Ingwar              Eowils
   successor to Ketil in the dominion      k. a. 911         FIW a. 911          k. a. 911
      of Inch Gall (the Hebrides)          ASChr BCD  FIW    Ethelw. a. 909      ASChr BCD
          Robertson j 55 56


  Reginald       N.N.   =   Sihtric Caoch or Gale  =  (a. 925) N.N.       [Niel br. of Sihtric
 Northmen       d. of ....   Todd p. 279 no. 2          [Edgitha           k. by him a. 921
 : Dugall                    landed in Kildare a. 915  (Hinde p. 141)]     ASChr
 Vaterford                   slew Nial k. of Ireland a. 917  sister of k.  SymD [RS] ij 123
 )15                         k. of Danish North⁴. (York)   Æthelstan       This personage is not
 5—921                                 a. 925                              a member of this family,
 921                                   d. a. 927                           but really Niall Glun-
 p. 293                            Keary p. lxix                           dubh k. of Ireland.
 ij p. xxvj ff.                  SymD [RS] ij p. xxx                       Todd p. 277.]


 Ian Halfdene       Guthfrith        Anlaf Cwaran (Cwiran ASChr EF)  =     N.N. d. of
  p. 287 no. 10     Todd p. 279 no. 3     Todd p. 280 no. 5                Constantine III
  k. a. 924         driven from North⁴.  Anlaf of Ireland  ASChr D a. 941  k. of Scots
                        a. 927           Anlaf the red  Egils-saga         FIW a. 937
                    ASChr EF a. 927      leader of the Danes at Brunanburh
                    FIW a. 926              a. 937  ASChr  FIW
                    SymD [RS] ij p. xxxj    k. of York a. c. 940
                    124 a. 926           exp. by k. Eadmund a. 944
                    93 a. 927              again king a. 949
                                         exp. by the Northumbrians a. 952
                                            d. a. 981  Keary p. lxx


                  Gluniarainn             Sihtric Silkiskegg            Reginald
               Todd p. 288 no. 15       Todd p. 288 no. 16           Todd p. 290 no. 17
                 k. of Dublin              k. of Dublin                 k. a. 980
                 d. a. 989                 d. a. 1042
                                        [Todd Index p. 343 has
                                         confused this Sihtric
                                          with his grandf.]


         Godfrey           Gluniarainn            Olaf               Eadmarcach
    Todd p. 291 no. 25  Todd p. 291 no. 27  Todd p. 291 no. 28   Eachmarcach (Robertson)
       k. of Man (?)        k. a. 1031         d. a. 1012           Todd p. 291 no. 22
       k. a. 1036                                 (1034              k. of Dublin a. 1035
                                             Robertson ij 188)      exp. a. 1052
                                                                    Robertson j 162


                                           Godfrey              other sons
                                        k. of Dublin          killed in Man
                                         d. a. 1075             a. 1087
                                       Robertson ij 188     Robertson ij 188
```

B. THE ANGLO-SAXON NOBLES.

GENEALOGIES OF THE ANGLO-SAXON NOBLES.

N.N.
|
Oswulf = Beorntbryth d. of ....
dux atque princeps provinciæ Orientalis Cantiæ   BCS 289 (a. 798) 330 (will) 445
under Mercia a. 810 BCS 445   KCD 175   226   256
                      KCD 256

comes BCS 316 (a. 804) 378 (a. 824)
      KCD 187   —

princeps BCS 1336 (a. 805)
         KCD —

dux BCS 289 (a. 798) 319 (a. 805) 330 (will)
    KCD 175   189   226

BCS 445 HSt iij 567 (a. 844)
KCD 256

propinquus of Ealdbeorht comes [BCS 247 248 (a. 786)]
                                KCD —   —

BCS 378
KCD —

ness BCS 201 endorsement (a. c. 801) 303 318 (a. c. 805)
     KCD 116   179 191

     d. a. ... HSt iij 568 n.
will: BCS 330 (a. 805 × 832) Thorpe p. 459 Kent
      KCD 226

Eardwulf   Ealfthryth (Ælfthryth)
BCS 445   BCS 445
KCD 256   KCD 256

N.N.
|
N.N.   N.N.   Æthelmod   =   Cynethryth   N.N.
        son   eald. Kent under Mercia d. of ....   son
                landowner at Chart widow of Æthelmod
                dux BCS 343 (a. 814) BCS 404 Thorpe p. 465
                    KCD 207   KCD 228
                d. before a. 830   Earle p. 102 (a. c. 830)

Oshere   =   N.N.   Osbeorht
BCS 404 (a. c. 830) daughter   BCS 404
KCD 228   KCD 228
BCS 411 (a. 833 corr.)
KCD 234

         Eadweald   =   N.N. d. of ....
         landowner Kent
         BCS 404
         KCD 228

              children
         BCS 404 (a. c. 830)
         KCD 228

383

3.   N.N.
    ┌─────────────┬─────────────┬─────────────┐
  Abba   =   Heregyth   Ealhhere   Æthelweald
  reeve Kent   d. of ....   brother of Abba   mæg relative of Ab
  d. a. ...   ['brother' (Thorpe)]
will: BCS 412 Thorpe p. 469 (a. c. 835)
      KCD 235
                                              Freothomund friend
                                              relative of Abba

4.   N.N.
                  |
              Ealdred   =   Ealhburh d. of ....
  landowner Kent benef. Ch.Ch. Cant.   wills: BCS 403 (a. c. 830) 501 (a. c. 860)
  BCS 403 501 Thorpe p. 468 (a. c. 830)   KCD 299
  KCD 229 —   Thorpe p. 468 479
                           Eadweald
                      'son of Ealhburh'
                           BCS 403
                           KCD 229   Ealawynn d. of Ealhh
                                                   BCS 403
                                                   KCD 229

5.   N.N.
                              |
   ┌──────────────────────────┼──────────────────────────┐
 1° N.N. d. of .... =   Ælfred   = 2° Wærburh d. of ...
                       eald. dux landowner Surrey   will
                       owner of Codex Aureus (Stockholm)
                              BCS 634 (a. c. 880)
                              KCD —
                      dux (?) BCS 537 (a. c. 873) Warw. Mercia
                              KCD 304
                              d. a. ...
                      will: BCS 558 Thorpe p. 480 (a. c. 880)
                            KCD 317
        Æthelweald   Ealhthryth
           will   will

6.   N.N.
                              |
   ┌──────────────────────────┼──────────────────────────┐
  Osmod s. of .... =   Ceolwen   N.N.
     will   landowner Alton Hants benef. Winch. son
                           d. a. ....
                  will: BCS 566 (a. c. 890) Thorpe p. 492 (before a. 905)
                        KCD 1070
                                                      Wulfstan
                                                        will

N.N.
|
Æthelweald   =   N.N. d. of ....
landowner Worc.
BCS 574
KCD 1073 Thorpe p. 139
(a. 896)
Earle p. 154

Ealhmund
BCS 574   KCD 1073

Æthelweald, s. of eald. Ælfred (Surrey)   Æthelstan
had a step-sister Ealhthryth (no. 5)   Æthelhun
                                          kinsmen of Æthelweald
                                          BCS 574   KCD 1073

N.N.
|
Æthelwulf Athulf
landowner Bucks.
BCS 603
KCD 1081 Thorpe p. 153 (a. 903)

Æthelgyth
d. of Athulf
BCS 603
KCD 1081

N.N.
|
Æthelfrith
eald. Mercia
dux BCS 551 (a. 883) to BCS 632 (a. 916)
    KCD 313   KCD 343

See BCS 603 606 (a. c. 903)
    KCD 1081 338
NSA p. 83 note 2

d. a. c. 916

387

ANGLO-SAXON NOBLES (3).

10.

N.N.
|
Æthelred Mucil
Asser FlW   **Mucel** SymD
eald. comes of the Gaini
FlW a. 868 SymD [RS] ij 75 106 ASChr —
dux $\frac{BCS\ 571}{KCD\ 322}$* (a. 895!) comes Ganniorum
d. a. ...

=

N.N.
|
Eadburh
de regali genere Merciorum regis
Asser FlW a. 868
SymD [RS] ij 106 (regum)

Ealhswith = (a. 868) **Ælfred**
b. a. c. 850   k. of Wessex
d. a. 905   871—901
ASChr FlW   will: $\frac{BCS\ 553}{KCD\ 314}$
regina $\frac{BCS\ 571}{KCD\ 322}$*   (a. 880 × 885)
(a. 895!)

Æthelwulf
eald. dux Athulfus Ealhswithæ
reginæ germanus FlW
$\frac{BCS\ 574}{KCD\ 1073}$ (a. 896) $\frac{575}{323}$ (a. 897) $\frac{595}{1078}$ (a. 901)
d. a. 903 ASChr FlW

Eadweard I   **Æthelflæd**   =   (before a. 886) **Æthelred Æthered**
king 901—924   b. a. c. 869 [eldest child]   eald. of the Mercians
               Myrcna hlæfdige   ASChr   (and Northumbrians Ethelw. a. 909)
               Merciorum domina FlW   ealdorman on Myrcum ASChr
               lady of the Mercians   dux Merciorum Asser Ethelw.
                 witness: dux et patricius, dominus et subregulus
$\frac{BCS\ 547}{KCD\ 311}$ (a. 887 corr. Thorpe p. 133)   Merciorum FlW a. 912
to $\frac{BCS\ 574}{KCD\ 1073}$ (a. 896)   Merciorum gentis ducatum gubernans
                                                                        $\frac{BCS\ 552}{KCD\ 1066}$ (a. 884)
joint ruler of the Mercians with Æthelred,   procurator in dominio regni Merciorum
Myrcna hlafordas: $\frac{BCS\ 557}{KCD\ 1068}$ (a. 888)
$\frac{BCS\ 577}{KCD\ -}$ (a. 898) $\frac{579}{1075}$ (a. ...) $\frac{582}{327}$ (a. ...)   subregulus et patricius Merciorum
$\frac{BCS\ 587}{KCD\ 330}$ (a. 901) $\frac{603}{1081}$ (a. 903) $\frac{BCS\ 561}{KCD\ 316}$* (a. 889)
$\frac{BCS\ 606\ 607\ 608}{KCD\ 338\ 340\ 339}$ (a. 904) $\frac{616}{341}$* (a. 907)   Myrcna hlaford $\frac{BCS\ 582}{KCD\ 327}$ ASChr
lady of the Mercians $\frac{BCS\ 583}{KCD\ -}$ (a. 900?)   eald. under Mercia (...—875)
sole ruler $\frac{BCS\ 632}{KCD\ 343}$* (a. 916 corr.) $\frac{BCS\ 537}{KCD\ 304}$ (a. c. 872)
DNB xviij 21
                                                                        eald. under Wessex (c. 880—...)
d. a. 917 Ethelw Chron $\frac{BCS\ 551}{KCD\ 313}$ (a. 883) to $\frac{BCS\ 575}{KCD\ 323}$ (a. 897)
a. 918   June 12   ASChr BCDE   governor of London and son in law of k. Ælfred
a. 919   xix Kal Jul (!)   FlW SymD   Asser ASChr ABDE FlW (comes Merciorum)
a. 922   June 12   ASChr A $\frac{BCS\ 561}{KCD\ 316}$* (a. 889) $\frac{577}{-}$ (a. 899)
                                                                        joint ruler of the Mercians with Æthelflæd (q. v.

                                                                        d. a. 910 Ethelw.
                                                                        a. (911) 912 ASChr
                                                                        a. 912 FlW

Ælfwynn
lady of the Mercians June—Dec 919
ASChr BCD a. 919 FlW a. 919 920
See $\frac{BCS\ 903}{KCD\ 1081}$ (a. 903) witness $\frac{632}{343}$* (a. 916 corr.) 'episcopus'!

390

11.

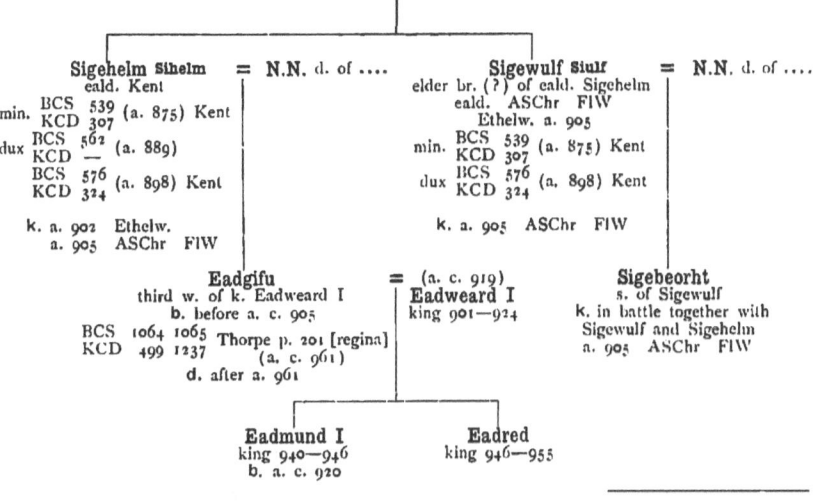

```
                                    N.N.
        ┌───────────────────────────┴───────────────────────────┐
  Sigehelm Sihelm   =  N.N. d. of ....      Sigewulf Siulf  = N.N. d. of ....
      eald. Kent                         elder br. (?) of eald. Sigehelm
min. BCS 539 (a. 875) Kent                eald. ASChr FIW
     KCD 307                               Ethelw. a. 905
dux  BCS 562 (a. 889)                min. BCS 539 (a. 875) Kent
     KCD  —                               KCD 307
     BCS 576 (a. 898) Kent            dux BCS 576 (a. 898) Kent
     KCD 324                              KCD 324

 k. a. 902  Ethelw.                   k. a. 905  ASChr  FIW
    a. 905  ASChr  FIW
                       Eadgifu       = (a. c. 919)          Sigebeorht
                  third w. of k. Eadweard I  Eadweard I    s. of Sigewulf
                      b. before a. c. 905    king 901—924  k. in battle together with
               BCS 1064 1065 Thorpe p. 201 [regina]         Sigewulf and Sigehelm
               KCD 499 1237       (a. c. 961)               a. 905  ASChr  FIW
                            d. after a. 961

                            Eadmund I        Eadred
                            king 940—946    king 946—955
                             b. a. c. 920
```

Beorhtsige Dyring
propinquus of Eadgifu
BCS 1064
KCD 499

12.
                Ælfred
        king of Wessex 871—901
         atavus of Mahtildis

              Eadweard I
           king 901—925
      Ethelw Chron Prologue

Otho I = Eadgyth
Ethelw.

       N.N. [Liudolf = Ida d. of Hermann duke of Alemannia
                          Lappenb.-Otté]

[Obizzone of Milan =]   Mahtildis [b. a. 949]
               Ethelw Chron Prologue B iv c. 2
               Lappenb.-Otté j p. xlvj
               Hardy DC j 1160

ANGLO-SAXON NOBLES (4).

13.
    N.N. (Wulfhere?)
    Wulfgar's will

    N.N. (Wulfric?) = **N.N.** d. of ....
    Wulfgar's will

        Wulfgar   =   **Æffe** d. of
       landowner Berks Wilts   will
min. $\frac{BCS}{KCD}\frac{635}{-}$ NSA p. 74 (a. 931 corr.) $\frac{677}{353A}$ (a. 931) to $\frac{BCS}{KCD}\frac{782}{395}$ (a. 943)
      benef. Old and New Minsters Winch.

          d. a. ...

     will: $\frac{BCS}{KCD}\frac{678}{353}$ Thorpe p. 495 ('after 931')

---

14.   **N.N.**

 N.N. son of .... = **Æthelgifu**
        þæs cyninges wifes modur
      $\frac{BCS}{KCD}\frac{972}{1201}$ Thorpe p. 191 (a. c. 956)

     Ælfgifu   =   (a. ...) **Eadwig**
þæs cyninges wif $\frac{BCS}{KCD}\frac{972}{1201}$ (a. 956)   king 955—959
 ASChr D FlW a. 958 DNB j 149

---

15.   **N.N.**

   Ælfheah   **Eadric**
 cyninges discþegn   brother of Ælfheah
 $\frac{BCS}{KCD}\frac{972}{1201}$ (a. c. 956) $\frac{BCS}{KCD}\frac{972}{1201}$ (a. c. 956) Devon
See Robertson Hist Essays p. 171   witness with his br. Ælfheah

witness $\frac{BCS}{KCD}\frac{941}{1191}\frac{949}{1196}$ (a. 956) discifer

    d. a. ...

---

16.   **N.N.**

      Beorhtric   =   **Ælfswith** d. of
      landowner Kent   will
  will: $\frac{BCS}{KCD}\frac{1132}{492}$ (among deeds of a. 964) Thorpe p. 500 (a. 950)
       ('about 962' ij p. xxij)

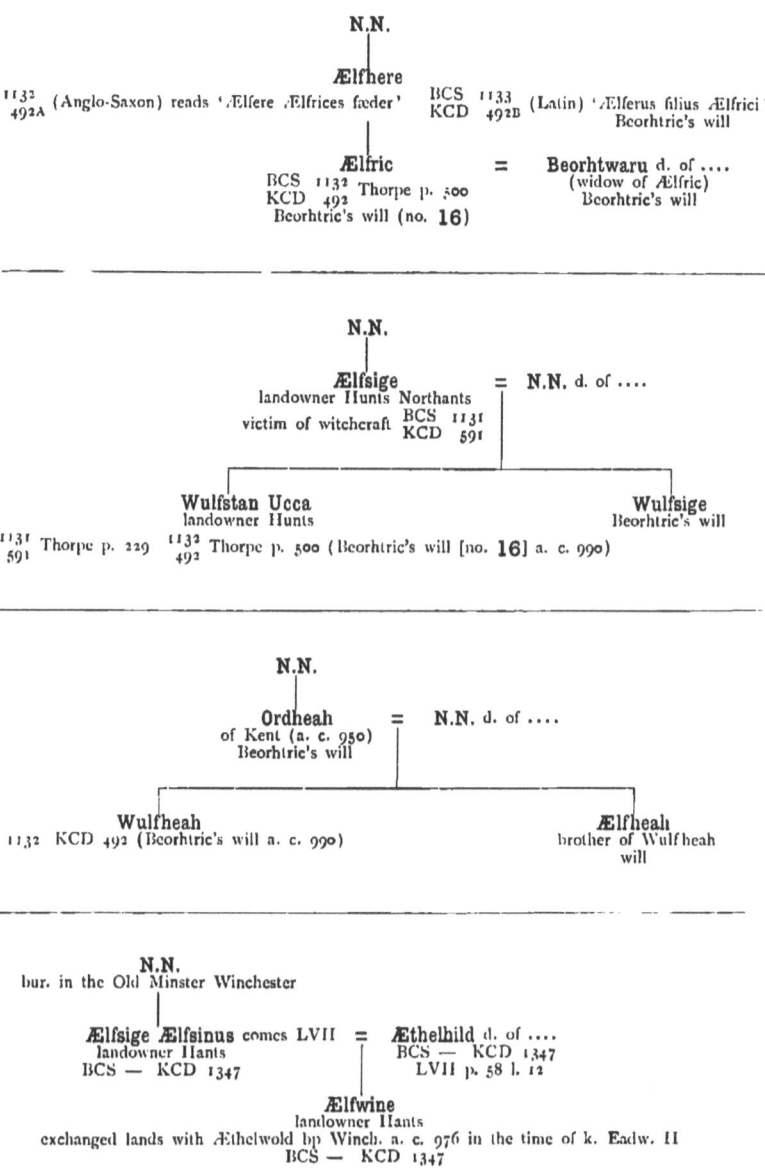

N.N.
|
Ælfhere
1132 492A (Anglo-Saxon) reads 'Ælfere Ælfrices fæder'   BCS 1133 KCD 492B (Latin) 'Ælferus filius Ælfrici' Beorhtric's will

Ælfric = Beorhtwaru d. of ....
BCS 1132 KCD 492 Thorpe p. 500   (widow of Ælfric)
Beorhtric's will (no. 16)   Beorhtric's will

N.N.
|
Ælfsige = N.N. d. of ....
landowner Hunts Northants
victim of witchcraft BCS 1131 KCD 591

Wulfstan Ucca   Wulfsige
landowner Hunts   Beorhtric's will
1131 591 Thorpe p. 229   1132 492 Thorpe p. 500 (Beorhtric's will [no. 16] a. c. 990)

N.N.
|
Ordheah = N.N. d. of ....
of Kent (a. c. 950)
Beorhtric's will

Wulfheah   Ælfheah
1132 KCD 492 (Beorhtric's will a. c. 990) brother of Wulfheah
                                           will

N.N.
bur. in the Old Minster Winchester

Ælfsige Ælfsinus comes LVII = Æthelhild d. of ....
landowner Hants   BCS — KCD 1347
BCS — KCD 1347   LVII p. 58 l. 12

Ælfwine
landowner Hants
exchanged lands with Æthelwold bp Winch. a. c. 976 in the time of k. Eadw. II
BCS — KCD 1347

395

ANGLO-SAXON NOBLES (5).

21.

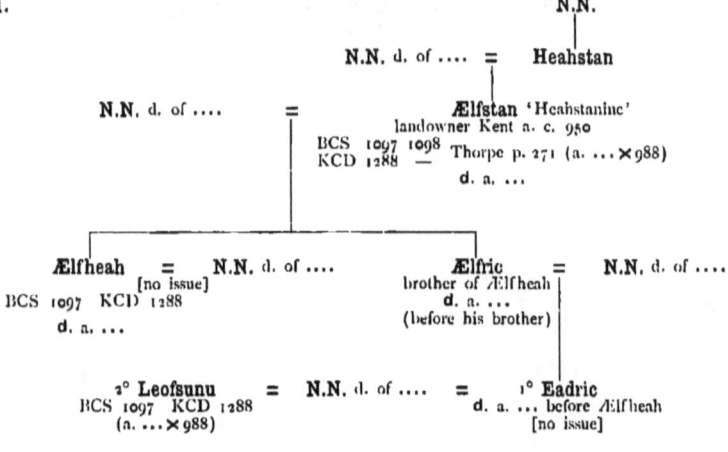

22.

```
                              N.N.
                               |
             ┌─────────────────┴──────────────────┐
          Ælfgar                              Beorhtfrith
    regis [Eadwig] propinquus              br. of Ælfgar
         BCS 1035                              BCS 1035
         KCD 1214 (a. 958)                    KCD 1214 (a. 958)
    cinges mæg ASChr A (a. 962)       min. alone BCS 879 (a. 949)
                                                KCD 428
        min. with Beorhtfrith                 BCS 1083 1085
         (his brother) min.              to   KCD 489  —   (a. 962)
      BCS 891                   895
      KCD  —  (a. 951)  431 (a. 952)   min. with Ælfgar (his brother) min.
          BCS 1095
       to KCD 1240 (a. 962)         min. alone under k. Eadred and k. Eadwig
             BCS 883                       BCS 891            895
       comes KCD 424 (a. 949)             KCD  —  (a. 951)  431 (a. 952)

            d. a. ...                            BCS 1046
                                              to KCD 1224 (a. 959)
                                         under k. Eadgar alone
                                             BCS 1047 1051
                                             KCD 1221 1225 (a. 959)
                                                BCS 1095
                                             to KCD 1240 (a. 962)

                                         min. after Ælfgar's death
                                         under k. Eadgar
                                           BCS 1083 1085 1094
                                           KCD  489   —   1239 (a. 962)
                                                BCS     1295
                                             to KCD 518      (a. 973 corr.)

                                             d. a. ... (a. c. 973)
```

3. N.N.
  |
  Manne = N.N. d. of ....
  Lib Elien ij 13 33
    Æthelstan Mannessunu = N.N. d. of ....
    benef. Ramsey mon.   Chron Rames [RS] p. 59 76
    BCS 1310   See Index p. 435
    KCD 581* (a. 974)   s.v. Alfwenna
    Chron Rames [RS] p. 59 Index
    Lib Elien ij 13 33

  N.N. son   **N.N.**   **Ælfwen**
  ıron Rames [RS] p. 59   elder (primogenita) daughter   younger daughter
                           goddaughter of Æthelswith   Chron Rames [RS] Index p. 435
                           Chron Rames [RS] p. 60   s.v. Ælfwenna

---

4.   N.N.
   |
   Æthelmær = N.N. d. of ...
   eald. of Hants, Suthamtunensium dux
   dux $\frac{BCS\ —}{KCD\ 1347}$ (a. c. 976) $\overline{638}$ (a. 983)
   d. a. 982 bur. at Winch. ASChr FIW
   d. 'early in 983' Robertson Essays p. 182 n.

         Æthelwine
         s. of Æthelmær eald.
         $\frac{BCS\ —}{KCD\ 692}$ (a. 995)
         min. $\frac{BCS\ —}{KCD\ 636}$ (a. 983)

         N.N.
          |
         Ælfric = N.N. d. of ....
         eald. of Hants and Berks a. 983 EAF j 640
         eald. $\frac{BCS\ —}{KCD\ 642}$ (a. c. 984) Hants
         dux Wentunensium provinciarum $\frac{BCS\ —}{KCD\ 698}$ (a. 997)
         The traitor of a. 992 and a. 1003
         EAF j 278 280 640 318
         He signs as dux
         with Ælfhere eald. of Mercia (d. a. 983),
         and one min. Ælfric $\frac{BCS\ —}{KCD\ 638}$ (a. 983)
         and two min. Ælfric $\frac{BCS\ —}{KCD\ 639}$ (a. 983)
         with Ælfric dux s. and succ. of Ælfhere (no. **26**)
         BCS —
         KCD 641 1279 1280 1281 1282 (a. 983 984)
                d. a. ...
                       Ælfgar
                       son of Ælfric eald. (dux Alfricus)
                       blinded a. 993 ASChr FIW EAF j 280

400

ANGLO-SAXON NOBLES (6).

26.   N.N. son of

Ælfheah
propinquus of k. Eadwig
BCS 948 (a. 956) 1030 (a. 959)
KCD 1184   479
br. of Ælfhere BCS 917
              KCD 436
Alfegus Suthamtunensium dux FIW a. 971
eald. of the Central Provinces (Hants, Wilts)
Robertson Essays 180 182 188
  comes BCS 1196 (a. 967)
        KCD 537*
  min. BCS 917 (a. 955)
       KCD 436
  to BCS 983 (a. 956) 1003 (a. 957)
     KCD 1185   —
  dux BCS 1045 1046 (a. 959)
      KCD —   1224
  to BCS 1260 1266 (a. 970)
     KCD 1268 563*

will: BCS 1174 Thorpe p. 526
      KCD 593

d. a. 971 ASChr — FIW

= (a. ...) **Ælfswith** Elsuite Ælfsith
d. of ....
BCS 1174 (Ælfheah's will)
KCD 593
BCS 957 (a. 956) 1031 1196 (a. 967)
KCD 457   476 537*
BCS —
KCD 659 (a. ...)

mæge of k. Eadwig
BCS 1031 (rubric Eadric (!))
KCD 476 (om.)

regis Anglorum
br. of
mi
dux BCS
    KCD 1
princep
eald. of tl
Mercna heret
BCS 1086
KCD 494
comes Merciorv
BCS 945 94
KCD 437 12
dux Merciorum
enemy of th
W]
consul 1

d.

Ælfweard
eald.
BCS 1174 (Ælfheah's will) 1302 (Winch.)
KCD 593   582

Ælfric cild
cognomento Puer KCD 1312
eald. of Mercia in succ. to his f. a. 983
ASChr FIW EAF j 640

ban. a. 985 (a. 986 FIW)
ASChr EAF j 268 640
BCS — KCD 1312 (a. 993 Thorpe* p. 282) 7

He signs with Ælfric eald. of Hants no. **25**
BCS — KCD 1279 1280 (a. 983) 641 1281 1282 (:
Robertson Essays p. 182
comes Merciorum BCS — KCD 646 (a. 984
dux Merciorum BCS — KCD 651 (a. 985) 670 (a
The traitor of a. 992
ASChr FIW EAF j 280

d. a. ...

Lib Elien ij 7 11 (p. 124) 46 (Alfricus cyld)
EAF j 639 Index

blinded by k. /

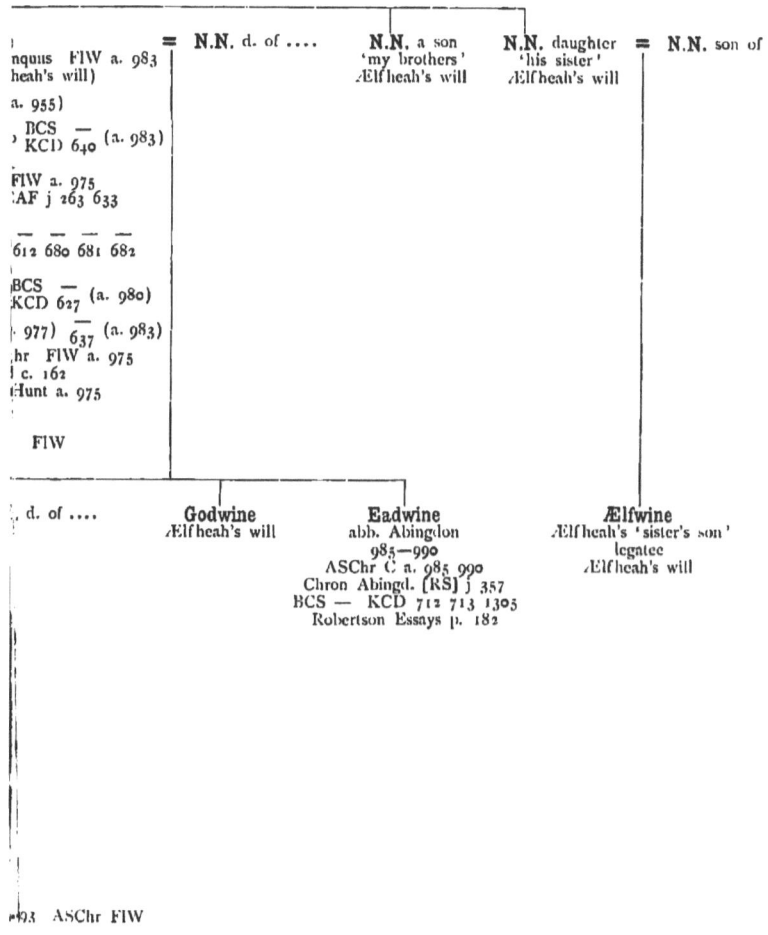

ANGLO-SAXON NOBLES (7).

27.

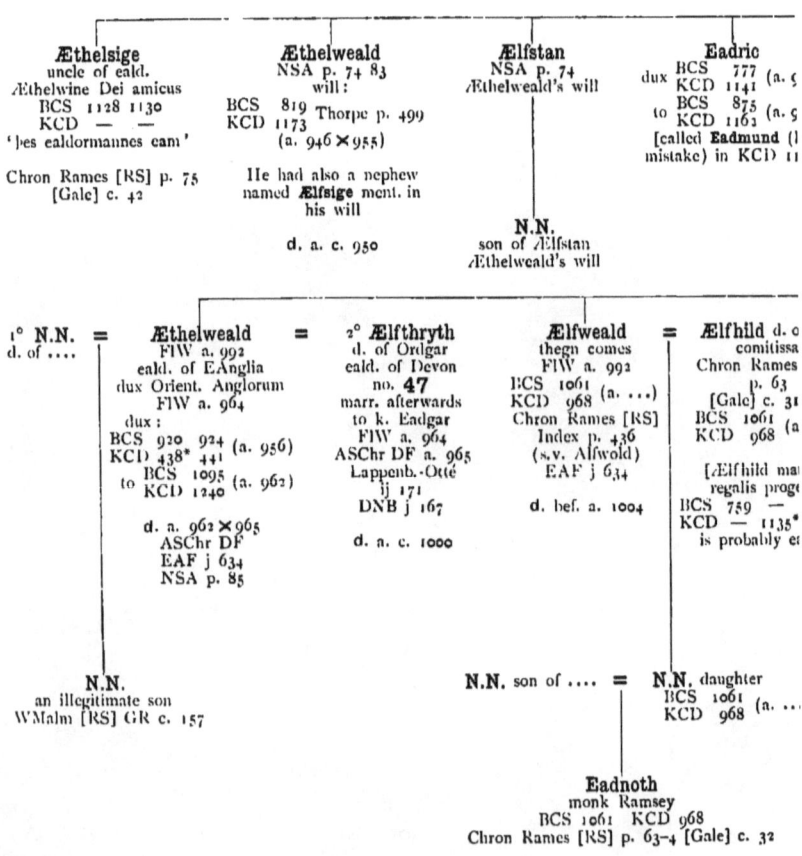

N.N. d. of ...

Ælfwen	=	Æthelstan the Halfking	=	Æthelflæd
rwards nurse (foster-mother) of k. Eadgar (b. a. 943) ıron Rames [RS] p. 11 53 [Gale] c. 3 24 NSA p. 84 ɔparently a sister of Bishop noth [of Dorch. 1006—1016] ɪr Ælfwen the bishop's sister 'as known as "the Lady"¹ Robertson Essays p. 180 'cognomento Domina' Lib Elien ij 71		semi rex Chron Rames [RS] p. 11 cald. of EAnglia dux Chron Rames [RS] p. 11 61 [Gale] c. 3 29 DNB xviij 35 NSA p. 82 83 n. 3 (error) 74 dux $\begin{matrix}\text{BCS } 66_5\\ \text{KCD } 347\end{matrix}$ (a. 929) to $\begin{matrix}\text{BCS } 1024\\ \text{KCD } 1357\end{matrix}$ (a. 958) monk at Glast. Chron Rames [RS] p. 12 [Gale] c. 3 Mem St Dunst [RS] Index **Ælfstan** d. a. 956 (958 NSA p. 82, but ?)		sister of Beorhtnoth (Brithnoth), the hero of Malden no. **28** According to EAF j 634 she was the m. of the children of Æthelstan Lib Elien ij 64

Æthelsige	1° Æthelflæd =	Æthelwine Ailwinus	= 2° Æthelgifu
FIW a. 992 n. $\begin{matrix}\text{BCS } 810\\ \text{KCD } 1154\end{matrix}$ (a. 945) ɔ $\begin{matrix}\text{BCS } 877\\ \text{KCD } 427\end{matrix}$ (a. 949) ˣ $\begin{matrix}\text{BCS } 887\\ \text{KCD } —\end{matrix}$ (a. 950) BCS 905 KCD 1170 (a. 955) ᵖ $\begin{matrix}\text{BCS } 1027\\ \text{KCD } 1211\end{matrix}$ (a. 958) EAF j 634 635 ron Rames [RS] p. 61 d. a. ...	d. of .... Chron Rames [RS] p. 52 [Gale] c. 24 d. a. ...	surnamed **Dei amicus** FIW a. 975 992 earl of EAnglia called Aldermannus Chron Rames [RS] 12 78 etc. dux Orientalium Anglorum FIW a. 975 991 dux $\begin{matrix}\text{BCS } 1083\\ \text{KCD } 489\end{matrix}$ (a. 962) ... $\begin{matrix}1316\\ 592\end{matrix}$ (a. 975) to $\begin{matrix}\text{BCS } —\\ \text{KCD } 664\end{matrix}$ (a. 988) $\overline{673}$* (a. 990) Founder of Ramsey abbey FIW a. 991 Lib Elien ij 7 d. 24 Apr 992 bur. at Ramsey FIW Chron Rames [RS] Index EAF Index See BCS 1128 KCD —	d. a. 985 Chron Rames [RS] p. 58 [Gale] c. 28 = 3° **Wulfgifu** benef. Ramsey d. a. 994 Cartul Rames [RS] iij 166 Chron Rames [RS] p. 57 (comitissa) [Gale] c. 27

Eadwine	Leofric	Æthelweard Ailwardus
Chron Rames [RS] p. 103 [Gale] c. 62	Chron Rames [RS] p. 61 [Gale] c. 29	dux FIW Chron Rames [RS] p. 103 143 [Gale] c. 62 87 k. at Assandun a. 1016 (St Luke's day 18 Oct Matth Paris Chron Maj [Luard RS] j 497) EAF j 393 634 ASChr FIW

ANGLO-SAXON NOBLES (8).

28.   Beorhthelm Byrhtelm =   N.N. d. of ....
              EAF j 635   (Ælfthryth BCS 1289 note
              (Grein) By. I. 92   by mistake (?) NSA p. 85 note 3)

Æthelstan the Halfking = Æthelflæd   N.N.   =   Wulfstan   Beo
              EAF j 634   daughter   s. of Ceola   cald. of
   see no. 27   Lib Elien ij 64   (Grein) By. I. 115   (Grein) By. I. 79 115
                  NSA p. 84   min. BCS
   d. a. 956   KCI

                                                                                    to B
                                                                                        K

                                                                                  k. at
                                                                                    A

                                              Wulfmær (I)
                                           k. at Maldon a. 991
                                            (Grein) By. I. 113

29.   N.N.

                                 Oslac
                       dux magnificus FIW
                    se mæra eorl ASChr DE a. 975
                       eorl BCS 1141 (a. 962 ×...)
                             KCD —
                       dux BCS 1113 (a. 963) Durh.
                             KCD 504
               earl of Deira   EAF j 266 660 SymD [RS] ij 197 198
                          a. 966 ASChr DEF
          BCS 1216 1268 1307 1309   1311   1312
          KCD   543 1269 595 1275* [581*] 588* (a. 968—975)

                       ban. a. 975 ASChr ABCD FIW

                              d. a. ...

                              DNB xlij 311

```
                        Ælfgar                              =        N.N. d. of ....
                   eald. of the Wilsætas                              BCS  1289
                      ASChr D a. 946                                  KCD  685B
BCS  810               818                BCS  892              bur. with Ælfgar at Stoke Suff.
KCD 1154 (a. 945)  412* (a. 946)  to  KCD  430 (a. 951)
                        NSA p. 86
       BCS  1012
will: KCD  1222  Thorpe p. 505 (a. c. 958)

                         d. a. ...
```

```
ʳithnoth Byrhtnoth      =        Ælfflæd                    Æthelflæd          =    Eadmund I
x Orient. Saxonum  FIW       the younger daughter         of Domerham              king 940—946
+ 270 ff. 635 636            BCS  1012 (Ælfgar's will)    BCS 817   KCD —
..) to  BCS   964 (a. 956)   KCD  1222                    ASChr D a. 946
        KCD 1195              Lib Elien ij 63             the elder daughter
927  964 (a. 956)                   BCS  1289              second w. of
452 1195                     will: KCD  685 B              k. Eadm. I
ı. 988) 673* (a. 990)         Thorpe p. 522                     BCS  1288
CS  966                       NSA p. 86 87                 will: KCD  685 A
CD  448 (a. 956)              called Æthelflæd                  Thorpe p. 519
35  DNB vj 342                EAF j 276 636 (!)            BCS  1082 (a. 962)
of Maldon 11 Aug 991                                       KCD   490
V LVH p. 21 271                    d. a. ...                    d. a. ...
. Lib Elien ij 62
```

```
                        Leofflæd              =        Oswig
                   d. of eald. Byrhtnoth            Lib Elien (l.c.)
                      Lib Elien ij 88
                      BCS — KCD 932
                        Thorpe p. 565
                     (a. 1023 × 1050)
```

```
     Ælfwen              Ælfswith              Leofwaru        =    Lustwine
Lib Elien (l.c.)     Lib Elien (l.c.)     Lib Elien (l.c.)         vir nobilissimus
                                                                   Lib Elien ij 88 89
                                                                   benef. of Ely mon.
                                                                   BCS — KCD —
                                                                   Thorpe p. 575 (a. 1045)
```

ANGLO-SAXON NOBLES (9).

30.
                           N.N.
                            |
                         Odda   =   N.N. d. of ...
                    (Grein) By. l. 186 238
                         EAF j 274
        ┌───────────────────┼───────────────────┐
     Godric (II)   Godrinc   Godwig
He fought at Maldon Essex a. 991   He fled from the battle at   He fled from the battle a
     EAF j 274   Maldon   Maldon
(Grein) By. l. 187 237 325   (Grein) By. l. 192   (Grein) By. l. 192

31.
                           N.N.
                            |
                         Æthelgar   =   N.N. d. of ....
                    (Grein) By. l. 320
                         Godric (I)
                   He fought at Maldon a. 991
                    (Grein) By. l. 321

32.   N.N.
        ┌───────────────────────────────────────┐
     Æthelric   Sigebeorht Sibyrht
He fought at Maldon a. 991   (Grein) By. l. 282
  (Grein) By. l. 280

33.   N.N.
                            |
                         Ealhhelm
                    (Grein) By. l. 218
        dux, eald. BCS 757 (a. 940) to BCS 892 (a. 951) NSA p. 88
                    KCD 379   KCD 430
                            |
                         Ælfric   =   N.N. d. of ....
                    (Grein) By. l. 209
                    [? the eald. of Mercia
                    banished a. 985 no. 26
                         EAF j 274]
                         Ælfwine
                a Mercian who fought at Maldon a. 991
                    (Grein) By. l. 211 231 EAF j 274

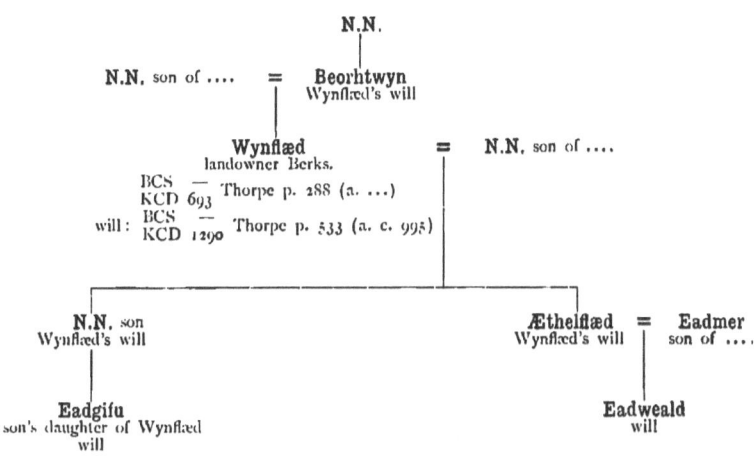

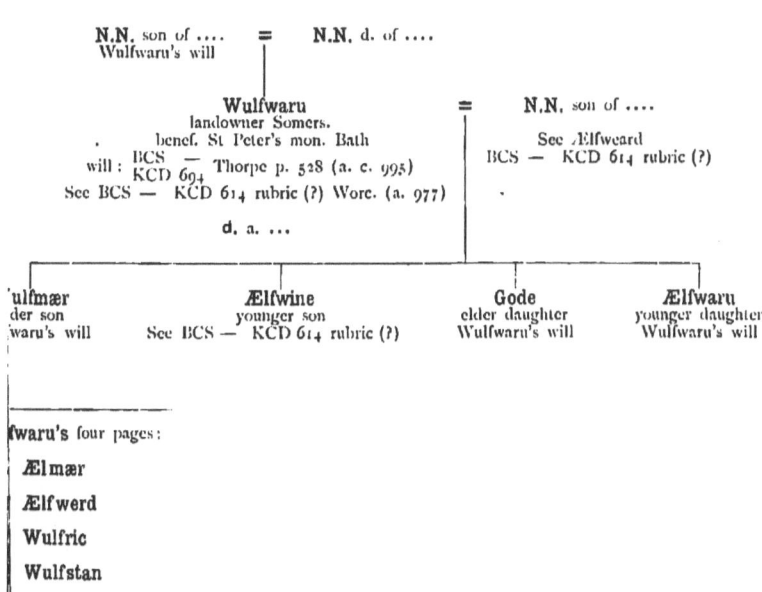

waru's four pages:
Ælmær
Ælfwerd
Wulfric
Wulfstan

416

ANGLO-SAXON NOBLES (10).

36. N.N.   N.N. son

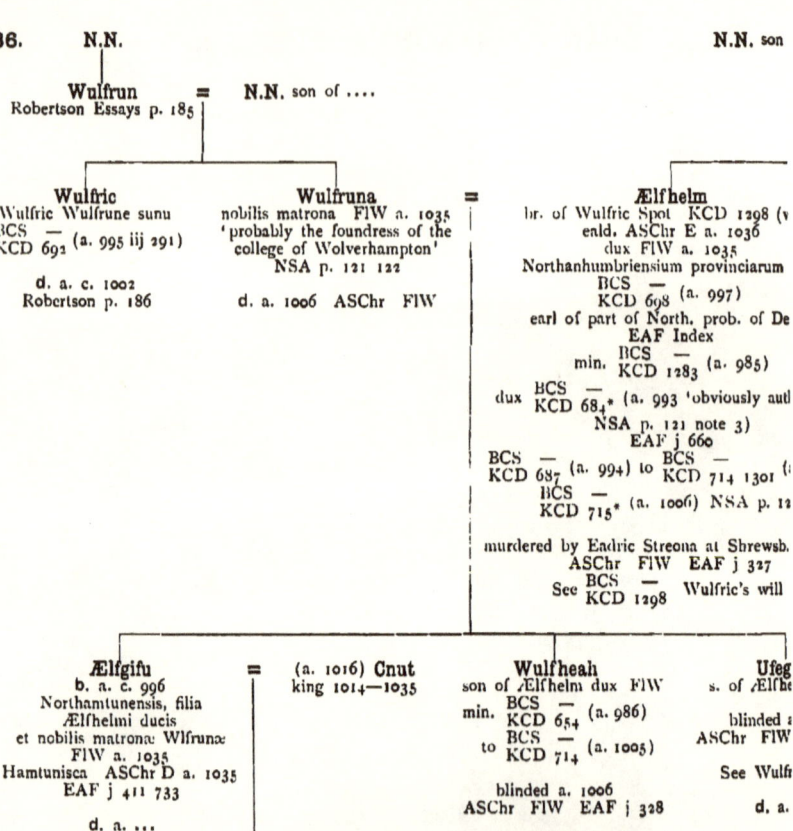

N.N. d. of ....
|
| = N.N. d. of .... [? **Wulfrun** BCS — KCD 692 p. 291 l. 20 Robertson Essays p. 185]
672
D 1283

Wulfric cognomento **Spot** = **Ealhswith** d. of ....   **Ælfwine**
iron Burton [Dugd Mon iij 47] Fulman 246   Chron Burton   dux Alwinus
Leofwines sunu ASChr,   [Dugd Mon iij 47]   Chron Burton
filius Leofwini FlW a. 1010   EAF j 672   [Dugd Mon iij 47]
br. of Ælfhelm $\frac{BCS\ —}{KCD\ 1298}$ EAF j 671   EAF j 672
founder of Burton mon. a. 1004

in. $\frac{BCS\ —}{KCD\ 706}$ (a. 1001) $\frac{—}{707}\ \frac{—}{1297}$ (a. 1002)
$\frac{BCS\ —}{KCD\ 710}$ (a. 1004)
consul ac comes Merciorum
iron Burton [Dugd Mon iij 47] EAF j 671

k. at the battle of Ringmere 1 May 1010
       EAF j 347 671
  bur. at Burton EAF j 672
l: $\frac{BCS\ —}{KCD\ 1298}$ Thorpe p. 543 Earle (a. 1002)

                    N.N.
              ' my poor daughter '
                Wulfric's will
                 EAF j 672

ANGLO-SAXON NOBLES (11).

37.

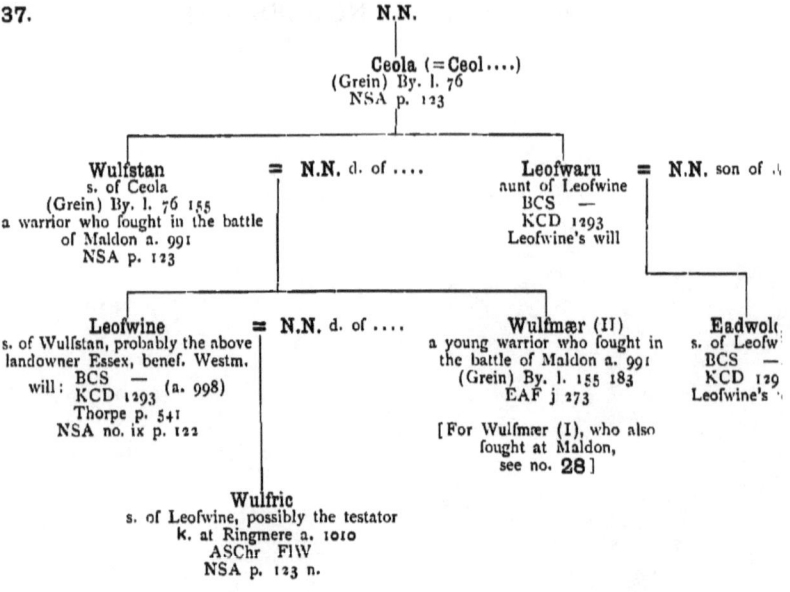

38.

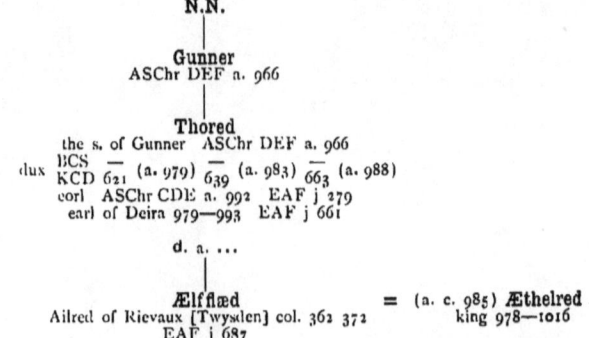

N.N.
|
+—————————————————+—————————————————+

Eadwig ASChr **Eadwius** FlW
br. of Æfic FlW a. 1010
nobilis minister FlW
k. at the battle of Ringmere a. 1010
ASChr FlW
EAF j 314 n. 347 (Eadwine!)

Æfic Eafic
þræs cynges heahgerefa ASChr
summus regis præpositus FlW a. 1002
thara æthelinga discsten $\frac{BCS\ —}{KCD\ 693}$
k. a. 1002 by Leofsige eald. of Essex no. **41**
$\frac{BCS\ —}{KCD\ 719}$ Thorpe p. 299
EAF j 314

N.N.
|
+—————————————+—————————————+

Ælfgifu = N.N. son of ....
with no design. Thorpe p. 552
'Queen' Kemble (iij 359)
? the first wife of k. Æthelred II
EAF j 687

will: $\frac{BCS\ —}{KCD\ 721}$ Thorpe
p. 552 (a. c. 1012)
[bequest to Æthelwold
bp Winch. 1006—14]

Ælfwaru
Ælfgifu's will

N.N. son = **Æthelflæd**
Ælfgifu's will

N.N.
|
+—————————————+—————————————+

Leofsige **Leofsius** FlW
dux Orientalium Saxonum
eald. of Essex EAF j 313
dux $\frac{BCS\ —}{KCD\ 1289}$ (a. 995) $\frac{—}{698}$ (a. 997)
$\frac{BCS\ —}{KCD\ 715}$* (a. 1006 corr. c. 1001
NSA p. 135 n.)
$\frac{BCS\ —}{KCD\ 719}$ (a. 1012)

Æthelflæd = N.N. son of ....
$\frac{BCS\ —}{KCD\ 719}$ (a. 1012)   d. bef. a. 1002
widow EAF j 314 note 2
banished before a. 1012
d. a. ...

'ed a. 1002 for the murder of Æfic no. **39**
ASChr FlW EAF j 314
Lappenb.-Otté ij 200

d. a. ...

423

424

ANGLO-SAXON NOBLES (12).

42.   N.N.

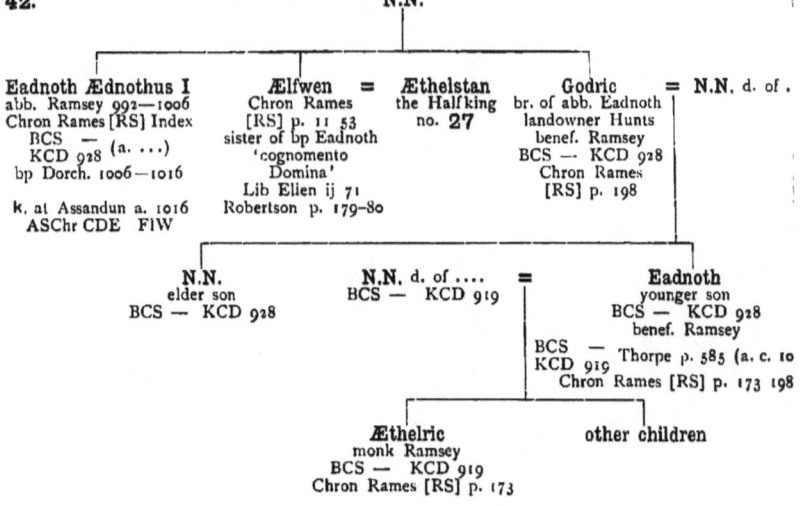

Eadnoth Ædnothus I
abb. Ramsey 992—1006
Chron Rames [RS] Index
BCS —
KCD 928 (a. ...)
bp Dorch. 1006—1016
k. at Assandun a. 1016
ASChr CDE F1W

Ælfwen =
Chron Rames
[RS] p. 11 53
sister of bp Eadnoth
'cognomento
Domina'
Lib Elien ij 71
Robertson p. 179—80

Æthelstan
the Halfking
no. 27

Godric = N.N. d. of.
br. of abb. Eadnoth
landowner Hunts
benef. Ramsey
BCS — KCD 928
Chron Rames
[RS] p. 198

N.N.
elder son
BCS — KCD 928

N.N. d. of .... =
BCS — KCD 919

Eadnoth
younger son
BCS — KCD 928
benef. Ramsey

BCS —
KCD 919 Thorpe p. 585 (a. c. 10
Chron Rames [RS] p. 173 198

Æthelric
monk Ramsey
BCS — KCD 919
Chron Rames [RS] p. 173

other children

---

43.   N.N.

Ælfmær (EAF j 385)   Ælmær (ASChr) dyrling
Ælmarus dilectus F1W
He fought on the Danish side at the battle of Sherstone July 1016
ASChr F1W (no title)

eald. EAF j 385 note 3

d. a. ...

---

44.   N.N.

Ulfcytel Ulfkill Wulfcytel   =   Wulfhild d. of k. Æthelred II
Snilling (the Bold or Quick)   EAF j 654 (from Joms vikinga saga)
EAF j 654 (from Knytlinga saga)
min. BCS —
KCD 714 (a. 1005) — 723* (a. c. 1016)
miles BCS —
KCD 719 (a. 1012)
dux East Anglorum F1W a. 1004 1016

k. at Assandun a. 1016 ASChr F1W
EAF j 653 Index

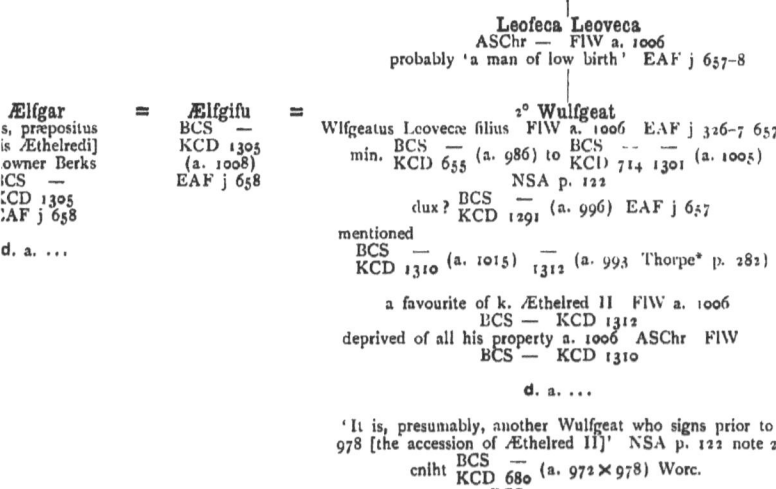

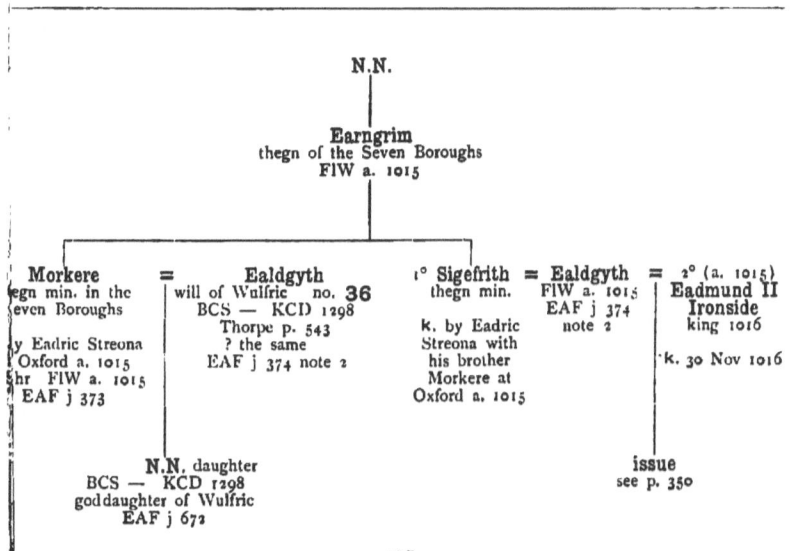

ANGLO-SAXON NOBLES (13).

47.   N.N.

                         Ordgar   =   **N.N.** d. of ....
                    eald. ASChr a. 965
                 dux Domnaniæ [Devon] FIW a. 964 971
                      min. $\frac{BCS\ 1035}{KCD\ 1214}$ (a. 958)
                       to $\frac{BCS\ 1121}{KCD\ 1247}$ (a. 963)
                      dux $\frac{BCS\ 1135\ 1142}{KCD\ 514^*\ 1253}$ (a. 964)
                       to $\frac{BCS\ 1269}{KCD\ 1270}$ (a. 970)

                   d. a. 971 bur. at Exeter FIW

              ┌──────────────────────────────┬──────────────────────┐
                   Ordwulf   1° **Æthelweald**   =
              s. of Ordgar NSA p. 87 122   eald. of EAnglia
              Primas Domnaniæ FIW a. 997   no. **27**   m. king
              He signs c. 980—1006 NSA p. 122   EAF j 634
         min. $\frac{BCS\ —}{KCD\ 624}$ (a. 980) $\frac{—}{684^*}$ (a. 993 NSA p. 121 note 3)   d. a. c. 963
           to $\frac{BCS\ —}{KCD\ 714\ 1301}$ (a. 1005) $\frac{—}{715^*}$ (a. 1006)   Vit

         founder of Tavistock abbey $\frac{BCS\ —}{KCD\ 629^*}$ (a. 981)

         avunculus of k. Æthelred II $\frac{BCS\ —\ —}{KCD\ 629^*\ 1312}$ (Thorpe*)

                       d. a. c. 1005

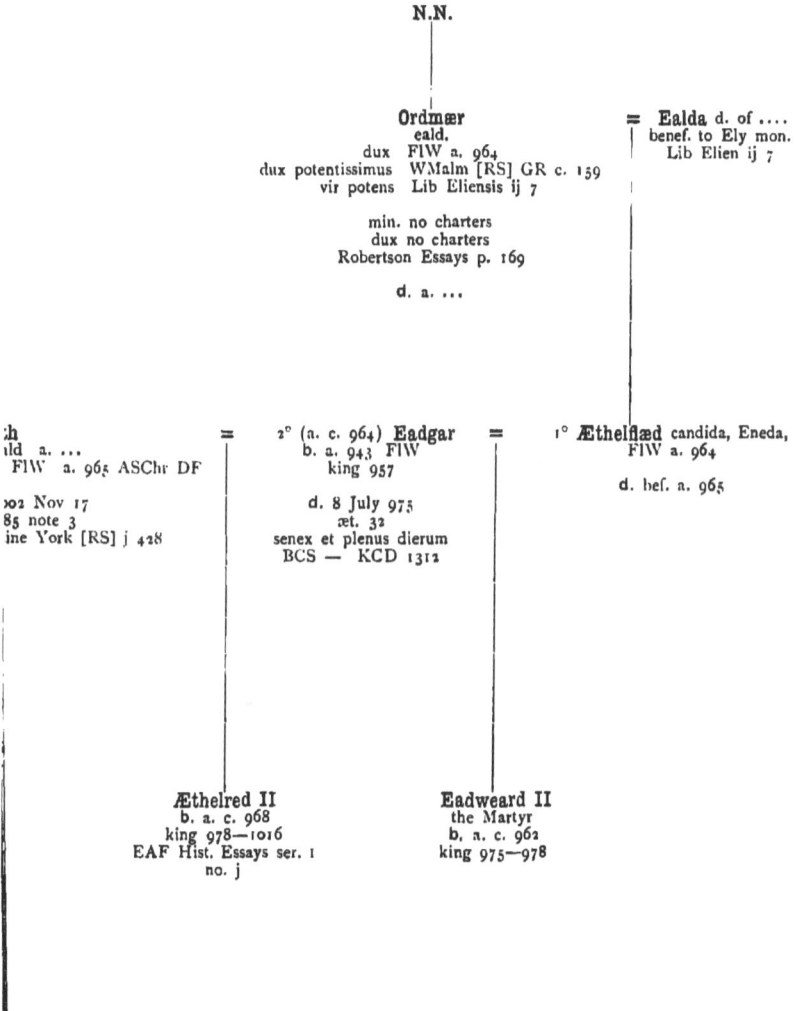

ANGLO-SAXON NOBLES (14).

48. N.N.

Nafana Nafena ASChr **Neavana** FlW = N.N. d. of ....
of Northumberland

Thurcytel Turketelus Neavanæ filius FlW
nobilis et Danicus vir SymD

k. a. 1016 with Uhtred earl of North.
by Thurbrand hold (EAF j 330 379)
at Wiheal in North.
ASChr FlW SymD [RS] j 218 De obsessione Dunelmi

---

49. N.N.

Eadwig Eadwius
king of the churls, ceorla cyning ASChr, rex rusticorum FlW
min. BCS —
KCD 714 (a. 1005)
EAF j 717

banished a. 1017 ASChr DE a. 1020 ASChr C;
subsequently recalled.
No more seems to be known of him EAF j 406 717—719

d. a. ...

---

50. N.N.

Meaw

Ælfgar Algarus filius Meawes FlW
He fought with the men of Hants and Wilts
on the Danish side at the battle of Sherstone
July 1016
ASChr — FlW a. 1016 (no design.)
EAF j 385 note 3
eald. EAF j 385

d. a. ...

N.N.
descendant of k. Æthelred I   EAF j 264 n.
Ethelw Chron Prologue

　　　　　Æthelweard (I)　　　　=　N.N, d. of ....
　　　　eald. of Wessex   NSA p. 120
occidentalium provinciarum dux $\frac{BCS\ —}{KCD\ 698}$ (a. 997)
　　　　　　the Chronicler
ix $\frac{BCS\ —}{KCD\ 611}$ (a. 977) $\frac{—}{684}$* (a. 993 NSA p. 121 n. 3)
　　　　to $\frac{BCS\ —}{KCD\ 728}$ (a. 1018)

banished a. 1020   EAF j 425 (? the same)
　　AChr   FlW
　　EAF j 264 278 289
　　NSA p. 118 ff. 87 79
　Robertson Essays p. 184 188

　　　　　d. a. ...

　　　　　　　　　Æthelmær Agelmarus　　=　N.N, d. of ....
　　　　　　　'se greata' the fat   AChr a. 1017
　　　　　　　　NSA p. 87 n. 4
　　　Domnaniæ comes   eald. of Devonshire a. 1013
　　　　　　　FlW   EAF j 360
　　　　eald. $\frac{BCS\ —}{KCD\ 708\ 717}$ (a. ...)
　　　　　dux $\frac{BCS\ —}{KCD\ 714}$ (a. 1005)
　　　　founder of Eynesham mon. a. 1005
　　BCS — KCD 714   Robertson p. 184
　　　　　Wright BBL p. 481
　　Ælfric's Lives of the Saints Pref.

　　　　　d. a. ...

Æthelweard (II)　　　Æthelnoth 'bonus'　　　Æthelweard (III)　=　N.N.
lius Agelmari ducis　abp Cant 1020—1038　'gener' of Æthelmær　daughter
　　　　　　　nobilis viri Ægelmari filius　BCS — KCD 714
a. 1017 AChr FlW　FlW a. 1020　　　NSA p. 79 (mistake
EAF j 414　　Robertson Essays p. 185　　in index p. 154–5)

'The *three* Æthelwerds, father,
son, and son-in-law of Æthelmær,
must be carefully distinguished;
nor must Æthelmær be confounded
with ealderman Æthelmær, the
father of Æthelwine [KCD 692].'
Robertson Essays p. 185 n.
NSA p. 118 119

　　　　　　　　　　　Leofwine kinsman of Æthelmær
　　　　　　　　　　　　BCS — KCD 714

ANGLO-SAXON NOBLES (15).

52.   N.N.

    Ælfheah Alphegus FlW   =   N.N. d. of ....
    Domnaniensis satrapa FlW a. 1017
    ASChr a. 1017 (no design.)
                          Beorhtric Brihtric ASChr FlW
                          k. a. 1017 ASChr FlW EAF j 414
               (not the Brihtric of a. 1009 the br. of eald. Eadric Streona)

---

53.   N.N.

            Earncytel Ærncytel   =   Wulfrun d. of ....
            landowner Y. Notts   BCS — KCD 970
            benef. Ramsey mon.
            Chron Rames [RS] p. 67
    will: BCS — KCD 971 Thorpe p. 531

            d. a. ...
                          Æthelstan
                      abb. Ramsey 1021—1043
                      Chron Rames [RS] Index

---

54.   N.N.

            Hranig Hrani Roni FlW a. 1041
            comes Magesætensium (Heref.)

    eald. $\frac{\text{BCS} -}{\text{KCD } 755}$ ('before 1038') Thorpe p. 336 ('before M. XXXVI')

    dux $\frac{\text{BCS} -}{\text{KCD } 728}$ (a. 1018 Cornw.) $\frac{-}{739}$ (a. 1023 Hants) $\frac{-}{743}$ (a. 1026 Devon)
                      EAF j 520 ij 573 577

                    d. a. ...

                    Eadwine
                  son of eald. Ranig
                BCS — KCD 755
                EAF j 520 793

                    d. a. ...

---

55.   N.N.

            Thored Thuri Turri
earl of the Middle Angles or the eastern part of Mercia (Hunts etc.)
            comes Mediterraneorum FlW a. 1041
                EAF j 520 ij 573
    min. $\frac{\text{BCS} -}{\text{KCD } 771}$* (a. 1044 an 'impossible charter' EAF ij 570)

            comes $\frac{\text{BCS} -}{\text{KCD } 1330}$ (a. 1042)

              dux $\frac{\text{BCS} -}{\text{KCD } 797}$ (a. c. 1052)

                  d. a. ...

N.N.

Thurcytel Thurkill	**Eadgyth Edgitha**
a Dane	banished with her husband
EAF j 666 ff. Index	FlW a. 1021
earl of EAnglia a. 1017 EAF j 407 667 ASChr FlW	EAF j 429 670
ASChr a. 1009 1013-4-5 1020 1021-23	perhaps widow of Eadric Streona
	and d. of k. Æthelred II
banished a. 1021 ASChr FlW EAF j 428	EAF j 670
iceroy of Denmark a. 1023 ASChr FlW — EAF j 429 667	or
dux BCS — KCD 727 728 729 730	widow of Ulfcytel Snilling and
31 (a. 1018-19) 742 (a. 1026 EAF j 667 'most suspicious')	d. of k. Æthelred II (Wulfhild!)
Wharton AS ij 144	Lappenb.-Otté ij 242
Slain by the Welsh a. 1039 ASChr [RS] Index	
(but ? see EAF j 506 n. 4 667)	

N.N. son
ASChr C a. 1023
Lappenb.-Otté ij 253

N.N.

Leofgifu	=	**N.N.** son of		**N.N.** son
downer Suff. benef. St Edm.		BCS — KCD 931		Leofgifu's will
will : BCS — / KCD 931 (a. ...)				
Thorpe p. 569 (a. 1045)				
d. a. ...				**Ailric**
				will
		'Alfled' = **Godwine**		
		(MS Alflet) will		
		will		

N.N.

Wine
Thorpe p. 571

Thurstan	=	**Æthelgyth Ailgith**
landowner Essex		d. of ....
benef. Ch. Ch. Cant. Ramsey Holme Ely etc.		Thorpe p. 574
will : BCS — — / KCD — 788 Thorpe p. 571 577 (a. 1045 1049)		

Leofwaru
will

ANGLO-SAXON NOBLES (16).

59.
```
                              N.N.
        ┌──────────────────────┼──────────────────────┐
Thurcytel Heyng    =   N.N. d. of ....              N.N.
landowner Norf.                │                      │
benef. St Edm. Holme           │                      │
will: BCS  1017 Thorpe p. 578 (a. 1050)              Ketel
      KCD   960                                   nephew of Thurcytel
                                                       will
      d. a. ...              Ælfwen
                              will
```

Other relatives of Thurcytel (great-nephews)
   Swegen
   Alemund

60.

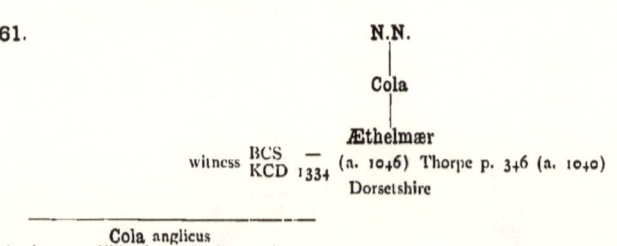

Other relatives of Thurcytel
   Leofric nephew
   Godwine kinsman

61.
```
                N.N.
                 │
                Cola
                 │
               Æthelmær
   witness BCS  —  (a. 1046) Thorpe p. 346 (a. 1040)
          KCD 1334
                Dorsetshire
```

   Cola anglicus
landowner Ellis C EAF iij 743 iv 43

442

62.   **N.N.**

Odda
comes Agelwinus, id est Odda FIW a. 1056
Odo et Radulfus comites et regis (Eadw. III)
cognati WMalm [RS] GR c. 199
earl of Devon etc. EAF ij 161 345 580
ment. with his br. Ælfric
$\frac{BCS\ -}{KCD\ 1334}$ (a. 1046) $\frac{-}{804}\ \frac{-}{923}$ (a. 1055)
eorl $\frac{BCS\ -}{KCD\ 804}$ (a. 1055)
dux $\frac{BCS\ -}{KCD\ 805}$ (a. 1055)

min. $\frac{BCS\ -}{KCD\ 743}$ (a. 1026)
to $\frac{BCS\ -}{KCD\ 781}$ (a. 1045)
miles $\frac{BCS\ -}{KCD\ 764\ 767}$ (a. c. 1042)
nobilis $\frac{BCS\ -}{KCD\ 787}$ (a. 1049) $\frac{-}{791}$ (a. 1050)

founder of Deerhurst mon. Glouc.
Earle ASChr [1865] p. 345
became a monk EAF ij 415 416
monachus FIW a. 1056
$\frac{BCS\ -}{KCD\ 797}$ (a. c. 1052) Worc.

d. 31 August 1056 bur. at Pershore
DNB xlj 423 ASChr CD (eorl) FIW

Ælfric
br. of Odda of Deerhurst
ment. with him
See Earle ASChr [1865] p. 345
min. $\frac{BCS\ -}{KCD\ 743}$ (a. 1026)
$\frac{BCS\ -}{KCD\ 752}$ (a. 1033) $\frac{-}{764}\ \frac{-}{769}$
nobilis $\frac{BCS\ -}{KCD\ 787}$ (a. 1049)
monachus $\frac{BCS\ -}{KCD\ 797}$ (a. 1052)
EAF ij 161 416

d. a. 1053 Dec 22
FIW ASChr D

Eadgyth
Eddied soror
Odonis comitis
Ellis B
EAF ij 581

---

3.   **Ecgfrith**
                                  Eadwine's will

Wulfgyth   = **Ælfwine**   **Eadwine**   **Wulfric**
d. of ....   Wulfgyth's will   Ketel's will   Ketel's will
will: BCS — KCD 782   will: $\frac{BCS\ -}{KCD\ 921}$ Thorpe p. 589   Eadwine's will
Thorpe p. 563 (a. 1046)   (a. 1060)

1° **N.N.** = **N.N.** = 2° **Ketel**   **Bote**   **Godric**   **Ælfgyth**   **Wulfcytel**
in of .... d. of ....   [Alder Thorpe]   sister   will   Wulfgyth's   Wolk[ytel]
            Ketel's   landowner Essex   ────   will   Wulfgyth's
            will   benef. St Edm. Holme **Gode**   will
                                                 sister
                          will: $\frac{BCS\ -}{KCD\ 1339}$ BCS — —
                          Thorpe p. 581   KCD 782 959
                          (a. 1050)   Thorpe p. 563 579

                          d. a. ...

Ælfgifu
ep daughter of Ketel
will

443

ANGLO-SAXON NOBLES (17).

64.

N.N.
|
Ælfweald = N.N. d. of ....
(xj c.)
|
Æthelhild d. of .... = Ealdred
benef. Hyde (a. c. 1050)
LVII p. 71 l. 11

65.

N.N.
|
Thurcytel = Æthelgyth d. of ....
landowner Suff. benef. St Edm.
will: BCS —
KCD 980 Thorpe p. 591 (a. 1060)

d. a. ...

66.

N.N.
|
Uhtred
EAF iv 21
|
Æthelgar
Ord. Vit. EAF iv 21
|
Siward Barn
tribunus Merciorum temp. E. III Ord. Vit.
EAF iv Index EAF Will. Rufus Index

companion of Hereward in the Isle of Ely
ASChr DE a. 1071 FlW a. 1071 1087
SymD [RS] Index (a. 1070 1071)
Ellis B p. 216 (**Seiardus bar**)

d. a. ...
|
Eadweard
the Constable
Robertson Scotl. j 184 189 317 iv 710
EAF v 257

d. a. ...

67.

N.N.
│
N.N. son = **Wimarc** nobilis mulier   W. Pict 128
                                          Ellis B
                                          EAF iij 9 415
          BCS — KCD 771* (a. 1044 'an impossible charter'
                         828 (a. 1066)

                                          fl. a. c. 1040

Robert
filius Wimarc
staller BCS — KCD 771* 828 (a. 1066) 859 (a. ...)
              EAF j 734 ff.
sheriff of Essex BCS — KCD 859 (a. c. 1050)
              EAF j 353 note 3
Ellis B EAF iij 9 415 iv 53 734

d. a. ...

Swegen
sheriff of Essex
EAF iv 734 ff.
Domesd. a. 1086   Suanus Suenus vicecomes [Ess.]
Ellis BC EAF iv 53 734 v 559

d. a. ...

68.

N.N.
│
Thurbrand hold,
a Dane, 'nobilis et Danicus vir' FIW
killed Uhtred earl of North. FIW a. 1016 SymD [RS] j 219 ij 197 198
EAF j 330 379

k. a. ... by Ealdred s. of Uhtred

Carl
killed earl Ealdred a. 1038? SymD [RS] j 219 ij 198 200
min. (?) BCS — KCD 730 (a. 1019) 741 (a. 1024) 746 (a. 1032) 769 (a. 1038 × 1044)
EAF j 525 note 3 iv 525

N.N. eldest son	other sons	Cnut	Somerled
k. a. 1073 by earl Waltheof gr.s. of earl Ealdred SymD [RS] j 219 EAF iv 525	k. a. 1073 SymD [RS] j 219 ij 220	SymD [RS] j 219	SymD [RS] j 219 EAF iv 525

grandsons of Carl
k. a. 1073
SymD [RS] j 219

ANGLO-SAXON NOBLES (18).

69.

temp. Æthelb. reg. Merc. 716–757
Palgrave Engl. Comm.

Dugd. Ingulf [Fulman] Scar

k. a. 870 Ingulf

Leofwine
Wicciarum provinciarum dux BCS — KCD 698 (a. 997)
[? s. of Northman dux BCS — KCD 687 (a. 994) EAF j 73
earl of Mercia a. 1017
dux BCS — KCD 687 (a. 994) 690 (a. 995) to 729 (a. 1019) 740 (a

d. a. 1023 × 1032

Leofric 'earl of Leicester' = **Godgifu Godiva** comitissa Dome
min. BCS — KCD 739 (a. 1023)   sister of Thorold of Bukenhale BCS — KCD
dux earl of Mercia BCS — KCD 742 (a. 1026)   Ingulf   FlW a. 1057
EAF j 739 667 'most suspicious') 746 (a. 1032)   BCS — KCD 766 795* (Croyl.) 818*
EAF ij 679 ff.

d. 31 Aug FlW (comes)   d. a. c. 1075? EAF ij 424 682 Dc
(30 Sept ASChr D) a. 1057   (See Bromton [Gale] 949 Knighton [Ga

                                 Ælfgar (III)   = **Ælfgi**
                                 earl of the EAngles a. 1053 ASChr CDE FlW EAF ij 363
                                 earl of the Mercians a. 1057 ASChr DEF FlW

                                 d. a. c. 1062 EAF ij 476

Eadwine   **Morkere**   **Burhhear**
earl of Mercia a. 1062 EAF j 476 earl of Northumberl. Oct. 1065 **Burchardu**
k. a. 1071 ASChr E FlW EAF iv 465   alive in 1087 FlW   EAF ij 679 (
a. 1072 ASChr D   EAF ij 491 Indices
EAF Indices   d. a. …

450

| Leuricus comes Leycestriæ
6* (a. 716) Croyl. Dugd. Mon. iij 192
737 ff. Ingulf [Fulman]

comes
. 810) ⁴⁰⁹/₂₃₃* (a. 833) Croyl.

| comes
⁵²¹/₂₉₇* (a. 868) Croyl.

)

┌─────────────────┐
Leofric (III)
Palgrave ij p. ccxcj

┌────────────────┬─────────────────┬────────────────┐
Eadwine   Godwine   Northman
k. a. 1039 in battle against   Heming Worc. Cartul. 259 260   Ingulf [Fulman] 57
the Welsh at Rhyd-y-Groes   EAF j 740   k. a. 1017
ASChr C   FIW   ASChr CDE   FIW
EAF j 506   EAF j 414 740

                                Æthelwine
a Domesd.   a. c. 1014
777   Heming 259 260
                                EAF j 740

1058) Gruffydd Griffin ASChr = Ealdgyth = 2° Harold II   Lucia (?)
of Wales, s. of Llywelyn   FIW a. 1066   king 1066   wife of Ivo Taillebois
                                 EAF ij 680   Ingulf
k. 5 Aug 1063   EAF ij 682
ASChr   FIW   d. a. ...
EAF ij 482

                Nest   =   N.N. s. of ....
             EAF ij 681

                        Nest   =   Bernard of Neufmarché
                     EAF ij 681   EAF v 109 Will. Rufus Index

451

ANGLO-SAXON NOBLES (19).

70.

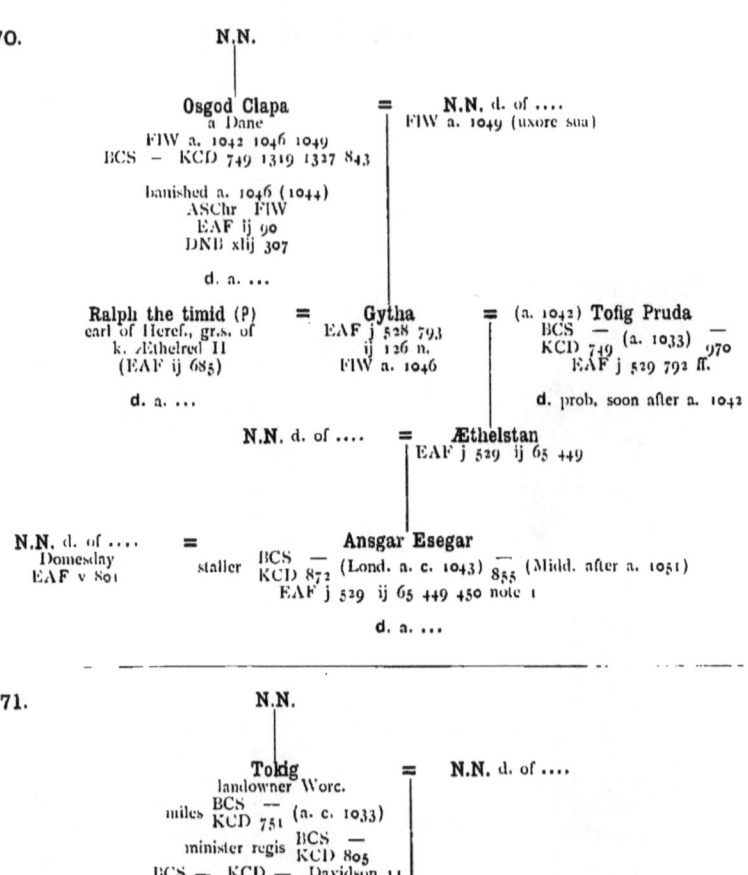

71.

Tokig son of Wigod of Wallingford

Tokig son of Outi at Lincoln Domesd.
EAF iv 209 n. Ellis B

72.

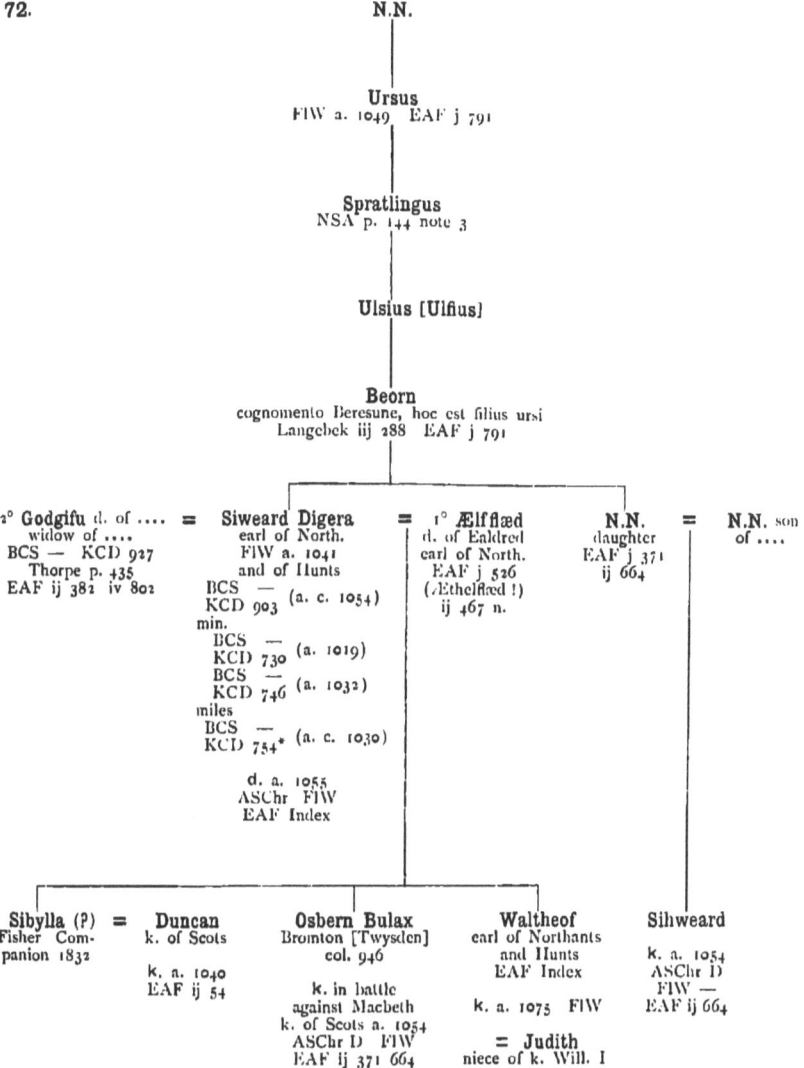

ANGLO-SAXON NOBLES (20).

73.
                              N.N.
                                |
                              Tolig
                           sheriff Hunts
                    comes BCS —
                           KCD 906 (a. c. 1045)
                           EAF ij 573
                           d. a. ...

Tolig thegn Suff. BCS — — —
                  KCD 874 875 880 881 (a. c. 1051)
                  EAF ij 573

74.   N.N.
        ┌─────────────────────┼─────────────────────┐
       Ordgar   Ælfgar   Eschern
BCS — KCD 1334 Thorpe p. 346 BCS — KCD 1334   BCS — KCD 1334
  (a. 1046) Dorsetshire

75.   N.N.   N.N.
             | |
           Scrob   Robert the Deacon
        FIW a. 1052 1067   ASChr — FIW a. 1052
             | |
        Richard a Frenchman   =   N.N. d. of Robert the Deacon
   son in law of Robert the Deacon
        FIW a. 1052 1067
   Norman landowner in Heref. Domesd.
   Ricardus pater Osberni   Ellis B
        EAF Indices

                    Osbern Pentecost
              Norman landowner in Heref. Domesd.
                   sheriff of Herefordshire
              Osbernus filius Ricardi Ellis B (ij 193 218 n.)
                     EAF ij Indices

76.   N.N.
                                |
                    Alfred the giant, cognomento gigas (W. Gemet.)
                    soldier under Robert d. of Normandy a. c. 1030
                         EAF j 469 770 Round Feudal Engl. 327
        ┌───┐
      William   N.N. daughter
EAF j 771 Neustria pia   Athselinoc (!?) EAF ij 77

458

7. **N.N.**
descendant of k. Eadweard I EAF iv 761

Haylwardus Snew = **Ælfgifu** d. of ....
a. c. 930
Ellis ij 54 n.
founder of the mon. of Cranborne a. c. 980
Dugd. Mon. Birch Fasti 10
EAF iv 761

Ælfgar
Ellis B ij 54

Beorhtric Brihtric
Berhtric Ælfgares sunu
BCS — —
KCD 804 805 (a. c. 1052) Worc.
Brictric filius Algar Ellis B
Brictrich Mau Ellis ij 55 n. EAF ij 761

princeps BCS —
KCD 813 (a. 1062 Waltham)
He is said to have refused the hand of Matilda of Flanders, afterwards wife of k. Will. I
EAF iij 86 iv 165 759 ff.
EAF Will. Rufus Index
d. a. ...

Ælfhelm Polga (Wolga) =	**N.N.**	**Ælfhelm**	**Ælfweald**	**Æthelric**
(BCS — KCD —	d. of	Lib Elien ij 10	'my three	probably dead
Thorpe p. 298	will	('duo fratres	brothers'	when the will
Lib Elien ij 10)		æquivoci')	will	was made
landowner Wratting Cambs				
Beds.				**Wulfmær?**
benef. Ely				
Lib Elien ij 10 73				
benef. Westm.				

:S 1050
:D 1223* Thorpe p. 195* (199)
.II : BCS 1306
KCD 967 Thorpe p. 596
(a. ....)

Ælfgar **N.N.** daughter = **Godric**
will will will

N.N. son of .... = **N.N.** d. of ....

Ulf = **Madselm** d. of .... **Healdene**
landowner Hunts landowner Ulf's will
BCS —
KCD 953 Thorpe p. 594 (a. c. 1066)

ANGLO-SAXON NOBLES (21).

80.

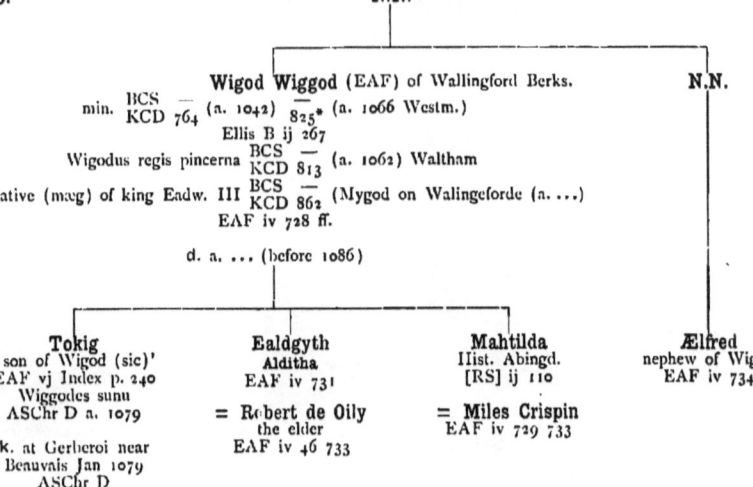

81.

N.N.
|
Eadnoth the Staller
Haroldi regis stallarius FlW a. 1068
min. BCS — — (a. 1066 Westm.)
KCD 824* 825*
staller BCS —
KCD 845
Ellis B ij 85 EAF iv 755 ff.

k. a. 1067 ASChr D a. 1068 FlW
|
Harding Hearding
BCS —
KCD 897 (after a. 1066)
EAF iv 164 756 ff.
|
Robert Fitz-Harding of Bristol
from whom 'the lords of Berkeley' EAF iv 758

2.

N.N.

1° N.N. d. of .... = **Ælfwine** = 2° N.N. d. of ...
sheriff of Warwick
Ellis AB   She afterwards
Aluuinus vice comes   married Richard
pater Turchilli de Warwic   quidam juvenis
Ellis B ij 37 38   son of ....
                            Domesd.
d. a. ...   EAF iv 782

Thurkill of Warwick or of Arden
Domesday Ellis A
benef. Abingdon EAF iv 782
EAF iv 780 ff.

d. a. ...

Siward
Ellis A j 497
EAF iv 782

3.

Leofric = **Ediva** (Ingulf)
rd of Brunne [Bourne Linc.] cognatus of Radinus | Ædina Gesta Herwardi Saxonis (Gaimar [RS] j 341)
earl of Hereford, husb. of Goda sister of k. | Eadgifu (EAF)
dw. III [Ralph the timid son of Goda] (Ingulf) or | trinepta of Oslac dux
Ralph the Staller (Gesta Herwardi Saxonis EAF) | [earl of Deira 966—975 (ASChr)] Ingulf Gesta
                                                    widow of Leofric (Ingulf)
d. a. ...

Turfrida d. of N.N. = **Hereward** = 2° **Alftroed** (Gaimar)
(in Flanders) and   nephew of Brand [Brando] abb. Burgh Ingulf   **Ælfthryth** (EAF)
Turfrida the elder   John of Peterb. (Sparke) a. 1069   N.N. quæ fuit uxor
(Franc. Michel   [BCS — KCD 819 953 963   Dollini comitis
ron Anglo-Normandes   AsChr E EAF Index]   (Gesta Herwardi)
ij pref. p. xiv)   Hereward le Wake John of Peterb. a. 1069
Gaimar [RS] Index   genere infimus Liber de Hyda [RS] App. 295
a nun   DNB xxvj 240 EAF iv 826—33
                      Round Feudal Engl. p. 160
d. a. ...   Hugo Candidus (Sparke)
                     Ingulf [Fulman] Searle Gaimar [RS] 5469—5710

d. a. ...

N.N. daughter = **Hugo de Evermue** (Envermeu in Norm.) brother of
[Turfrida Fr. Michel   Turold d'Envermeu bp. Bayeux d. 1146
ij pref. p. xiv]   Ord. Vit. Vol. iv Book x p. 9
heiress of Brunne   lord of Deping (Ingulf)
                            Camden Brit. 1607 p. 400
                            Round p. 159

N.N. daughter = **Ric. de Rulos** [Roullours in Norm.]
[Godiva Fr. Michel   regius camerarius Ingulf [Fulm] p. 78
ij pref. p. xv]   Hunter Rot. Scacc. 31 H. I. p. 110
                            alive a. 1114 Pet. Bles. [Fulm] p. 118

464

INDEX TO THE GENEALOGIES OF THE ANGLO-SAXON NOBLES.

	No.
bba reeve, Kent c. 825	3
ffe w. of Wulfgar, Berks	13
fic br. of Eadwig c. 990	39
lfæd w. of eald. Beorhtnoth	28
—— d. of Thored, w. of Æthelred II	38
—— w. of Siweard Digera	72
lfgar min. rel. of k. Eadwig	22
—— s. of eald. Ælfric, Hants	25
—— s. of eald. Ælfric, Mercia	26
—— eald. Wilsætas	28
—— landowner, Berks	45
—— s. of Meaw c. 995	50
—— (I) comes c. 800	69
—— (II) comes c. 850	69
—— earl of EAnglia	69
—— br. of Ordgar, Dors.	74
—— s. of Haylwardus Snew	77
—— s. of Ælfhelm Polga	78
lfgifu w. of k. Eadwig	14
—— w. of k. Cnut	36
—— testatrix c. 990	40
—— w. of Wulfgeat	45
—— stepd. of Ketel	63
—— comitissa	69
—— w. of Haylwardus Snew	77
lfgyth sister of Ketel [Alder]	63
lfheah cyninges discthegn c. 950	15
—— s. of Ordheah, Kent	19
—— s. of Ælfstan, Kent	21
—— eald. Hants, rel. of k. Eadwig	26
—— eald. Devon c. 1000	52
lfhelm earl North.	36
—— Polga	78
—— br. of Ælfhelm Polga	78
lfhere f. (?) of Ælfric, Kent	17
—— eald. Mercia	26
lfhild w. of Ælfweald comes	27

	No.
Ælfmær page of Wulfwaru	35
—— dyrling dilectus	43
Ælfred eald. Surrey c. 875	5
—— k. Wessex 871—901	10 12
—— nephew of Wigod	80
Ælfric s. (?) of Ælfhere	17
—— s. of Ælfstan, Kent	21
—— eald. Hants c. 960	25
—— cild, eald. Mercia c. 965	26
—— s. of Ealhhelm	33
—— br. of earl Odda	61
Ælfsige landowner, Hunts c. 950	18
—— landowner, Hants c. 970	20
—— nephew of Æthelweald	27
Ælfstan landowner, Kent c. 970	21
—— br. of the Halfking	27
Ælfswith w. of Beorhtric, Kent	16
—— w. of eald. Ælfheah	26
—— grd. of eald. Beorhtnoth	28
Ælfthryth w. of Oswald, EKent	1
—— w. of eald. Æthelweald and of k. Eadgar	27 47
—— w. of Beorhthelm (?)	28
—— w. of Hereward	83
Ælfwaru d. of Wulfwaru	35
—— sister of Ælfgifu testatrix	40
Ælfweald comes, br. of Dei amicus	27
—— f. of Eadred	64
—— br. of Ælfhelm Polga	78
Ælfweard eald. s. of eald. Ælfheah	26
—— page of Wulfwaru	35
—— s. of Tokig	71
Ælfwen d. of Æthelstan Mannessunu	23
—— w. of the Halfking	27 43
—— grd. of eald. Beorhtnoth	28
—— d. of Thurcytel Heyng	59
Ælfwine landowner, Hants c. 970	20

INDEX TO THE GENEALOGIES

	No.
Ælfwine nephew of Ælfhere, eald. Mercia	26
—— s. of Ælfric (Maldon)	33
—— s. of Wulfwaru	35
—— dux, br. of Wulfric Spot	36
—— husb. of Wulfgyth	63
—— sheriff of Warwick	82
Ælfwynn d. of eald. Æthelred of Mercia	10
Æthelflæd Lady of the Mercians c. 900	10
—— w. of the Halfking	27 28
—— w. of eald. Æthelwine Dei amicus	27
—— w. of k. Eadm. I	28
—— d. of Wynflæd	34
—— sister-in-law of Ælfgifu	40
—— sister of eald. Leofsige	41
—— candida, Eneda	47
Æthelfrith eald, Mercia c. 910	9
Æthelgar f. of Godric (I)	31
—— f. of Siward Barn	66
Æthelgifu m. in law of k. Eadwig	14
—— w. of Æthelwine Dei amicus	27
Æthelgyth d. of Æthelwulf, Bucks	8
—— **Ailgith** w. of Thurstan	58
—— w. of Thurcytel, Suff.	65
Æthelhild w. of Ælfsige, Hants	20
—— w. of Ealdred, Hants	64
Æthelhun kinsm. of Æthelweald, Worc.	7
Æthelmær eald. Hants c. 950	24
—— the fat, eald. Devon	51
—— s. of Cola, Dorset	61
Æthelmod eald. Kent c. 815	2
Æthelnoth abp Cant.	51
Æthelred Mucil c. 860	10
—— eald. Mercia c. 875	10
—— f. of the Halfking	27
—— II king	38 47
Æthelric warrior (Maldon)	32
—— monk Ramsey	42
—— br. of Ælfhelm Polga	78
Æthelsige br. of the Halfking	27
—— dux, br. of Dei amicus	27
Æthelstan kinsm. of Æthelweald, Worc.	7
—— Mannessunu, Hunts	23
—— the Halfking	27 28 42
—— s. of Earneytel, abb. Ramsey	53
—— s. of Tofig Pruda	70
Æthelweald br. (?) of Abba	3
—— s. of eald. Ælfred	5 7
—— landowner Worc. c. 900	7
—— br. of the Halfking	27 46
—— eald. EAnglia	27 47

	No.
Æthelweard s. of Dei amicus	
—— (I) eald. Wessex **Ethelwerd** the historian c. 980	
—— (II) s. of Æthelmær c. 1000	
—— (III) s. in law of Æthelmær	
Æthelwine s. of Æthelmær, Hants	
—— eald. EAnglia, Dei amicus	
—— **-Odda**	
—— nephew of earl Leofric	
Æthelwulf landowner, Bucks c. 900	
—— br. in law of k. Ælfred	
Ailric nephew of Leofgifu	
Aki s. of Tokig	
Alemund gr.nephew of Thurcytel Heyng	
Alfred d. of Leofgifu	
Alfred the Giant	
Alftrued, see Ælfthryth	
Ansgar Esegar staller	
Athselinoe d. of Alfred the Giant	
Beorhtfrith min. rel. of k. Eadwig	
Beorhthelm f. of eald. Beorhtnoth	
Beorhtnoth eald. Essex (Mald.) c. 960...27	
Beorhtric landowner, Kent c. 950	
—— s. of eald. Ælfheah	
—— gr.s. of Haylwardus Snew	
Beorhtsige Dyring	
Beorhtwaru widow of Ælfric	
Beorhtwyn m. of Wynflæd	
Beorn f. of Siweard Digera	
Beornthryth w. of Oswulf, EKent	
Bernard of Neufmarché	
Bote sister of Ketel [Alder]	
Burhheard br. of earl Eadwine	
Carl of North. c. 1025	
Ceola	
Ceolwen widow of Osmod, Hants c. 900	
Cnut king 1014—1035	
—— s. of Carl	
Cola f. of Æthelmær, Dorsetsh.	
—— anglicus	
Cynethryth w. of earl Æthelmod	
Dei amicus, see Æthelwine, s. of the Halfking	
Duncan k. of Scots	
Eadburh w. of Æthelred Mucil	
Eadgar king	27
Eadgifu w. of k. Eadweard I	

466

OF THE ANGLO-SAXON NOBLES.

	No.
Eadgifu gr.d. of Wynflæd	34
— m. of Hereward	83
Eadgyth d. of k. Eadweard I	12
— w. of Thurcytel	56
— sister of earl Odda	62
Eadmær s. in law of Wynflæd	34
Eadmund I king 940—946	11 28
—— II Ironside, king 1016	46
Eadnoth monk Ramsey	27
— abb. Ramsey	42
— benef. Ramsey	42
— the Staller c. 1045	81
Eadred king 946—955	11
Eadric br. of Ælfheah	15
— s. of Ælfric, Kent	21
— br. of the Halfking	27
Eadweald s. of Oshere	2
— s. of Ealhburh	4
— gr.s. of Wynflæd	34
— s. of Leofwaru	37
Eadweard I king 901—924	10 11 12
— II king	47
— the Constable	66
Eadwig king 955—959	14 22
— br. of Ælfic c. 990	39
— 'king of the churls'	49
Eadwine abb. Abingdon	26
— s. of Dei amicus	27
— s. of Hranig	54
— uncle of Ketel [Alder]	63
— br. of earl Leofric	69
— earl Mercia	69
Ealawynn d. of Ealhhere	4
Ealda m. of Æthelflæd Eneda	47
Ealdbeorht comes	1
Ealdgyth w. of Morkere	46
— w. of Sigefrith and of Eadm. II	46
— w. of Harold II	69
— d. of Wigod	80
Ealdred landowner, Kent c. 825	4
— benef. Hyde c. 1030	64
Ealfthryth, see Ælfthryth	1
Ealhburh w. of Ealdred, Kent	4
Ealhhelm eald. c. 940	33
Ealhhere br. of Abba, Kent	3
— f. of Ealawynn	4
Ealhmund s. of Æthelweald, Worc.	7
Ealhswith w. of k. Ælfred	10
— w. of Wulfric Spot	36
Ealhthryth d. of eald. Ælfred	57
Eardwulf s. of Oswulf, EKent	1

	No.
Earncytel landowner, V. Notts c. 970	53
Earngrim thegn	46
Eegfrith f. in law of Wulfgyth	63
Ediva, see Eadgifu	83
Escbern br. of Ordgar, Dors.	74
Esegar, see Ansgar	70
Freothomund rel. of Abba	3
Gode d. of Wulfwaru	35
— sister of Ketel [Alder]	63
Godgifu w. of earl Leofric	69
— w. of earl Siweard Digera	72
— gr.d. of Hereward	83
Godiva, see Godgifu	83
Godric (II) s. of Odda. (He fled from the battle at Maldon, with his two brothers.)	30
— (I) s. of Æthelgar (Maldon)	31
— landowner, Hunts (Ramsey)	42
— br. of Ketel [Alder]	63
— s. in law of Ælfhelm Polga	78
Godrine s. of Odda (Maldon)	30
Godwig s. of Odda (Maldon)	30
Godwine s. of Ælfhere, eald. Mercia	26
— husb. of Alfled	57
— kinsm. of Thurcytel, Suff.	60
— br. of earl Leofric	69
Gruffydd k. of Wales	69
Gunner f. of Thored	38
Gytha w. of Tofig Pruda	70
Halfking (the), see Æthelstan.	
Harding s. of Eadnoth	81
Harold I king 1036—1040	36
— II king 1066	69
Haylwardus Snew	77
Heahstan f. of Ælfstan	21
Healdene br. of Ulf	79
Heregyth w. of Abba, Kent	3
Hereward 'the Wake'	83
Hranig earl Heref. c. 1005	54
Hugo de Evermue	83
Ida w. of Liudolf	12
Judith w. of Waltheof	72
Ketel nephew of Thurcytel Heyng	59
— [Alder] landowner, Essex c. 1030	63
Leofeca f. of Wulfgeat	45

INDEX TO THE GENEALOGIES

	No.
Leoffæd d. of eald. Beorhtnoth	28
Leofgifu landowner, Suff. c. 1020	57
Leofric s. of Dei amicus	27
—— nephew of Thurcytel, Suff.	60
—— (I) comes Leycestriæ c. 710	69
—— (II)	69
—— (III)	69
—— earl of Leicester c. 1030	69
—— f. of Hereward	83
Leofsige eald. Essex	41
Leofsunu	21
Leofwaru gr.d. of eald. Beorhtnoth, w. of Lustwine	28
—— d. of Ceola	37
—— d. of Thurstan	58
Leofwen w. of Thurcytel, Suff.	60
Leofwine f. of eald. Ælfhelm	36
—— gr.s. of Ceola	37
—— kinsm. of Æthelmær	51
—— eald. Worc.	69
Liudolf s. of emp. Otho	12
Lucia w. of Ivo Tailbois	69
Lustwine benef. Ely c. 1030	28
Madselm sister of Ulf	79
Mahtilda d. of Wigod	80
Mahtildis cousin of Æthelweard (I) c. 970	12
Manne f. of Æthelstan	23
Meaw f. of Ælfgar	50
Miles Crispin	80
Morkere s. of Earngrim	46
—— earl of North.	69
Nafana f. of Thurcytel, North.	48
Nest (I) d. of Gruffydd k. of Wales(?)	69
—— (II) d. of Nest (I)	69
Northmann br. of earl Leofric	69
Odda f. of Godric	30
—— - earl of Devon c. 1025	62
Ordgar eald. Devon c. 960	47
—— Dorsetshire	74
Ordheah of Kent c. 950	19
Ordmær eald. c. 960	47
Ordwulf s. of Ordgar	47
Osbeorht nephew of eald. Æthelmod	2
Osbern Bulax	72
—— **Pentecost**	75
Osgod Clapa	70
Oshere min. c. 830	2
Oslac earl Deira c. 970	29

	No.
Osmod husb. of Ceolwen, Hants	
Oswig son in law of earl Beorhtnoth	
Oswulf eald., EKent c. 810	
Otho I emp.	
Ralph the timid earl Heref.	
Richard s. of Scrob	
—— juvenis quidam	
—— de Rulos (Rullos)	
Robert filius Wimare, staller c. 1050	
—— the Deacon	
—— de Oily	
—— **Fitz-Harding**	
Scrob f. of Richard c. 1055	
Sibylla(?) w. of k. Duncan	
Sigebeorht s. of Sigewulf, Kent	
—— br. of Æthelric (Maldon)	
Sigefrith s. of Earngrim	
Sigehelm eald. Kent. c. 890	
Sigewulf br.(?) of Sigehelm, Kent	
Sihweard nephew of Siweard Digera	
Siward s. of Thurkill of Warwick	
Siweard Barn	
—— **Digera**	
Somerled s. of Carl	
Spratlingus anc. of Siweard Digera	
Swegen s. of k. Cnut	
—— gr. nephew of Thurcytel Heyng	
—— sheriff Essex	
Thored dux s. of Gunner c. 960	
—— earl Middle Angles c. 1020	
Thurbrand a Dane	
Thurcytel s. of Nafana	
—— earl EAnglia c. 1010	
—— Heyng, landowner, Norf.(Holme)	
—— landowner, Suff. (Bury) c. 103c	
—— landowner, Suff. (Bury) c. 104c	
Thurfcytel nephew of Thurcytel, Suff.	
Thurkill of Warwick	
Thurstan landowner, Essex c. 1025	
Tofig Pruda	
Tokig landowner, Worc.	
—— s. of Wigod	7
—— s. of Outi	
Tolig sheriff Hunts	
—— thegn, Suff.	
Turfrida m. in law of Hereward	
—— w. of Hereward	
—— d. of Hereward	

468

OF THE ANGLO-SAXON NOBLES.

	No.		No.
Ufegeat s. of earl Ælfhelm	36	**Wulfmær** (I) s. of Wulfstan	28
Uhtred (EAF iv Index p. 88)	66	— s. of Wulfwaru	35
Ulf landowner, Hunts	70	— (II) s. of Wulfstan the son of	
Ulfcytel Snilling earl EAnglia c. 990	44	Ceola (Maldon)	37
— nephew of Thurcytel, Suff.	60	— (?) br. of Ælfhelm Polga	78
Ulsius anc. of Siweard Digera	72	**Wulfric** f. of Wulfgar (?)	13
Ursus anc. of Siweard Digera	72	— page of Wulfwaru	35
		— br. of Wulfruna	36
Wærburh w. of eald. Ælfred	5	— **Spot**	36
Waltheof earl	72	— s. of Leofwine	37
Wiggod of Wallingford	80	— uncle of Ketel [Alder]	63
William s. of Alfred the Giant	76	**Wulfrun** m. of Wulfric	36
Wimarc nobilis mulier c. 1025	67	— (?) m. of eald. Ælfhelm	36
Wine f. of Thurstan	58	— w. of Earncytel	53
Wulfcytel br. of Ketel [Alder]	63	**Wulfruna** w. of eald. Ælfhelm	36
Wulfgar landowner, Berks c. 925	13	**Wulfsige** br. of Wulfstan Ucca	18
Wulfgeat s. of Leofeca, min. c. 990	45	**Wulfstan** nephew of Ceolwen	6
— min. c. 970	45	— **Ucca** s. of Ælfsige c. 980	18
Wulfgifu w. of Dei amicus	27	— br. in law of eald. Beorhtnoth	28
Wulfgyth w. of Ælfwine c. 1025	63	(dele: s. of Ceola)	
Wulfheah s. of Ordheah, Kent	19	— page of Wulfwaru	35
— s. of earl Ælfhelm	36	— s. of Ceola (Maldon)	37
Wulfhere gr. f. of Wulfgar (?)	13	**Wulfwaru** landowner, Som. c. 980	35
Wulfhild w. of Ulfcytel Snilling	42	**Wynflæd** landowner, Berks c. 980	34

www.ingramcontent.com/pod-product-compliance
Lightning Source LLC
Chambersburg PA
CBHW051852300426
44117CB00006B/363